INVENTAIRE DES TITRES

DE LA

MAISON DE BILLY

PAR

LE VICOMTE OSCAR DE POLI

Président du Conseil Héraldique de France

LABOR ET PROBITAS

PARIS
CONSEIL HÉRALDIQUE DE FRANCE
45, RUE DES ACACIAS, 45
1894

À Monsieur Léopold Delisle

Membre de l'Institut

Administrateur de la Bibliothèque Nationale

Très respectueux hommage

Vte de Solj

INVENTAIRE DES TITRES

DE LA

MAISON DE BILLY

TIRÉ A CENT EXEMPLAIRES.

Nº ░░░░░

Imprimerie DESTENAY Bussière Frères, Saint-Amand Cher.

INVENTAIRE DES TITRES

DE LA

MAISON DE BILLY

PAR

LE VICOMTE OSCAR DE POLI
Président du Conseil Héraldique de France

PARIS
CONSEIL HÉRALDIQUE DE FRANCE
45, RUE DES ACACIAS, 45
1894

INDEX DES MATIÈRES

INDEX DES PLANCHES

MAISON DE BILLY.

S. GEOFFRAY Sc.

INVENTAIRE DES TITRES

DE LA

MAISON DE BILLY

INTRODUCTION [1]

Si quelque généalogiste du bon vieux temps eût connu le *Liber de compositione castri Ambaziæ*, il n'eût pas manqué de donner pour auteur à la maison de Billy le fabuleux *Billeius* à qui, en l'an 647, Cheudon, comte d'Anjou, donna le château d'Amboise (1). Notre temps n'a plus de ces naïves audaces; en matière généalogique nous procédons de

---

[1] Toutes les dates sont en style moderne. — Les numéros placés dans le texte entre parenthèse renvoient aux numéros de l'*Inventaire*.

saint Thomas, et ne croyons que ce que nous voyons clairement. Or, rien n'est plus propre à faire la lumière qu'un inventaire chronologique des titres de la famille en cause, puisque l'indication des sources rend aisée la vérification de chaque article, et fixe pour les érudits le degré d'autorité qu'il comporte.

Pour être aussi complet que possible, un inventaire comme celui-ci ne doit pas seulement analyser que les actes authentiques; il doit encore mentionner, en les résumant, tous les documents pouvant servir à préciser le point de jonction ou démontrer l'inanité des prétentions des familles homonymes. C'est donc le recueil de tout ce que l'on a pu découvrir sur le nom, de tout ce qui peut éclairer sur ses origines, sur le berceau, les migrations, les vicissitudes de la race, en un mot de tous les matériaux d'une consciencieuse histoire généalogique.

ÉTYMOLOGIE

Billeius, Billiacus, Billiacum, dans la basse latinité, a dû désigner une futaie dont les

arbres étaient mis en billes. Ce vocable a
donc pu être attribué à toute futaie ainsi
exploitée. En effet, *Biliacum* (Billy-sur-Oisy)
apparaît, avant l'an 830, dans la *Vie de saint
Angélelme*, Évêque d'Auxerre (2) ; *Biliacus*
(Billy-sur-Aisne), en 858, dans un diplôme
de Charles le Chauve (3) ; *Billiacus*, en 935,
dans une charte du roi Rodolphe (4) ; *Billiacum* (Billy, Pas-de-Calais), en 1024, dans
une charte de l'abbaye de Saint-Vaast (5). Mais
il serait téméraire de conclure que les très
nombreuses localités du nom de Billy le
durent uniformément à leur futaie. A partir
du XIᵉ siècle, à mesure de l'expansion du ré-
gime féodal, ce nom se multiplie et, sous des
formes françaises qui varient selon les régions
et les idiomes, s'applique à de nombreux
fiefs, en Picardie, en Normandie, en Anjou,
en Sologne, en Chartrain, en Bourgogne, en
Champagne, en Lorraine, un peu partout.

Pour expliquer cette diffusion, commune
à tous les vieux noms féodaux, je n'ai qu'à
reproduire ce que j'en ait dit ailleurs :

« Avec l'hérédité des noms de famille, on
voit naître un usage dont les exemples abon-
dent, et qui explique, autrement que par une
commune étymologie, l'homonymie de loca-

---

1 Cf. Du Cange, à *billa*, et Littré, au mot bille, 2¹.

lités situées souvent dans le même rayon,
mais parfois très distantes les unes des autres :
par un légitime sentiment d'orgueil et de
piété familiale, les puînés imposaient à leur
apanage, ou même aux biens qu'ils acquéraient
par le mariage, le nom vénéré du berceau de
leur race ; ils affirmaient ainsi la constance de
leur attachement pour les lieux où ils avaient
reçu le jour, où s'était épanouie leur en-
fance [1]. »

En des temps plus ou moins rapprochés
du nôtre, chaque fief du nom de Billy, lorsque
par mariage ou par cession il est sorti de la
maison qui lui avait donné son nom, a fourni
au nouveau possesseur l'occasion d'adjoindre
au sien, suivant la coutume, le nom de Billy ;
c'est ainsi qu'ont procédé les familles
Toustain de Billy, Poterat de Billy, Philippes
de Billy, Crespin de Billy, Leschevin de
Billy, Chapellain de Billy, Labbey de Billy,
Cousturier de Billy, Couppelot de Billy,
Robles de Billy, Varenard de Billy, — toutes
familles distinctes les unes des autres, comme
aussi de celle qui nous occupe et dont « Billy »
est le nom originel et patronymique.

---

[1] *Inventaire des titres de la Maison de Milly*, p. 2.

SOURCES GÉNÉALOGIQUES

Avant d'étudier les origines de la Maison de Billy, il convient d'en mentionner les généalogies, soit complètes, soit partielles, que nous avons pu consulter.

1° *Généalogie de la Maison de Billy ;* dans le registre 97 des *Dossiers bleus,* dossier 2328, fol. 1-13.

2° *Généalogie,* par Jean du Bouchet, ms. ; dans le dossier *Billi* du *Cabinet de d'Hozier.*

3° *Généalogie,* ms. de 1637, appartenant à Monsieur de Billy.

4° Généalogies partielles ; dans les *Mémoires généalogiques d'Haudicquer,* au Cabinet des titres, volumes reliés, nos 85 et 95.

5° Généalogie de Billy-Courville; dans les mss. de Du Chesne, tome LVIII, fol. 143-150.

6° Généalogie des Billy d'Ivors et de Courville ; au Cabinet des titres, vol. relié n° 106, pp. 254-262.

7° Généalogie partielle; à la Bibliothèque Nationale, ms. français 20234, pp. 581-583.

8° Tableau filiatif ; dans le tome 59 des mss. de Baluze, fol. 325 r° et v°.

9° Tableaux filiatifs; dans les *Mémoires du prieur de Mondonville*, tome VI, pp. 792-797.

10° Filiation partielle; dans Chérin, Preuves des pages de la Grande Écurie du Roi; au Cabinet des titres, vol. relié 275, dossier 34.

11° Filiation partielle; dans Chérin, *Preuves des pages de la Petite Écurie*, tome XXVI, dossier 539.

12° Filiation partielle; dans les *Preuves de la Noblesse des Damoiselles de Saint-Cyr*; au Cabinet des titres, vol. relié 295, dossier 102.

13° Actes filiatifs; dans les *Carrés de d'Hozier*, tome XCV, dossier *Billy*.

14° Généalogie de Billy-Courville; dans Claude le Laboureur, *Mémoires de Castelnau*, édition de Bruxelles, 1731, tome II, pp. 639-640.

15° Généalogie; dans l'*Armorial général des d'Hozier*.

16° Généalogie; dans le P. Anselme, tome II, pp. 116-129.

17° Généalogie; dans La Chenaye-Desbois, tome II, pp. 516-518. (Incomplète et fautive.)

ORIGINES

Les généalogistes s'accordent à attribuer
pour berceau à la Maison de Billy le fief de
Billy-sur-Ourcq [1] (aujourd'hui commune du
du canton d'Oulchy-le-château, arr. de Soissons, Aisne). C'est de là que la race aurait
provigné dans toutes les directions, en im-
portant son nom partout où elle prenait possession du sol. D'Hozier a trouvé, dans un
titre de 1080, « le seigneur de Billy-sur-
Ourcq, chevalier » (9). Les généalogies font
partir la filiation, soit de Robert, chevalier,
sire de Billy-sur-Ourcq en 1142, soit de
Nivelon de Billy, en 1203. Peut-être « Nivelon, chevalier », témoin en 1047 d'une donation du comte de Soissons [2], était-il du
même estoc.

Il n'entre pas dans mon cadre de pousser
plus avant la recherche de l'extraction du

---

[1] 1129 : « Billi super Urcum fluvium».(*Cartul.*[*de St-Crépin-
le-Grand*, p. 70 ; cité par A. Matton, *Dict. topogr. de l'Aisne.*)
[2] Cartul. de St-Crépin.

premier seigneur de Billy-sur-Ourcq ; mais il peut n'être pas sans intérêt d'indiquer ces trois faits :

Le fief de Billy-sur-Ourcq n'est qu'à 8 lieues au sud de Coucy-le-château.

Dès le milieu du xii⁰ siècle (20 et 21), le seigneur de Billy porte le surnom de *Cosset*, qui a pu dériver de la forme latine du nom de Coucy, *Cociacus, Coceiacus, Coceius, Cossiacus* [1].

A partir de 1350, les Billy portent « de vair à 2 fasces » de gueules (159), et Coucy portait « fascé de vair et de gueules de 6 pièces ».

Il peut y avoir, dans cette proximité, ce surnom sans étymologie certaine et cette parité d'armoiries, de quoi tenter la patience et la sagacité d'un chercheur érudit.

Quant à l'origine toscane attribuée par quelques bonnes vieilles chroniques à la Maison de Billy, Jean du Bouchet l'a justement réfutée (1218). Ne soupçonnant pas la haute ancienneté de ce noble lignage de Picar-

---

[1] 1188 : « Ego Radulfus dominus de Coceiaco ». (Moreau, xc, 202.) — 1143 : « Guido castellanus de Coceio ». (Id., lx, 192.) — 1218 : « Elisabeth, uxor nobilis viri Roberti de Cossiaco ». (*Coll. de Picardie*, ccxxxii, 14.) — 1122 : « Fulco de Cocei ». (*Gall. christ.*, xiii, *Instrum.*, 16.) — 1133 : « Bernardus de Coce », et « Robertus de Cais », cadet de Coucy, sont témoins d'une donation d'Enguerrand, sire de Coucy et de la Fère. (Moreau, lvi, 39.)

die, et rencontrant, dès la fin du xiie siècle, à Florence, dans un rang distingué, une maison du même nom, tel généalogiste d'antan a facilement interverti les rôles. Les Pigli (prononcez Pilli) ou Billi florentins ont pu venir de nos Billy, beaucoup de vieux lignages normands et picards étant représentés en Italie dès la fin du xie siècle, mais certainement les seigneurs de Billy-sur-Ourcq ne sont pas d'origine toscane ; c'est une race très purement française.

Ce sont, le croirait-on ? les commentateurs de la *Divina Commedia* qui ont contribué, très innocemment, à accréditer la légende florentine. On ne s'attendait guère à voir le Dante en cette affaire ! C'est que dans le chant XVI de son *Paradis* (vers 103), exaltant les vieilles gloires de sa patrie, le Poète dit :

Grande era già la colonna del vaio !

« Grande était déjà la *colonne de vair !* » Il désignait ainsi par son blason la noble famille « Pigli », que Villani appelle « Billi », et il est au moins curieux de retrouver dans ce blason le vair et le gueules de l'écu des Billy du Soissonnais. « Ces Pigli, dit Landino, sont les Billi d'à présent, dont les armes sont un écu *de gueules à une colonne de vair*. » —

[1] Le P. Bald. Lombardi, *La Divina Commedia di Dante*

1*

Peut-être les Billi, établis à Gubbio, dans le duché d'Urbin, et desquels était François, Évêque de Gubbio en 1407, et Jacques, célèbre théologien en 1486 [1], se rattachaient-ils aux Billi Florentins ; toutefois leurs armoiries (804) n'avaient aucun rapport avec celles de leurs homonymes de Florence ou de Picardie.

Quant aux Billy « sortiz de Flandres » et venus « au royaume de Naples » (495), c'étaient des Robles, titrés barons de *Billy* par alliance et comtes d'Anappes, éteints vers 1731. Voici, au demeurant, comment leur était échue la baronnie de Billy-Montigny, en Artois : en 1409, Jacquemart Couppelot l'avait achetée à Jean de Lannoy ; en 1454, Gérard, son fils, la vendit à Jean de Saint-Quentin, dont l'arrière-petite-fille, Jeanne de Saint-Quentin, baronne de Billy, épousa Gaspard de Robles [2].

Il faut donc reléguer dans le domaine de la légende tout ce passage d'une ancienne généalogie manuscrite :

« Il y a une histoire véritable, en cette famille de Billy, qui a esté escrite autrefois et qui

---

Alighieri. Rome, 1815-16, t. III, p. 260. — Cf. L. Ratisbonne, *Le Paradis du Dante trad. en vers français*, 1860, t. II, p. 282, *Notes du chant XVI.*

[1] Mazzucchelli, *Scritt. ital.*, 1760, II, 225.

[2] Dancoisne, p. 302. — Cf. Rymer, xvi, 75, et Rietstap, au nom de Robles.

[3] Archives de M. de Billy.

depuis plus de 3oo ans a esté constamment
crue et tenue par tradition : Qu'un gentilhomme de ce nom et armes, ayant fait divers
exploits généreux en présence et pour le
service d'un roy de France, il le prit en telle
affection qu'il lui donna grande part de sa
bienveillance, l'honorant de sa confiance, de
quoy quelques courtisans et grands du
royaume ayant jalousie, l'un d'eux offensa
dans le cabinet de S. M. le dit de Billy, qui,
ne pouvant souffrir l'injure ni attendre à la
faire réparer et en demander raison en quelque autre temps et lieu, la colère le porta
d'oublier le respect qu'il y devoit rendre et
donna un soufflet à celuy qui l'avoit outragé
de mespris, ce qui blessa le roy à tel point
que pour éviter sa fureur et le chastiement
dont il le vouloit punir, il fut contrainct de
s'évader, et après se transporta en Italie pour
se mettre en seureté, où estant il se présenta
des discors et guerres, tant dans le royaume
de Naples qu'autres lieux dependants de la
Maison d'Autriche, que le dit de Billy fut
employé en diverses rencontres, esquelles
ayant signalé sa valeur et fait épreuve de son
courage, de sa vertu et sage conduicte, il fut
envoyé en Bourgogne et dans les provinces
de Flandres, où ses descendans ont eu divers
commandements, charges et gouvernements,

tant à Groninghem qu'à Lille et autres lieux, y en ayant encore de ce nom et armes en 1626 et entre autres un généreux cavalier qui mourut gouverneur de Lille en Flandres, la dite année 1626. Les roys d'Espagne les ayant obligés de changer leur nom de Billy en celui Robles, ils ont seulement retenu le tiltre de Barons de Billy.... — Jehan de Billy, chevalier, seigneur de Croustes, qui rendit hommage (à Messire de Roye) de Croustes, relevant de Meuret en Soissonnois, le 3 mars 1395. Sa postérité a fait la branche des Billy de Flandres, lesquels ont rendu de grands services aux roys catholicques ; un de cette branche a esté gouverneur de Lille en Flandres qu'il a défendue généreusement et fait lever le siège. Il se qualifie Baron de Billy et se nommoit Robles de Billy. »

ARMOIRIES

A la fin du XIIe siècle, les seigneurs de Billy-sur-Ourcq portent *de gueules à 2 jumelles d'argent, au chef échiqueté d'or et d'azur* (34). Ainsi portaient, en 1301, Guyot de

Billy, écuyer (109) ; en 1315, Simon de Billy, chevalier, qui, en outre, se servait d'un sceau dont l'écu paraît allusif à sa charge de bailli royal : *un dextrochère de vair, au bâton brochant* (117) ; Pierre de Billy, écuyer, sire de Mauregard, mort en 1332, comme, en l'église de Roissy, sa tombe en fait foi (143). Celle de Jean de Billy, seigneur de Ploisy et de Roissy, mort en 1467, portait deux écus, l'un *à 2 jumelles et un chef échiqueté, l'autre parti, au 1 comme on vient de lire ; au 2, cinq fasces, les impaires chargées de 8 merlettes, 4-3-1, et les paires, de 6 lionceaux couronnés, 3-3,* qui est de Thiais.

Voici les épitaphes du dit Jean de Billy et de sa femme, recueillies au xviiᵉ siècle en la susdite église et que je n'ai retrouvées qu'après l'impression de l'*Inventaire* :

« Ci gist noble homme Jehan en son vivant « seigneur de Ploisy et de Roissy en Parisy, « escuier, lequel trespassa le VIᵉ jour du mois « de may l'an mil CCCC. LXVII.

« Ci gist damoiselle Perrette de Thyois, « sa femme, en son vivant dame de Nuyse- « ment lez Dreux, laquelle trespassa.... » [1].

C'est la dernière fois qu'une branche de Billy paraît avoir usé des armoiries sus-

---

[1] Clairambault, ms. franc. 8224, *Épitaphes de Paris*, IX, 291.

énoncées ; néanmoins, vers 1697, elles sont
encore citées comme siennes (932), mais ce
n'était là qu'une réminiscence. En effet, nous
voyons que, moins de trois mois après le
décès dudit Jean, époux de Perrette de Thiais,
un autre Jean de Billy, écuyer, seigneur de
Mauregard et d'Ivors, avait pour scel un écu
« à 2 fasces sur champ vairé », soutenu par 2
lions, et le heaume cimé d'une tête de more
(384). Ce blason, Colart de Billy (159) le portait dès 1350, ses descendants ne le quitte-
ront plus, et j'incline à penser qu'il fut en
réalité le blason originel de la race ; l'autre,
provenant d'une alliance ou d'une possession
féodale, aura subsisté parallèlement dans une
branche cadette. Les armoriaux du temps de
Charles VII témoignent, en leur style quelque
peu barbare, que l'écu de vair, avec ou sans
fasces de gueules (366, 371), était reconnu
comme étant celui de Billy.

En 1301, Philippe de Billy épousa Marguerite, dame d'Ivors (108) ; au XVIe siècle,
leurs descendants, toujours en possession de
cette terre, adoptèrent un écartelé de Billy,
et d'Ivors, *d'or à la croix d'azur ;* mais la
forme de la croix varie, tantôt pleine, tantôt
pattée, le plus souvent alésée ; c'est ainsi que
jadis on les voyait peintes à la voûte de la
chapelle d'Ivors, et aussi avec un quartier

de Vieuxpont (6 ou 10 annelets) [1], comme
on voit dans les sceaux du xvie siècle (plan-
ches V et VI).

« Cette famille, dit Du Bouchet, s'estant
respandue et establie en divers lieux, il se
trouve peu de provinces dans le Royaume où
il n'y ait des gentilshommes portant le mesme nom et armes de Billy, représentées par
un escu *vairé d'or et d'azur de 3 traits et 2
fasses de gueule.* » Du Bouchet ignorait certainement que les Billy de Mauregard, dont il
s'occupait, avaient autrefois porté d'autres armoiries, ainsi que nous l'avons montré ; il
n'est pas douteux, néanmoins, qu'ils ne fussent
de l'estoc des Seigneurs de Billy-sur-Ourcq.
D'autres branches ont pu faire de même et
varier leurs écus, leurs sceaux selon leurs
alliances ou leurs fiefs ; la dissemblance des
armoiries ne saurait donc être invoquée pour
contester à des lignages homonymes la communauté d'estoc. Et puis il y avait, par sur-
croît, les armoiries fonctionnelles, — comme
en 1315 celles de Simon de Billy, précitées,
— et les armoiries qu'on pourrait appeler de
circonstance, allusives à quelque noble ou
pieuse action, purement personnelles, mais
parfois conservées par la descendance comme

---

[1] *Épitaphes de Paris*, IX, 262.

une marque d'honneur ; telles, sans doute, en 1240, celles de Jacques de Billy, chevalier du Soissonnais, d'azur à 3 croissants d'argent (68), qui semblent alluder à quelque croisade à laquelle aurait pris part son lignage ou lui-même ; or, il était fils puîné de Robert de Billy, dit Cosset, chevalier, qui avait accompagné Philippe-Auguste en Palestine (27, 29, 30). Telles aussi, sans nul doute, les armoiries de Hugues (dit Huot) de Billey écuyer, en 1349, *une croix chargée de 5 besants* (156), car un autre chevalier de Philippe-Auguste, au siège d'Acre, s'appelait « *Hugo de Bileyo* » (28).

Nous allons maintenant passer rapidement en revue les différentes familles du nom de Billy, Billey, Billé (*de Billeyo, de Billiaco*), en indiquant pour chacune d'elles s'il est possible, ou non, de la rattacher au tronc des seigneurs de Billy-sur-Ourcq.

PICARDIE

BILLY-SUR-AISNE, près Soissons, (*Billiacus supra Auxonam*, dans un acte de 1268) [1]

---

[1] A. Matton, *op. cit.*

était dès 1204 la terre de Gérold de Billy
(38), indubitablement issu des seigneurs de
Billy-sur-Ourcq (54, 56), dont ne le sépa-
raient que quelques lieues. On peut le pré-
sumer père de Robert, seigneur de Billy-sur-
Aisne en 1240 (67).

ARTOIS, FLANDRES

Billy (aujourd'hui Billy-Berclau, Pas-de-
Calais), au commencement du xie siècle, avait
un seigneur du nom de Léduin [1], de qui
pouvait descendre Élisabeth de Billy, qui
porta ce fief en mariage, vers 1280, à Michel
de Raverdy, dont le scel portait un écu parti,
au 1, *3 haches*, au 2, *une croix d'hermines*
(97), laquelle constituait probablement le blason de Billy-Berclau.

Billy (aujourd'hui Billy-Montigny, canton
de Lens, Pas-de-Calais) avait au xiiie siècle
des seigneurs de son nom, de l'estoc desquels
était certainement Hellin de Billy, figurant,
en 1248, avec Robert de Fouquières-lès-Lens,
chevalier, dans un titre de l'abbaye du Mont-

---

[1] *Cartul. de St-Vaast* ; cité par E. Dramard.

Saint-Quentin (75). Le seigneur de Billy-Montigny était un des douze pairs du château de Lens.

La proximité permet d'induire que les Billy du comté de Flandres étaient dérivés des Billy-Berclau ou des Billy-Montigny, qui, d'ailleurs, étaient peut-être du même estoc. — En 1288, à Lille, Jean de Billy cautionne la veuve de Thierry de Mirewault, chevalier (99). En 1302, Jean de Billy est à l'ost de Flandres (110). Au milieu du XIVe siècle, on trouve à Douai une famille de Billy, noblement apparentée (161).

Aucun lien n'apparaît entre les Billy d'Artois ou de Flandre et les seigneurs de Billy-sur-Ourcq.

CHAMPAGNE

Billy-le-Grand (canton de Suippes, arr. de Châlons-sur-Marne) paraît avoir eu des seigneurs de son nom, auxquels se rattachait peut-être « Jehan de Billé, escuier du bailliage de Chaumont » (149), en 1339.

Il n'apparaît pas que ces Billy fussent du même tronc que ceux de Billy-sur-Ourcq ; j'inclinerais plutôt à les rattacher aux suivants.

BARROIS ET LORRAINE

BILLY-SOUS-MANGIENNES (canton de Spin-court, arr. de Montmédy), *Billeium* dans un titre de 1158, « a donné son nom à une Maison de nom et d'armes très ancienne, depuis longtemps éteinte, qui portait *d'azur à 3 billettes d'argent*. (Husson l'Écossois.) » [1] A cette Maison pouvaient appartenir : Jean de Billy, chevalier, mort avant 1333 et qui eut pour héritier, au moins en partie, le baron de Vaudoncourt (144) ; Jean de Billy, chevalier, vivant en 1335, mort avant le 19 août 1357, père d'Orric de Billy, écuyer ; [2] Jean de Billy, chevalier, vivant en 1359 et 1361 (172, 175).

BILLY-SOUS-LES CÔTES (canton de Vigneulles, arr. de Commercy, Meuse), appelé *Billeium* en 1135, Billey en 1180 [3], dut probablement son nom aux seigneurs de Billy-sous-Mangiennes. — En résumé, l'on ne sait rien des seigneurs primitifs de ces deux localités.

---

[1] F. Liénard, *Dict. topogr. de la Meuse*, p. 26.
[2] *Inv.*, 145, 150, 153, 155, 164, 166, 167.
[3] F. Liénard, *loc. cit.*

COMTÉ DE BOURGOGNE

Aucune localité du comté de Bourgogne ne porte le nom de Billy, et l'on ne trouve rien à ce nom dans les nobiliaires francs-comtois. Cependant, en 1165, *Robertus de Billie* apparaît dans une charte de l'abbaye de Rosières, au diocèse de Besançon (19); des lettres de 1301 mentionnent le partage fait, au dit comté, « entre messire Pierre de Billy, chevalier, et Pierre de Billy, son nepveur, escuyer » (107); à Vesoul, en 1631, dans un compte de tutelle, est nommé « feu honorable homme Alexandre de Billy ».

Les Billy de Franche-Comté dérivaient très probablement de ceux du duché de Bourgogne.

DUCHÉ DE BOURGOGNE

Plusieurs localités du duché de Bourgogne portent le nom de Billy. Les plus importantes sont :

BILLY-LÈS-CHANCEAUX (canton de Bai-
gneux-les-Juifs, arr. de Châtillon-sur-Seine),
ayant dès le xiie siècle des seigneurs de
son nom, — *Albertus de Bili* (32), Robert,
en 1402, seigneur de Billy (285), — appelé
en 1415 Billey-sur-Seine, et appartenant
alors en partie à Jean et Henry de Chauf-
four, frères, comme seuls héritiers de feu
Étienne de Vaubuzin [1]. Au xive siècle, ces
Billy font branche en Anjou (222, 228-231). [2]

BILLEY (canton d'Auxonne, arr. de Dijon),
qui a eu des seigneurs de son nom, —
Billey, Billé, Billy, — desquels étaient, très
probablement, en 1163 *Robertus de Billeyo*
(18); en 1232 Thibaut de Billé (58); en 1290
Estevin de Billey (101) ; en 1300 Pierre et
Hugues de Billy, chevalier et damoiseau
(104) ; en 1317 Aymon de Billy, damoiseau,
dont le sceau portait peut-être un écu *billeté*
(119) ; en 1324 Oudet et Jean de Billey,
écuyers; en 1328 Pierre de Billy, chevalier,
Joffroy de Billé, écuyer (137, 138) ; en 1337,
Johannes de Belleyo, écuyer (147) ; en 1349,
Huot de Billey, écuyer, dont le sceau porte
un écu *à la croix chargée de 5 besants* (156),
etc.

---

1 Peincedé, ii, 433.
2 Voy. ci-après le chapitre *Anjou.*

BILLY-SUR-OISY (canton et arr. de Clamecy, Nièvre), appelé au IXe siècle *Biliacum* (2), et qui faisait autrefois partie du diocèse d'Auxerre, fut le siège de l'une des 32 châtellenies primitives du comté de Nevers, réunie vers 1680 à celle de Corvol-l'Orgueilleux, et paraît avoir eu anciennement des seigneurs de son nom :

Gaudry de Billy, chevalier, vers 1130 témoin de donations aux églises d'Auxerre (10) ; Simon de Billy, en 1239 possessionné à Corvol-l'Orgueilleux (66) ; et les Billy possessionnés plus tard près Châteauchinon. Cette Maison féodale tint un des premiers rangs dans le comté de Nevers ; en 1273, Jean de Billy, — qui dans mon *Inventaire* est appelé par erreur Jean de Milly — était maréchal du Nivernais (89, 90).

Dans son *Armorial du Nivernais*, M. le comte de Soultrait dit que les armoiries de ces Billy sont inconnues : les sceaux de Robert, chevalier, en 1357, 1358, 1383 (165, 170, 220), de Jean, chevalier, en 1380 (212), de Gautier, chevalier, en 1383 (219), portent un écu à *un chef*, parfois brisé *d'une tiercefeuille*.

BILLY (aujourd'hui Billy-Chevannes, canton de St-Benin-d'Azy, Nièvre) a eu des seigneurs qui étaient certainement un ramage de la Maison féodale dont il vient d'être parlé ; ce que j'induis de ce qu'en 1244 Robin de Billy, *fils de Gaudry*, chevalier, était seigneur de Cercy (73), qui n'est qu'à quelques lieues de Billy-Chevannes. Ces Billy poussent de bonne heure des rameaux dans la région du Berry (50, 74, 83, 88), s'allient aux premières Maisons du Nivernais, Anlezy, la Perrière, Thianges, Digoine, etc., (84, 95, 152), et sont, dès le commencement du xve siècle, vicomtes de Clamecy (333).

Tous ces Billy bourguignons étaient très vraisemblablement du même estoc, provenus d'une souche commune et très ancienne ; leurs possessions confinaient, et, d'ailleurs, aux xiie et xiiie siècles, il n'est pas d'exemple de lignages homonymes coexistant côte à côte sans être du même sang. On ne saurait affirmer que la souche commune fût celle des seigneurs de Billy-sur-Ourcq, mais il n'en est pas moins certain qu'à la fin du xive siècle Robert de Billy, écuyer, seigneur de Billy-lès-Chanceaux, cousinait avec Perceval de Billy-sur-Ourcq (285, 296).

Notons pour mémoire une famille de Billy établie au xviie siècle en Lyonnais, puis à Paris, qui prouvait son origine bourguignonne (diocèse d'Autun) par filiation régulière jusqu'au commencement du xvie siècle, et qui, au xviiie, fit ses preuves de page de la petite Écurie. Elle portait : *de gueules à la tour d'argent maçonnée de sable* (836, 853, 943, 1112).

Une autre famille de Billy, originaire du Mâconnais, était représentée en 1789 à l'assemblée de la Noblesse, à Bourg-en-Bresse, par Nicolas de Billy, chevalier, seigneur de Loëze. Elle portait : *d'argent à 3 merlettes de sable* (826, 829, 1130. Cf. 943, *sub finem.*)

BOURBONNAIS

BILLY (canton de Varennes, arr. de la Palisse, Allier) n'est à vol d'oiseau qu'à environ 25 lieues de Billy-Chevannes (Nièvre) ; il se peut donc qu'il ait anciennement reçu son nom des Billy du comté de Nevers, mais rien ne confirme l'hypothèse. « Billy, — a bien voulu m'écrire l'érudit Archiviste de l'Allier, Mr A. Vayssière, — était le chef-lieu de l'une des 17 châtellenies du Bourbonnais ; il faisait partie du domaine des ducs de Bourbon, mais, après la réunion de ce pays à la Couronne, il fut engagé à divers particuliers. En

1596, il était entre les mains d'Imbert de Diesbach, colonel des Suisses; il fut adjugé, le 27 janvier 1636, à Gabriel de Guénégaud, puis il passa à la marquise de Clérembault et au duc de Montmorency. Je pourrai, si vous le désirez, compléter ces notes et préciser ; je pense toutefois que de plus grands détails vous paraîtront inutiles, lorsque vous saurez que le bourg de Billy n'a jamais appartenu à des seigneurs qui en ont porté le nom. Je suis peut-être trop affirmatif en disant *jamais;* je puis, dans tous les cas, vous assurer que je ne connais pas de famille bourbonnaise du nom de Billy. »

Je ne saurais trop remercier le savant Archiviste de l'Allier de sa très courtoise réponse. Le doute, en effet, est possible ; il se peut que Billy ait eu originellement des seigneurs de son nom, de bonne heure éteints, et fondus dans les seigneurs de Chazeuil, car, en août 1232, Hugues Colomb vendit à Archambaud, sire de Bourbon, tous ses droits sur la maison de Billy, possédée par *Willelmus de Chasuet* [1] ; et ce dut être de ces seigneurs de Billy que le fief de Champ-Billy (auj. Chambilly, en Saône-et-Loire, très peu distant de Billy en Bourbonnais) prit son nom.

[1] Arch. nat., P. 1377¹, cote 2776.

BERRY, SOLOGNE

Billy (canton de Selles-sur-Cher, arr. de Romorantin, Loir-et-Cher) avait, dès 1247, des seigneurs de son nom (74, 76, 83, 88), très probablement issus des Billy établis à Bourges et possessionnés à Saint-Pierre-de-Jards (canton de Vatan, Indre) dès le commencement du xiiie siècle (50), et que la contiguité du Nivernais et du Berry permet de croire un ramage des seigneurs de Billy-Chevannes. Guyot de Billy, en 1285, était bailli de Bourges (96). En 1368, le duc de Bourbon reçoit l'hommage du fief de Bussy (en Germigny, canton de la Guerre, arr. de Saint-Amand, Cher) appartenant à Marguerite de Billy, damoiselle (184). En 1386, Jean de Parçon, écuyer, était seigneur en partie de Saint-Pierre à cause de Jacquette, sa femme, fille de feu Guillaume de Billy (224).

ANJOU

Billé (en Coutures, canton de Gennes, arr. de Saumur, Maine-et-Loire), appelé Billy en

1460 [1], fut peut-être le fief originel d'un très vieux lignage angevin, connu dès la première moitié du XIe siècle. Entre 1047 et 1060, *Willelmus de Bille* est témoin de donations faites au monastère de Bellenoue, membre de l'abbaye [2] de St-Michel-en-l'Herm (6). M. Joseph Denais, dans son érudit *Armorial de l'Anjou*, attribue aux Billé de Champto-ceaux ces armoiries, *d'or à 6 chevrons de gueules*, et à une famille de Billy celles-ci, *de gueules à 3 billettes d'argent* (173). J'incline plutôt à attribuer les premières au vieux lignage purement angevin dont j'ai parlé plus haut, et les secondes aux Billé ou Billy, seigneurs de la Varenne, près Champtoceaux, qui étaient un ramage des seigneurs de Billy-lès-Chanceaux, en Bourgogne (222, 228-231).

BRETAGNE

Vers 1148, *Robertus de Beillac, Oliverus de Bellac* sont témoins de donations pies faites par Roland de Dinan (16). Peut-être possé-

---

[1] C. Port, I, 348.

[2] Il est curieux de constater qu'au XVIe siècle Jacques de Billy (-sur-Ourcq) fut abbé de St-Michel-en-l'Herm.

daient-ils le fief de Billac (canton de Guérande,
arr. de St-Nazaire, Loire-inf.), dont le nom,
sous cette forme bretonne, procède du latin
Billiacus. Peut-être aussi étaient-ils un ramage des Billy établis en Basse-Normandie
dès le milieu du xıe siècle, et dont il va être
traité. A ces Billy normands se rattachait
certainement une famille noble du même
nom, passée en Bretagne vers 1420, et qui
portait *d'or à la croix d'azur* (945), comme
Guyot de Billy, écuyer, mort vers la fin du
xıve siècle à Paris (215), et qui était certainement de la Maison de Billy-sur-Ourcq,
branche des seigneurs d'Ivors, lesquels portaient de Billy, écartelé d'Ivors, *d'or à la
croix d'azur*, aliàs *alésée d'azur* (805, 806,
817, 944). Mais il n'y a peut-être dans cette
conformité d'armoiries qu'un simple hasard.

NORMANDIE

BILLY (canton de Bourguébus, arr. de Caen)
a eu, dès le milieu du xıe siècle, des seigneurs
de son nom (7, 8). En 1418, le seigneur est
Robin de Billy, qui, en 1415, était écuyer de
Pierre du Merle, chevalier bachelier (1210);

fidèle à son Roi, à sa patrie, il refusa de sous-
crire à l'usurpation du roi d'Angleterre, qui
l'en punit en confisquant la terre de Billy
(328). C'est un titre d'honneur pour ce lignage, éteint, croyons-nous au XVIᵉ siècle,
et que nous inclinons à rattacher aux seigneurs de Billy-sur-Ourcq, sans autres indices, d'ailleurs, que l'homonymie et le grand
nombre des lignages picards, ayant, dès les
XIᵉ et XIIᵉ siècles, provigné en Basse-Normandie[1]; indices assurément frêles, mais
n'étant pas absolument sans valeur.

PAYS CHARTRAIN, ILE-DE-FRANCE

En 1319, Guillaume de Billy est official
du diocèse de Chartres (123). Il n'est pas
douteux qu'il était de l'estoc des seigneurs de
Billy-sur-Ourcq, branche de Mauregard-
Ivors (108), d'abord à cause du peu de distance
de Mauregard ; ensuite, parce qu'il portait le
prénom illustré, cent ans avant, par le croisé
Guillaume de Billy (42); enfin parce que, trois

[1] Abbeville, Fayel, Milly, Crèvecœur, Moy, Tyrel, Hangest,
Picquigny, Belleval, Pierrepont, Gouy, Péronne, Bournonville,
Estrées, etc.

ans après, nous voyons Jean de Billy, certainement, lui, du dit estoc, s'établir dans le
diocèse de Chartres et y acquérir le fief du
Clos-de-l'Évêque (126). Par mariages ou par
acquêts, les Billy, seigneurs de Mauregard ou
d'Ivors, étendent leurs possessions dans le
comté de Dreux ; on les trouve en 1438 à
Saint-Lubin-de-la-Haye (357), et avant 1450
à Nuisement, paroisse de Vernouillet [1].

A Saint-Lubin-de-la-Haye (canton d'Anet,
arr. de Dreux), ils ont donné leur nom à un
petit fief, Billy, possédé en 1438 par Jean de
Billy (357), écuyer, époux de Marie de Bellevoye (364). En 1535, Alain de Billy est curé
d'Oulins (492), près Anet, Sorel et Saint-
Lubin.

« BILLY, — dit l'*Annuaire d'Eure-et-Loir
pour 1863*, — aujourd'hui hameau et moulin
à farine sur la Vesgre, paraît avoir été un
ancien fief assis sur la limite des deux communes de Saint-Lubin-de-la-Haye et de
Berchères-sur-Vesgre. Ce fief a dû appartenir
à la famille qui en porte le nom, et qui vint
se fixer à Dreux. » En 1863, Billy comptait
« une maison, un ménage, 9 habitants [2] »; modeste fief de cadet, trop exigu pour sustenter

---

[1] Voir ci-dessus, page XIII.
[2] *Annuaire d'Eure-et-Loir*, 1863, p. 278, 314-321.

tout son monde, en des temps où se pratiquait le précepte chrétien, *multiplicamini*. Il faut s'ingénier pour vivre ; des rejetons appauvris, les uns demeurent à Billy, les autres se répandent aux alentours, qui à Dreux, qui à Sorel.

A Dreux, on se soutient par l'exercice de fonctions qui adoucissent l'amertume de la déchéance en permettant de se qualifier « Noble homme », ce qui est encore quelque chose; on s'embourgeoise, mais sans trop se mésallier [1]. A la longue, le patrimoine n'étant plus guère qu'un souvenir, la nécessité faisant loi, les préjugés de race s'émoussent, et l'on s'en va commercer à Paris (691), où l'on fait souche de marchands bourgeois de la bonne ville (925, 930, 938), dont les filles, bien dotées, épousent des gentilshommes (926).

A Sorel, où il n'y a d'autres ressources que l'exercice d'offices de judicature seigneuriale ou du tabellionage, la déchéance est plus profonde : on est praticien de village (935), greffier de la châtellenie (820, 889, 891), procureur fiscal (882), sergent royal (883), chirurgien de campagne (849, 929), marchand (847, 955, 987), laboureur (969), c'est-à-dire cultiva-

---

[1] *Inv.*, 687, 691, 695, 696, 704, 724, 755, 821, 832, 840.

teur[1], garde particulier (956). Les filles se marient comme elles peuvent (803, 896, 970, 972), et le niveau social des alliances tend de plus en plus à fléchir ; bientôt le préfixe d'apparence nobiliaire s'éclipse (951, 989) ou se jointoie au nom [2]. Le 12 avril 1701, à Dreux, Nicolas de Billy, en présence de Messire Nicolas de Rotrou, conseiller du Roi, lieutenant-général de Dreux, son cousin, épouse la fille d'un maître fondeur et fait souche de maîtres potiers d'étain (950, 951).

La déchéance nobiliaire est complète, mais la tradition de noblesse subsiste, et la gloire est au bout : à Auerstaëdt, le fils et petit-fils des « maistres étémiers », général d'une brigade héroïque, tombe en preux, restaurant son vieux nom [3] dans une impérissable gloire (1151, 1152).

A Strasbourg, le 18 mars 1800, lorsqu'il

[1] Cf. mon *Essai d'introd. à l'hist. généalogique*, p. 107-193, sur les vicissitudes des familles nobles, et mon *Hist. généalogique des Courtin*, p. 36-68.

[2] Comparez dans l'*Inventaire* les Nos 927 et 928, 924 et 931, 934 et 935, 983 et 991, etc.

[3] Le Général de Billy renonça à la particule en acceptant de servir dans les armées républicaines : il signa d'abord *Billy* jusque vers 1794, puis *Debilly*, pour éviter d'être confondu avec un officier dont le nom ne différait du sien que par une seule lettre, ce qui occasionnait de fréquentes erreurs dans la transmission des ordres ; mais il n'en conserva pas moins dans les actes publics l'ancienne orthographe de son nom.

dut épouser Mademoiselle Saum, il lui dit
tenir de sa vénérée mère que sa famille avait
compté jadis dans les rangs de la Noblesse,
puis avait subi de dures vicissitudes. Ce fut
cette tradition qui porta son digne fils, Monsieur Édouard de Billy, mort en 1874 Inspecteur général des mines et Commandeur de la
Légion d'honneur, à rechercher ce qu'elle
pouvait avoir de fondé, — non certes pour en
tirer vanité, mais dans un généreux sentiment
de piété familiale. Dans ses Notes intimes,
j'ai pu lire, — sans surprise mais non sans
émotion, — ces lignes qui décèlent une grande
et chrétienne élévation d'esprit et de caractère :

« Mon père, au moment de contracter son
second mariage, a fait savoir à Mr Hervé,
qui lui servait d'intermédiaire auprès de la
famille Saum, qu'il appartenait à une ancienne noblesse du pays, fort déchue alors,
mais qui n'en était pas moins authentique.
Ma mère m'a transmis ce renseignement,
m'engageant à faire des recherches.

« .... Quand mes descendans liront ces
notes, ils y trouveront un exemple de ce que
peut devenir une famille quand elle com-
mence à déchoir. Ce sont, tantôt le caractère,
tantôt l'éducation, tantôt aussi les circons-

tances qui agissent ; la déchéance ne s'arrête ordinairement que quand elle est complète, et il ne faut rien moins que l'esprit d'ordre et de suite de plusieurs générations, Dieu aidant, pour relever une famille de la situation dans laquelle elle est tombée...... Si, ce qu'à Dieu ne plaise, mes descendants voulaient tirer vanité d'appartenir à une famille d'assez ancienne noblesse, ils deviendront plus humbles en apprenant que, parmi leurs ayeux, deux générations ont vécu du travail de leurs mains. »

Quelques auteurs ont attribué ces armoiries aux « Billy du pays chartrain » : *d'argent à 2 bandes de gueules accompagnées de 8 coquilles de sable* (463, 807) ; mais comme leur texte vise les Billy, barons de Courville et seigneurs de Prunay-le-Gillon, lesquels, de même que les seigneurs de Billy en Saint-Lubin-de-la-Haye, étaient un ramage des seigneurs de Billy-sur-Ourcq, cette attribution est purement erronée, et réfutée par maintes preuves irrécusables, notamment les sceaux de Colart, Jean, Claude et Louis de Billy (159, 384, 560, 566, 572, 604).

Les armes de cette famille sont : *Vairé d'or et d'azur à 2 fasces de gueules ;* couronne comtale ; cimier, une tête de more ; supports, 2 lions.

PARIS

Dès la fin du xiiie siècle, nous trouvons non loin de Paris « Robert de Billi » (102), que son prénom et la proximité du Beauvaisis permettent de rattacher à la Maison de Billy-sur-Ourcq. En 1319, Gilles de Billy-sur-Ourcq est titulaire d'une des chapellenies de N.-D. de Paris (122). En 1354, « Monsieur Jehan Billy» est député au Roi par les « gouverneurs de l'ospital monsieur saint Jaques aus pelerins » de Paris (163). Vers 1375, François de Billy, comte de Chastillon, fait bâtir à Paris la fameuse tour de Billy (200, 495). En 1501, Robert de Billy, prêtre, est profès à l'abbaye de St-Martin-des-champs.

Cette première couche de Billy habitués à Paris était indubitablement de noblesse, et y vivait noblement. Elle y coexistait avec d'autres Billy, sortis plus ou moins anciennement de son estoc, et qui, les uns, « se raccrochaient aux branches » par les petites charges de cour, les fonctions ou l'office tutélaire de secrétaire du Roi[1] ; les autres, agré-

---

[1] *Inv.*, 678, 683, 684, 686, 689, 692, 693, 730, 748, 761, etc.

gés à la bourgeoisie de Paris, y faisaient le commerce [1]. Ces derniers étaient venus de Sorel et de Dreux ; les premiers venaient de Compiègne, et nous aurons à parler d'eux.

CANADA

Vers 1672, Jean-François de Billy passe en Canada avec sa femme, Catherine-Marguerite de la Marche, et y fait souche. Sa descendance y prend le surnom de Courville, non seulement pour affirmer sa très noble extraction des seigneurs de Billy-sur-Ourcq, barons de Courville, mais aussi pour n'être pas confondue avec une famille « Billy », venue de Poitou en Canada vers 1692 et de modeste origine [2].

Désireux de préciser le point de jonction des Billy canadiens, j'eus l'honneur d'écrire au savant auteur du *Dictionnaire généalogique des familles Canadiennes*, Mgr Cyprien Tanguay, Président d'honneur du Conseil héraldique de France, qui voulut bien me faire la réponse qu'on va lire :

---

[1] *Inv.*, 525, 530, 554, 681, 691, 925, 930, 938, etc.
[2] Mgr Tanguay, II, 281.

« ... Je me hâte de répondre au sujet des ancêtres de Jean-François de Billy, né à Paris en 1649, passé au Canada vers 1673, et marié en 1674 à Catherine de la Marche. En vous référant au *Dictionnaire Généalogique*, vol. I, p. 52, vous voyez le millésime 1674, sans indication de lieu et de mois ; ce qui veut dire que c'est une date approximative et que le mariage ne se trouve pas dans nos registres. Je suis porté à croire que J.-Fr. de Billy s'est marié en France avant 1672. Dans les actes de décès, 1716 et 1731, les noms des parents ne se trouvent pas, mais seulement le nom de l'épouse du défunt, et celui du feu époux de la veuve décédée. »

Jean-François de Billy était très probablement né et s'était certainement marié en la paroisse de Sommereux (diocèse de Beauvais), où résidaient, de 1632 à 1647, François de Billy, écuyer, seigneur de Béhéricourt, son père, et damoiselle Hélène Guibert, sa mère [1]. Il était né vers 1649 (800), mais on ne trouve pas son baptistaire dans les registres paroissiaux de Paris, et ceux de Sommereux, de 1648 à 1671, manquent. L'examen de notre N° 771, où sont accumulées les preuves des rapports intimes entre les Billy et une famille

---

[1] *Inv.*, 751, 768, 770-773, 791, 796.

de la Marche [1], également établie à Sommereux et également appauvrie, — convainc que
Jean-François, ayant épousé une La Marche,
ne pouvait être fils que de François de Billy,
seigneur de Béhéricourt, le seul Billy établi à
Sommereux.

Que si l'on objectait l'assertion du P. Anselme au sujet de François de Billy, seigneur
de Béhéricourt, qu'il « se remaria deux fois
et se mésallia ; il ne paraît pas qu'il ait laissé
de postérité » (717), je répondrais d'abord
que, dans les généalogies d'autrefois, c'est
assez la coutume de laisser dans l'ombre les
branches déchues, et ensuite que le dit François, bien au contraire, eut une série d'enfants.
Qu'on ait fini par oublier ou même que l'on
n'ait pas connu l'existence de celui qui était
allé en Canada, c'est facile à comprendre ;
mais non, les Billy de cour, gentilshommes
de princes du sang, pages du Roi, mestres-
de-camp, capitaines de gardes-du-corps, chevaliers de St-Louis, titrés comtes [2], tenaient
à répudier un rameau endetté (717) dont les
alliances et les négoces froissaient leur or-

---

[1] Peut-être cette famille se rattachait-elle à Thomas de la
Marche, conseiller au parlement, mort à Paris le 18 août 1440,
et qui portait d'argent à la bande de gueules, acc. en chef
d'une molette de sable. (Cab. des tit., Nº 522, p. 117.)

[2] *Inv.*, 850, 894, 906, 957, 978, 1004, 1021, 1026, 1034, 1039,
1071, 1087, 1115-17.

gueil, et le généalogiste se chargea d'opérer
la section.

Il est, en matière généalogique, quelque
chose de plus coupable encore que d'attribuer par vénalité des honneurs imaginaires :
c'est de faire la nuit, par servile complaisance,
sur des rameaux ou des rejetons authentiques de la race, parce qu'ils se sont mésalliés
ou bien ont dérogé. Combien de généalogistes, en l'espèce, pensaient avoir coupé le
câble sans retour ! Mais, en ce qui concerne
François de Billy-Béhéricourt, nous avons,
pour le ressouder, mieux que la simple hypothèse. Il eut de ses deux ou trois femmes
au moins dix enfants, et peut-être douze :

1° Marie, en 1642 vivant à Sommereux (779).

2° Madeleine, vivant en 1643 à Sommereux, et en 1679 à La Croix-en-Brie (781,
794, 875).

3° Anne-Isaac, baptisé le 21 juin 1644 en
l'église St-Jean-en-grève de Paris (786).

4° Jean-François, baptisé vers 1649, auteur
de la branche canadienne.

5° Antoine, baptisé le 9 octobre 1670, marié avant le 9 mai 1712 à la fille du feu
libraire Auroy, dont la veuve se remaria avec
le célèbre Gatien des Courtils de Sandras
(852, 993), alors veuf en 2ᵉ noces de Louise
Pannetier.

6° Alphonse (856).

7° Jean-Marie (859).

8° Auguste, vivant en 1673 à La Croix-en-Brie (857).

9°-10° Marie-Thérèse et Anne, baptisées en 1676 au même lieu (868).

Et peut-être :

11° Marguerite, vivant en 1639 et 1645 à Sommereux (770, 787, 789).

12° Horace, de qui en 1700 était veuve, à Paris, Jeanne Vialis (943).

Et voilà justement, o Père Anselme, comment on écrit l'histoire...... généalogique !

COMPIÈGNE

On trouve, en 1590, à proximité de terres appartenant à des rejetons de la Maison de Billy-sur-Ourcq, « honeste personne Gui de Billi, marchand demourant à Compiègne » (656), époux de Florimonde de Sacy (730). Cette proximité, le prénom de Gui, porté aussi par son fils et l'un des plus usités en la dite Maison [1], la situation distinguée que les Billy occupaient en cette ville [2], comme aussi les charges et les grades dont ils sont investis [3], quelques bonnes alliances [4] et la qualité d'écuyer prise dès 1606 par Henry de Billy (682), tout m'incline à les considérer comme un ramage de Billy-sur-Ourcq. Mais, à Compiègne comme ailleurs, dans cette famille embourgeoisée et commerçante, il se produit, en deux générations, de tels écarts de situation sociale que les uns sont les premiers du lieu, — élus, gouverneurs, contrôleurs des deniers, capitaines d'infanterie, — les autres, merciers, bonnetiers, cloutiers, pâtissiers. Lisez les Nos 860, 886, 919 du présent *Inventaire*, et vous aurez de quoi paraphraser la philosophie de Rabelais et de la Bruyère :

« Je pense que plusieurs sont aujourd'huy empereurs, roys, ducs, princes en la terre, lesquels sont descendus de quelques porteurs de rogatons ou de coustrets, comme au rebours plusieurs sont gueux de l'hostière, souffreteux et misérables, lesquels

---

[1] *Inv.*, 12, 52, 109, 159, 183, 208, 214, 215, etc.

[2] *Inv.*, 730, 813, 835, 844, 848, 886, 895, 904.

[3] *Inv.*, 683, 693, 705, 760-762, 848, 878, 919.

[4] *Inv.*, 730, 763, 765, 767, 860.

sont descendus de sang et ligne de grands roys et empereurs [1]. »

« Il y a peu de familles dans le monde, écrivait La Bruyère il y a plus de 200 ans, qui ne touchent aux plus grands princes par une extrémité, et par l'autre au simple peuple. »

C'est pourquoi le généalogiste probe se garde prudemment de traiter l'homonymie en suspecte : sans doute elle n'est pas une preuve, mais elle peut être un jalon, et plus paraît profond par l'inégalité des conditions l'écart social, plus la question commande d'attention consciencieuse.

RAMAGES DE BILLY-SUR-OURCQ

ARCY. — Si les seigneurs d'Arcy-Sainte-Restitute, en Soissonnais, n'étaient pas originellement un ramage des seigneurs de Billy-sur-Ourcq, ils doivent s'être fondus en ceux-ci dans la seconde moitié du XIIe siècle ; ce que j'induis de l'identité des prénoms et du

[1] *Gargantua*, liv. I, chap. 1.

surnom de *Cosset*, porté en 1200 par Robert d'Arcy. Jean d'Arcy, vaillant croisé, tomba en 1219 aux mains des Turcs (11).

Gauvain d'Arcy, vers 1368, portait : *fascé d'argent et d'azur de 6 pièces, à la bande engreslée d'or et à la bordure de gueules* [1].

COSSET. — Dès le XIIe siècle, les Billy-sur-Ourcq portent le surnom de *Cosset*, qui devient le nom d'un de leurs rameaux [2], qui n'échappe pas aux vicissitudes ordinaires. Dès le début du XIIIe siècle, on les trouve à Arras, en noble condition (46). En 1311, Isabeau Cosset est veuve de Simon Faverel, mayeur d'Arras et sergent d'armes du Roi ; son écu porte un *échiqueté* (114, 116), comme, en 1318, celui de Mahieu Cosset, homme du châtel d'Arras (120), et comme le chef de l'écu, sinon originel, du moins le plus ancien que nous connaissions, des seigneurs de Billy-sur-Ourcq (117, 143). En 1371, Jacques (dit Jacquemart) Cosset est marchand poissonnier, bourgeois d'Arras, et a pris des armoiries professionnelles [3] :

---

[1] B. N., ms. franç. 20082, *Hommages du comté de Clermont*, p. 173.

[2] *Inv.*, 20, 21, 27, 33, 37, 39, 44, 46, 69-71.

[3] Cf. mon *Essai d'introd. à l'hist. généal.*, p. 184-185.

un poisson posé en fasce sur un champ de feuillages (193).

SEPTMONTS. — Les seigneurs de Septmonts, près Billy-sur-Ourcq, connus dès 1140, étaient certainement de l'estoc des seigneurs de Billy, ce que j'induis de la proximité des lieux, de l'identité des prénoms, et aussi du surnom de Septmonts porté en 1290 par Jean de Billy (14, 55, 77, 100). Les seigneurs de Ciry, au même temps, étaient un ramage des seigneurs de Septmonts (98).

ANCIENVILLE. — Ramage authentique et le plus illustre des seigneurs de Billy-sur-Ourcq, connu dès 1210 en Soissonnais (40, 43), passé vers 1442 en Champagne, où il a tenu un rang considérable par les charges et les alliances, et produit avant 1507 un grand-prieur de France (428).

Ancienville portait : *de gueules à 3 marteaux de maçon d'or*, aliàs *d'argent, dentelés et emboutés d'or.*

POST-SCRIPTUM

Je ne saurais terminer cette Introduction sans témoigner une vive gratitude à tous

ceux dont l'aide courtoise m'a permis de
mener à bonne fin ce laborieux Inventaire :

M. Henri de Flamare, Archiviste de la
Nièvre, M. Alphonse Couret, ancien Magis-
trat, M. Amédée du Buisson de Courson,
M. A. Vayssière, Archiviste de l'Allier,
M. Jacob, Archiviste de la Meuse, M. Gaston
Bernos, Secrétaire du Conseil Héraldique de
France, ainsi que M. de Billy, chef de la
branche française, et l'honorable Louis-
Adolphe de Billy, chef de la branche Cana-
dienne, qui ont bien voulu mettre à ma dis-
position leurs précieuses archives de famille.

ERRATA

N° 3, *ligne* 4 : Biiiacus : lire *Biliacus.*

N° 77, *ligne* 3 : « Thierry, de Billy » : lire « Thierry de Billy ».

N° 89, *ligne* 1, lire : Jehan de Billy.

N° 165, *ligne* 4 : perché, lire : penché.

N° 285, *ligne* 1 : Coulmiers, lire : Coulmier. (auj. Coulmier-le-sec, Côte-d'Or).

N° 366, *ligne* 7 : Supprimer le mot *pals.*

N° 462, *ligne* 3 : Bailly, lire : Billy.

N° 816, *ligne* 2 : Londel, lire : Blondel.

Pl. II.

JAQVES DE BILLY.

Fac-simile Geoffray.

INVENTAIRE[1]

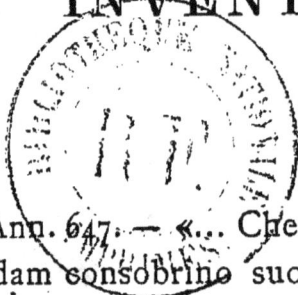

1. Ann. 647. — «... Cheudon, comes Andegavis, ... cuidam consobrino suo, nomine BILLEIO, Ambaziacum tribuit, qui Faustam, Aviciani neptam ex filia sua, Placida nomine, ortam, uxorem duxit. Hic vicum qui dicitur Bliriacus (*Bléré*) fecit... BILLEIUS ex uxore sua Fausta Lupam genuit, quæ mulier prudentissima fuit, quam Eudoxius, vice consul Turonensis, uxorem duxit... » (*Liber de compositione castri Ambaziæ*, dans les *Chron. d'Anjou*, I, 14, 17.)

2. 813-829. — Billy-sur-Oisy (Nièvre), BILIACUM, anciennement du dioc. d'Auxerre, est nommé dans les *Gesta Pontif. Autissiod.*, en la Vie de l'Évêque St Angelelme. (M. Quantin, *Cartul. de l'Yonne*, t. II, Introd., p. XXVIII.)

---

[1] Toutes les dates de l'*Inventaire* sont en style moderne. — Pour les sources, voir l'*Index* qui suit l'*Inventaire*.

3. 858, Compiègne. — *Dénombr. du revenu de l'abb. de N.-D. de Soissons par Charles le Chauve :* «... Villarum quoque nomina hec sunt : Uliacus, Biiiacus, Corciacus... » (Dom Michel Germain, *Hist. de l'abb. royale de N.-D. de S.*, p. 429.) Billy-sur-Aisne « portait le titre de vicomté ». (Melleville, I, 115.)

4. 935. — Le roi Rodolphe confirme à Tédalgrin, Evêque de Nevers, la possession de l'église de Billy. (Dom Bouquet, IX, 581.)

5. 1024. — *Billiacum* (Billy-Berclau ou Billy-Montigny, Pas-de-Calais) est nommé dans une charte de l'abb. de Sᵗ-Vaast. (Dancoisne, II, 300. — Dramard, I, 253.)

6. 1047-1060. — Guillaume de Billy, *Willelmus de Billé*, témoin de la confirm. des don. faites par Geoffroy, vicomte de Thouars, au monastère de Bellenoue, membre de l'abb. de Sᵗ Michel-en-l'Erm. (*Gall. christ.*, II, instrum., 411.)

7. V. 1055. — Guill., duc de Normandie, donne à l'abb. de Fécamp, entre autres terres, celle d'Hugues de Billy, *terram Hugonis de Billei*. (Fonds Moreau, XXII, 108 v.)

8. 1066. — Fondation de l'abb. de la S. Trinité de Caen : «... In villa que dicitur Billei, dedit co-

mes illam terram quam ibi tenuit Radulfus cogno-
mento Billei, pro filia Willelmi filii Radulfi, ibi
facta monacha. » (*Gall. chr.*, XI, 60, 69.)

9. 1080. — « Le sgr de Billy sur Ourcq, près
de Muret en Valois, en 1080, chevalier. » (*Nouv.
d'Hozier*, 2.)

10. V.1130. — Gaudry de Billy, chev., *Gau-
dricus miles de Billiaco*, tém. d'une don. faite à
N.-D. et à St Julien d'Auxerre par Nic., Vicomte
d'Avalon.. (M. Quantin, I, 276.)

11. 1130-1272. — « *Seigneurs d'Arcy-Sainte-
Restitute* : 1130. Ponsard d'Arcy. — 1200. N...,
sgr d'A., époux de Joye, père de Jean, Guy, Robert d'A., dit Cossez, chanoine de St-Gervais de
Soissons, et Joye, femme d'Eudes le Turc. —
1212-18. Jean d'A., chev., époux de Cécile, qui
fonda l'abb. de la Barre en 1235 ; père de Robert,
Ade, Jean d'A., « homme noble et très vaillant qui
fut fait prisonnier par les Turcs devant Alexan-
drie, en 1219 ». — 1221-30. Geoffroy d'A., chev.,
époux d'Elvide de Bazoches, père de Guy, Étienne,
Geoffroy, trésorier de l'égl. de Soissons, Hugues,
archidiacre. — 1240. Guy d'A.. chev., père de
Marie. — V. 1250. Mgr Foucard d'A., chev., père
de Marie, femme de J. de Saponay. — 1260.
Étienne d'A., damoiseau, époux d'Yolande. —

1270. Pierre d'A., chev. — 1272. Jean II, sgr d'A., chev., époux d'Isabeau. » (Melleville, I, 34.)

12. 1133. — Guy de Billy, *Wido de Billiaco*, tém. d'une don. d'Yves, sire de Nesle, à l'abb. de N.-D. de Soissons. (Moreau, LVI, 41.)

13. — Vente de vignes à l'abb. de Longpont par Jean de Billy, chev. (*Anc. généalogie.*)

14. 1140-1301. — « *Seigneurs de Septmonts* : 1140. Guy de S. — 1160. Albéric de S. — 1180. Guy II, époux de Mathilde de Pierrefonds. — 1182. Oilard de S. — 1186. Nivelon de S. — 1189. Gilon de S., chev., sgr de S. et de Ciry, époux d'Aveline, frère d'Anselme, Raoul, Joscelin, Guy, et Flandrine, femme de Thomas de Bucy. — V. 1192. Thomas de S. ; Renédule, son fils. — 1203. Eudes de S. — 1205. Gérard, chev., avoué de S., père de Jean. — 1220. Nivelon de S., père de Gérard. — 1236. Jean de S., chev., père d'Haimard, clerc. — 1301. Jean II de S. » (Melleville, II, 336. — Moreau, XC, 12-17.)

15. 1142. — « Robert, chevalier, s. de Billy sur Ourc, vendit aux religieux de St-Crespin. Vol. 134 de M. le Laboureur, fol. 543.» (*Pièces orig.*, Billy, 123, 145.)

16. V. 1148, Dinan. — *Robertus de Beillac, Oliverus de Bellac*, sont tém. de don. faites aux moines de Marmoutier par Roland de Dinan. (*Cartul. de Marm.*, III, 339, 340. — Moreau, LXIV, 1, 4.)

17. V. 1156. — « Lambert de Billy et Berthe, sa fille, sont rappellés dans une bulle du Pape Adrien IV, qui confirme à l'abb. de S. Nicolas-au-Bois des biens sis au dioc. de Soissons, donnés à lad. abb. par led. Lambert et sa fille. » (D. Caffiaux, I, 516.)

18. 1163, Dijon. — Robert de Bîlly, *Robertus de Billeyo*, frère convers à l'abb. de Tard. (E. Petit, *Hist. des ducs de Bourg.*, II, 290.)

19. 1165, abb. de Rosières, dioc. de Besançon. — Accord entre l'abb. et G. de Wadens ; tém. « *Robertus de Billie* ». (Moreau, DCCCLXXI, 393.)

20. 1171. — Garnier Cosset, comme seigneur du fief, consent la vente faite à l'abb. de St-Médard de Soissons par J. de Courmelle, chev., et Hodierne, sa femme, de ce qu'ils avaient à Soucy et à Puiseux. (Cartul. I de St-Méd., p. 51. — Dom Villevieille, *Trésor généal.*, XXXI.)

21. V. 1172. — Fiefs de la Chastelerie d'Oulchy, tenus du comte de Champagne : « Robers de

Billei ; Robers Cossez, ce qu'il a à Billei... — Roberz Cossés, hom de ce qu'il a à Billi. » (Longnon, *Vassaux de Champ.*, 1199, 1240.)

22. 1180, Caen. — Compte de la baillie de Richard Giffard : «... De Roberto de Billeio, XV s. » — Compte de G. de la Mare : « XL sol. de Willelmo filio Stephani pro terra recuperata per juream in Billeio... » (Léchaudé d'A., *Gr. Rôles*, p. 14, 30.)

23. V. 1180. — « Lisiard de Billy gist à St-Jean des Vignes. » (*Nouv. d'Hozier*, 2.)

24. 1183. — Mgr Raoul Revel, époux d'Helvide [de Billy], donne à St-Crépin un muid et demi de vin à prendre annuell. sur ses vignes de Billy. (*Cartul. de St-Crespin-en-Chaye*, f. 25.)

25. 1183-1530. — « *Seigneurs d'Ancienville :* 1183. Elvide, dame d'A. — 1200. Hodierne, dame d'A., mère de Barthélemy, Guy, Foucard, et Sara, femme d'Yves Tristan, sgr du Donjon d'Ambleny. — 1203-27. Barthélemy d'A., chev., époux de : 1° Ade ; 2° Marie ; 3° Erme de Billy ; père de Jean et Ade. — 1246-63. Jean d'A., dit Bezart, chev., (son écu porte 3 *bandes*), époux de Mathilde de Brécy. — V. 1265. Guyart d'A., père de Jean, dit Bezart, vivant en 1282. — V. 1520, Claude d'A., panetier du Roi et général des galères. — 1530. Antoine d'A., bailli de Sézanne, portait : *de gueules à 3 marteaux d'or emmanchés d'argent.* » (Melleville, I, 21.)

26. 1190. — Raoul, comte de Soissons, donne à l'abb. de St-Crépin-en-Chaye la maison qui fut à Herbert de Billy, *domum... que erat Herberti de Billy.* (Cartul. de St-Crépin-en-Ch., fol. 6 r., 41 v.)

27. 1191. — Robert de Billy, dit Cosset, avant de partir pour Jérusalem, *Robertus Cosset de Billiaco Jherosolimam iturus*, du consent. de Mateline, sa femme, de Philippe, son frère, et de ses enfants, vend., pour 80 livr. fortes à St-Jean-des-Vignes une rente ann. de 4 muids de froment sur sa grange de Rosoy. (*St-J.-des-V.*, f. 41 v.)

28. 1191, juil., Acre. — J. de Chambly, étant à la croisade, emprunte 50 marcs d'argent ; tém. Robert de Longueval et Hugues de Billy, chevaliers ; *testes... H. de Bileyo, milites.* (*Chartes de croisade*, I, 2.)

29. 1191, septembre, Acre. — Robert de Billy, chevalier, *Dominus R. de Bileyo*, étant à la croisade, est tém. d'un emprunt de G. de Gauville. (Arch. de M. de Billy, orig. parch. — *Chartes de croisade*, III, 39.)

30. 1191, sept., Acre. — Robert de Billy, chev. *Dominus R. de Billeyo*, est tém. avec Hugues de Fontaines, chev., d'un emprunt de Gervais de Menou. (*Chartes de crois.*, III, 19.)

31. 1195. — Compte de R. de Rupierre : « IV lib. de Willelmo filio Stephani pro terra de Billie de II annis..... De Henrico de Billie, I marc. » (Léchaudé d'A., *Gr. rôles*, p. 74.)

32. 1196, Dijon. — Albert de Billy, *Albertus de Bili*, tém. d'un accord entre Olivier de Grignon et l'abb. de Fontenay. (Arch. de la Côte d'Or, H. 581.)

33. 1197. — Philippe Cosset, comme tenant fief mouvant de Coucy, signe la charte d'affranch. de Coucy. (Villev., XXXI, 118.)

34. 1200. — « *Geofridus de Billio, miles.* Titres de l'église de Beauvais. » (*P. O.*, Billy, 152.) — « Geoffroi de Billi, en 1200, portoit *de gueules à 2 jumelles d'argent, au chef échiqueté d'or et d'azur.* » (*Nouv. d'Hozier*, n° 882, Billy, 3 v.; note ms. de frère Séb. Tripier, bibliothéc. de St-Faron de Meaux, xviie s.)

35. 1203, Soissons. — Nivelon de Billy, chev., suzerain d'Eudes de Septmonts, se porte caution

d'une vente par lui faite à l'Hôtel-Dieu de Soissons. (Archives hospit. de Soissons, liasse 166,
orig. parch.)

36. 1203, janv. — « Robert de Billy, éc., *Robertus de Billy, armiger*, promet de déguerpir
au plus tôt du bois de Belval, qu'il a donné à
l'abb. de St-Crespin. » (Arch. de St-Crépin. —
Villev., XIV, 66 v. — *Carrés*, 2.)

37. 1203, 24 fév. — « Robert Cosset le jeune
de Billy, chev., fait une don. à l'abb. de Longpont. » (Villev., XIV, 66 v.)

38. 1204. — « Gérold de Billy, sgr de Billy-
sur-Aisne, époux de Mathilde. » (Melleville, I,
115.)

39. 1210. — Sanctissime, femme de Robert,
sgr de Billy, dit Cossez, consent à ce que son
douaire, assigné sur la forest de Belleval, soit
placé ailleurs ; veuve en 1243. (*Nouv. d'Hozier*, 2.)
En prem. noces, elle était « veuve, paraît-il, du
comte Thibaut, sgr de Thoisy. » (Melleville, I,
115.) Robert de B. eut de Sanctissime deux fils,
Robert et Jacques. (*Tit. de St-Crépin.* — D'Hozier, *Billy*, 1.)

40. 1210. — Barthélemy et Foucard de Billy,

1°

chevaliers, seigneurs d'Ancienville, font don.
d'une rente d'un muid de blé au prêtre d'Ancienville. Barthélemy lui donne en outre, pour les
cierges de son église, 3 setiers de blé à prendre
annuell᠌ au moulin de Deux-Moulins. (*St-Jean-des-
Vignes*, fol. 49 v°-50 r°.)

41. 1211. — « Les juges délégués par le Pape
adjugent la menue dîme de Billy à l'abb. de
St-Crespin, contre Élisabeth et Gérold de Billy. »
(Villev. XIV, 66 v. — *Carrés, 3.*)

42. 1211. — Guillaume de Billy, chev. croisé,
est abattu par Gui de Cavaillon, puis pendu à un
olivier par les Albigeois.

> En Guis de Cavalho, desobre un arabit,
> Quebatec, lo dia, Guilheumes de Berlit,
> Si que pois lo penderon en I oliu florit.

(Fauriel, *Hist. de la croisade contre les hérétiques
alb.*, *écrite en vers provençaux par un poète con-
temp.*, p. 300. — Les noms picards sont outrageu-
sement défigurés par le poète provençal : Manas-
sès de *Conti* est appelé par lui *de Cortil;* Robert
de Picquigny, *de Pequi, de Pequerni;* Alard de
Roucy, *Alas de Roisy;* Dreux de Mello, *Dragos
de Merlon.)*

43. 1211, fév. — Accord entre Mgr Barthélemy

[de Billy, sgr] d'Ancienville, chev., et l'Abb. de St-Jean-des-Vignes, sur la dîme d'Ancienville donnée à lad. abb. par les père et mère dud. chevalier. (*St-Jean-des-V.*, 51 v.)

44. Après 1211. — Robert Cosset, du consent. de Hugues, son fils, d'Agnès, Hersende, Mahaut, Comtesse et Ade, ses filles, et leurs maris, fait un accord avec l'abb. de Longpont touchant le bois de Belval, en présence de Gautier de Vierzy, sgr du fief, des héritiers de Guillaume de Billy, Thibaut de Moy, etc. (Arch. de St-Crépin de Soissons. — Villev., XXXI, 118.)

45. — « Les hér. de feu Guillaume de Billy, chev., consentent l'accord fait touchant le bois de Belval entre l'abb. de Longpont et Robert Cosset. » (Arch. de St-Crépin. — Villev., XIV, 66 v.)

46. 1212, 3 av., Arras. — Roger de Vaux vend à Robert, fils de Baudouin Cosset, d'Arras, des terres sises à Vaux ; présents Guy de Vaux, chev., frère dud. Roger, Sagalon et Mathieu Cosset, Gillebert, sergent de déf. Madame Thessende Cosset. (*Cartul. de l'égl. d'Arras*, 77-78.)

47. 1213, janv. — « *Geroldus de Billiaco* » s'engage à payer dorénavant à l'abb. de St-Crépin la menue dîme de sa maison de Billy. (*Carrés*, 4.)

48. 1215. — Agnès de Billy, *domina Agnes de Billiaco*, et madame Ade, sa sœur, donnent à l'abb. de St-Crépin-en-Chaye tous leurs droits à Mercin. (*Cartul. de St-Crépin*, 36 v.)

49. 1217, avril. — « Nivelon de Billy, chev., *Nivelo de Billiaco, miles*, Marie, sa femme, Adam Raoul et Robert, leurs enfans, avouent tenir en fief de l'abb. de St-Crespin ce qu'ils ont à Venizel. (Villev., XIV, 66 v.)

50. 1218, nov., Bourges. — Accord entre Arch. de Montfaucon, doyen de Bourges, et G. de la Tournelle, H. de la Porte et Gui de Billy, *Guido de Billi*, chevaliers. Gui de B. s'engage à servir au chapitre de Bourges une rente de six setiers sur son fief de Saint-Pierre. (*Cartul. de Bourges*, f. 66.)

51. 1219. — « Le 3ᵉ avril, on fait l'obit de Foucard de Billy, chev., et Herme, sa femme, qui firent une donation à l'abb. de Longpont, l'an 1219. » (*Obit. de Longp.* — Villev., XIV, 66 v. — D. Caffiaux, I, 516. — Melleville l'appelle « Herme de Saint-Remy-Blanzy », I, 115.)

52. 1222. — Raoul de Billy, écuyer, épousa Simone du Moustier, d'où Guy, chevalier, père de Guyot de B., éc., sgr de Mauregard, père de Simon. (*Anc. généal.*)

53. 1222, fév. — Henri de Billy et Lucie, sa femme, du consent. de Roger, Pierre et Jean de B., leurs fils, vendent à l'Hôtel-Dieu de Soissons des terre sises au Mont-Ste-Geneviève. (Archives hosp. de Soissons, liasse 166, orig. parch.)

54. 1224, juin. — Nivelon, sgr de Billy-sur-Ourcq, vend des terres à l'abb. de Valsery, du consent. de Marie, sa femme, et de Raoul, Robert, Ade (femme d'Èbles d'Escurey) et Isabeau, leurs enfants. (P. Anselme, II, 117.) Il est plège, avec Gervais de Septmons, chev., d'une vente faite à l'Hôtel-Dieu de Soissons par Eudes de Septmonts. (*Anc. généal.*)

55. 1226. — Mgr Foucard de Septmonts, chapelain des SS. Gervais et Prothais de Soissons, est plège d'une vente faite au chapitre de Soissons par Thibaut de Buzancy, (*Cartul. eccl. Suession.*, p. 35.)

56. 1227, nov. — Élisabeth, femme de P. de Bussu, éc., vend à N.-D. d'Oulchy tout ce qu'elle possède à Montchevillon, du consent. d'Ébale d'Escure, chev., sgr du fief, d'Ade, sa femme, et de Raoul et Robert de Billy-sur-Aisne, frères de lad. Élisabeth. (*St-Jean-des-V.*, 50 v., 65 v.)

57. 1228. — « Adam de Billy-sur-Ourques fait

don. à St-Crépin de Soissons, du consent. de Jean, Barthélemy et Guibert, ses fils. » (*Nouv. d'Hozier*, 13.)

58. 1232, janv. — Thibaut de Billé, chev., madame Escure, sa femme, et Vincent, fils de lad. dame, vendent au chapitre de Langres le 6e de la dîme de Dampierre. (*Cartul. de l'égl. de Langres*, p. 64, 65. — Villev., XIV, 65.)

59. 1232, juin. — « Messire Geoffroy de Billy, chev., avait un bois joignant les héritages que le chapelain de Wederolles légua à sa chapelle, au mois de juin 1232. » (*Cartul. de St-Crépin. — Villev.*, XIV, 66 v.)

60. 1232, oct. — Jean, comte de Mâcon, confirme à l'abb. de St-Crépin-en-Chaye tout ce qu'elle possède en vinages et en vignes à Mercin et à Billy. (*Cartul. de St-Crépin-en-Ch.*, 43 v.)

61. 1234, avril. — Nivelon, sgr de Billy, et Jean, son frère, chevaliers, vendent des vignes à l'abb. de Longpont. (P. Anselme, II, 117.) Led. Jean « épousa Elizabeth, qui fut veuve 1239, mère de Thierry de B., chev., 1250. » (*Nouv. d'Hozier*, 2.)

62. 1234, avril. — « Jehan de Billy, chevalier,

Robin, Jacquet et Raoul, ses frères, donnent des hommes de corps à l'abb. de St-Remy. » (Villev., XIV, 66 v.)

63. 1237. — Gilles de Billy, charpentier, bourgeois de Soissons, *Gilo de Billiaco, carpentarius, civis Suessionensis,* vend des terres sises en la sgrie de Miles de Vaux, chev. (*Cartul. de St-Médard,* f. 33.)

64. 1237, avril. — Gobert et Gilles de Billy, écuyers, frères, cèdent à St-Jean-des-Vignes une terre sise à Violaine, *Gobertus et Gilo fratres de Billiaco armigeri. (St-Jean-des-V.,* 65.)

65. 1239, 19 mai. — Élisabeth, veuve de Jean de Billy, chev., renonce à tous droits sur des vignes données jadis par lui à l'abb. de Longpont. (P. Anselme, II, 117.)

66. 1239, août. — Vente par Ferriet, gendre de Simon de Billy, et Béatrix, sa femme, de leurs parts du moulin Bernard, près Corvol-l'Orgueilleux. (Coll. de Soultrait, léguée à la Soc. Nivernaise, orig. parch. — Corvol-l'Org. , arr. de Clamecy, Nièvre.)

67. 1240-47. — « Robert de Billy, éc., sgr de Billy-sur-Aisne. » (Melleville, I, 115.)

68. 1240, août. — Robin et Philippe de Billy sont pleiges d'un accord entre Fouquin de Brezin et l'abb. de St-Crépin, en présence de Robert et Jacques de Billy, frères, chevaliers. (Cartul. de St-Crépin, p. 308. — Villev., XIV, 67.) — « Jacques de Billy, chev. : *d'azur à 3 croissans d'argent en devise*. Armorial de Mervache. » (*P. O.,* Billy, 149.)

69. 1242, déc. — « Robert de Billy-sur-Ourq, éc., fils de feu Robert, dit Cosset, chevalier, et Foucard d'Arcy, chev., prient J., comte de Soissons, d'amortir le bois de Belval, qu'ils ont donné à l'abb. de St-Crespin, ce que led. Comte accorde. » (Arch. de St-Crépin. — Villev., XIV, 67. — *Carrés, 9.* — *Chartes de Pic. et d'Artois,* ch. 13, orig. parch.)

70. 1243, janv. — « Robert de Billy, éc., fils de Robert, dit Cosset, chev., et Aëlis, sa femme, donnent à St-Crépin une portion de bois joignant le bois de Belval, et qu'ils avoient eue par échange avec Jacquet, frère dud. Robert ; ce que led. Jacques et Isabelle, sa femme, et dame Sanctissime, mère desd. Robert et Jacques, approuvent, ainsi que Foucard d'Arcy, chev., et Jean, son frère, clerc, qui disoient y avoir la gruerie. » (Villev., XIV, 67. — *Carrés, 6.*)

71. 1243, mars, Soissons. — Foucard de Billy, éc., fils de feu Mgr Foucard de B., chev., reconnaît que Mgr Philippe Cosset, chev., a légué par son test. un bien à l'abb. de Chauny, à laquelle fondation il est tenu. (Clairambault, XLV, 147.)

72. 1243, déc. — « Sanctissime, mère de Robert et de Jacques de Billy, chevaliers, ratifie la vente faite à l'abb. de St-Crespin, par Robert, son fils, d'un bien situé à Belval. » (Villev., XIV, 77. — *Carrés*, 10.)

73. 1244. — Mathilde, comtesse de Nevers, confirme la don. d'un pré sis *in prato Moran*, faite à l'abb. de N.-D. de Reconfort par Robin de Cercy, fils de Gaudry de Billy, chev., et sa femme. (*Gall. christ.*, IV, *instrum. eccl. Eduens.*, 103. — Peincedé, II, 737.)

74. 1247, mai. — « Guiter de Billy, chev., donne à l'abb. du Lieu Notre-Dame, près Romorantin, une rente d'un septier de seigle à prendre sur la dixme de Billy. » (Villev., XIV, 67.)

75. 1248. — « Rob. de Foukières, chev., reconnoît devoir 8 s. de cens sur cinq mencaudées de terre, et que Hellin de Billy et Béatrix, sa femme, doivent pareillt 8 s. de cens à l'abb. du

Mont-St-Quentin sur une mencaudée assise aud. Foukières. » (Ibid.)

76. 1250. — « Hervé de Billy, chev., (fils de Guitier de Billy, chev.), sire de Billy en Solongne en 1250. Titre de la Commend. de St-Marc. » (Hubert.)

77. 1251, mars. — Gilles de Septmonts, éc., vend à l'Hôtel-Dieu de Soissons des parcelles contigües à la terre de Thierry, de Billy, chev. (Archives hosp. de Soissons, 166, orig. parch.)

78. 1252, juin. — « Geoffroy de Billy, chev., Aubry de Moy, chev., damoiselle Harris de Moy, sont rappelés en une don. faite à la chapelle de Weiderolle. » (Arch. de St-Crépin. — Villev., XIV, 67.)

79. 1253, mars. — Girard Estoncelin, de Billy, et Aveline, sa femme, vendent une terre à l'Hôtel-Dieu de Soissons, sous la garantie de Huard de Billy, dit le Doyen. (Arch. hospit. de Soissons, liasse 166, orig. parch.)

80. 1258, avril, Soissons. — Test. de Mgr Robert de Billy, chev.; legs à Liétold de B., son maire, au curé de B., à l'abb. de St-Crépin, approuvés par Isabel, épouse du testateur. (*Carrés*, 11. — *Nouv. d'Hozier*, 2. — Villev., XIV, 67 v.)

81. 1261, 6 fév. — « Guillaume d'Ancienville, chev., et Guyart, son frère, sont mention-
nés dans l'Obituaire de Longpont, au 8 des ides
de février, comme ayant fait donation à lad. abb.
en 1260. » (Caffiaux, Cab. des tit. 1214, p. 138).

82. 1261, oct. — Ameline de Billy et J. de
Crouy, dit le Masson, son mari, font donation à
St-Médard de Soissons. » (D. Caffiaux, I, 516.)

83. 1262. — « Guitier de Billy, chev., donna
en gage mort à l'abb. de Pontlevoy toute sa dixme
sur le chemin de Gy, moy^t XI liv. » (Villev.,
XIV, 67 v.)

84. 1263. — « Guillaume de Billy, damoiseau,
mary de Jehanne, fille de feu Huguenin, sgr d'Anlezy, et Huguenin de la Perrière, chev., sgr d'Anlezy, firent un accord avec le prieur de St-Georges
d'Anlezy. » (B. N., *Ms. des familles de Nivernois*,
p. 49 et s. — Villev., XIV, 67 v. — Caffiaux,
I, 517.)

85. 1267, sept. — Jean, sgr de Billy, éc., amor-
tit ce que l'abb. de Longpont avait acquis dans sa
censive. (P. Anselme, II, 117. — *Nouv. d'Hozier*,
2.) — Fondation en faveur de lad. abb. par Guyot
de B., éc. *(Anc. généal.)*

86. 1271, fév. — « Mgr Estienne de Billy, chev.,

Agnès, sa femme, et Oudard de B., leur fils, le mardy après les Brandons. » (Baluze, LIX, 325. — Gaignières, *Égl. et abbayes*, Senlis, 422.)

87. 1272. — Arrêt déboutant P. le Roi, bourgeois de Bourges, qui réclamait 300 liv. de J. de la Barre et de son épouse, pour améliorations faites par lui dans une terre qu'il avait acquise de Güy de Billy, chev., beau-père dud. Jean, et que ce dernier avait retraite. (*Olim*, I, 190 v. — Boutaric, n° 1827.)

88. 1272, mars. — « Hervé de Billy, chev., donne à l'abb. de Pontlevoi, à gage mort, toute la dixme qu'il avoit ès paroisses de Billy et de Gy, moy^t la s^e de 32 liv. » (Villev., XIV, 67 v.)

89. 1273. — « Jehan de Milly, maréchal du Nivernois, est donné pour caution avec d'autres par Robert de Flandre, comte de Nevers. » (Caffiaux, I, 517.)

90. 1273. — « Noble h^e Jehan de Billy, mareschal de Nivernois, se constitua pleige de l'hommage que le comte de Nevers avoit fait à l'Évêque d'Auxerre pour la châtell. de Donzy, qu'il avoit rachetée. » (*Cartul. de Nivernois*. — Villev., XIV, 67 v.)

91. 1275. — « Isabeau, veuve de Jacques de Billy », chev. (Melleville, I, 115.)

92. V. 1275. — Amaury d'Orgemont, sgr dud. lieu, épousa Denise de Billy. (Mondonville, III, 118).

93. 1276, sept., Autun. — Guy Bugnet, chev., reconnaît tenir du duc de Bourgogne en fief-lige ce qu'il a acquis de Jean de Billy, *a Johanne de Belleyo*, son neveu, au finage de Souilly. (Peincedé, XI, 19.)

94. 1277, en l'abb. d'Aire. — « Chy gist Isabeau de Billy, femme de Simon Hauvel, qui trespassa l'an de l'incarn. de N. S. mil IIᶜ LXXVII au mois de juillet. » (*Épitaphes*, XXIII, 175. « On peut douter si ceste épit. est aussy ancienne qu'en la date. » — Ernulf Hauvel, chev., alla à la croisade en 1138. (*Chartes de l'abb. de Crespin.* — Moreau, LVII, 230.)

95. 1284. — Guillaume de Billy, sgr de Billy, damoiseau, est mentionné dans le partage de la succ. de feu H. de Thianges. (Caffiaux, I, 517.)

96. 1285. — Guyot de Billy, *Guiotus de Billiaco*, bailli de Bourges. (D. Bouquet, XXII, 661.)

97. V. 1285. — Scel de Michel de Raverdy, sgr

de Billy [Berclau] ; écu parti, au 1, *3 haches;* au
2, *une croix d'hermines.* — Scel d'Élisabeth de
Billy : écu à une grande fleur-de-lis, et 2 oiseaux
affrontés sur les branches latérales. (L. Deschamps
de Pas, p. 286.)

98. 1287, mai. — Adam li Wagnes de Ciry et
Jeanne, sa femme, vendent à St-Médard de Sois·
sons les droits qu'ils avaient à Ciry, « et tout le
droit et toute l'accion que nous avions... en tout le
fié que messires Jehans de Billi seur Ourc, cheva·
liers, tient de nous en fié et en hommage ou lieu
et ou terrouir devant diz. » (*St-Médard,* f. 129. —
Les Ciry étaient sortis des Septmonts. Moreau, XC,
12-17.)

99. 1288, sept. — « Jehan de Billy fut caution
pour madame Henriette de Hans, veuve de Mgr
Thierry de Mirewault. » (Ch. des comptes de
Lille. — Villev., XIV, 67 v.)

100. 1290, janv. — Bernard de Moreuil, chev.,
et Yol. de Soissons, sa femme, approuvent divers
acquêts de St-Jean-des-Vignes, entre autres « l'om·
mage de Jehan dit Billi de Sept monz, escuier »,
qui tenait de God. de Maast., éc., ce qu'il avait à
Violaine ; « de rechief, comme il soit einsi que Jehans diz Billi de Sept monz, escuiers, ait vendue à
lad. église à perpétuité toute sa terre que il avoit
et tenoit... ou terroir de Vieulainnes, auvec... la

joutice, la seignourie et la droiture...» (Arch. de
M. de Billy. orig. parch).

101. 1290, juin. — J. d'Aisey engage pour
300 l. viennois au duc de Bourgogne tout ce qu'il
possède à Aisey, en se réservant « la maison qui
fut Estevin Billey », etc. (Peincedé, I, 199.)

102. 1292, 30 oct., St-Denis. — Henri de Du-
gny, éc., donne à « Mgr Robert de Hellenbuef,
aumosnier de St-Denys en France », un cens de
27 sols 10 den. parisis, auquel sont compris « Mgr
J. de Chateillon, chev., Robert de Billi, sis soulz
huit den. par. de ses prez de la Fontaine Boivin...,
Mgr J. Basset, chev. » (Arch. nat., *Cartul. de
l'aumôn. de St-Denis*, L L. 1175, f. 21.)

103. 1296-97. — Jean de Billy-sur-Ourcq, chev.,
est mentionné dans la vente d'un fief assis à Ciry
en Sermoise, faite à St-Médard de Soissons par Simon de Vez, éc., et dans la charte de mai 1297 par
laquelle Philippe IV confirma lad. vente ; led. fief
« tenu du Roi à cause de sa comté de Champagne,
duquel fief étoit tenu celui de Jehan de Billy, chevalier... Il est encore mentionné dans une vente
de mai 1297 faite à lad. abb. par Adam le Wagnes
de Ciry, éc., d'un fief qu'il tenoit dud. Simon
et duquel étoit tenu un fief par led. J. de Billy-
sur-Ourcq, chev. » (Caffiaux, I, 517.)

104. 1300, avril. — « Pierre de Billy, chev.,

sgr de Vesvrottes, et Catherine, sa femme, fille de
J. de Mailly de Longeau, damoiseau, vendent à
l'abb. de St-Bénigne de Dijon la sgrie de Beire;
tém., Hugues de Billy, damoiseau. » (Villev., XIV,
67 v.)

105. 1300, 19 juil. — Simon de Billy, éc., avoue
tenir de Mgr Hervé de Chérisey, sgr de Muret, la
ville de Billy-sur-Ourcq. *Invent. des tit. gardés au
chât. de Muret.* (*Anc. généal.*)

106. 1301. — Guyot d'Angerans reprend en
fief du duc de Bourgogne tout ce qu'il peut avoir
à Villers-Rotin, près Auxonne : «... la noe qui est
entre le boys Gaulefin et le boys de mess. Pierre de
Billey...» (Peincedé, VII, 37.)

107. 1301, comté de Bourgogne. —« Lettres de
partage faiz entre messire Pierre de Billy, chev., et
Pierre de B., son nepveur, escuyer. » (Moreau,
t. 878, f. 138 v.)

108. 1301. — « Philippe de Billy, sgr de Malregard en France en 1301, espousa Marguerite d'Y-
vor, dame dud. lieu, fille de Baudet, fils de Jean
et de Nicole de Néry. » (*P. O.*, Billy, p. 123.)

109. 1301, 3 mars, Reims. — « Je Guyot de
Billi, escuier... » ; quitt. de sa comp. de 3 chev.
bacheliers et 5 autres escuyers, scellée ; écu à

deux jumelles et... [*un chef échiq. de 2 tirs*]. (*Tit. scell.*, XIV, 951. — Voy. planche 4, n° 1.)

110. 1302, 10. s., Arras. — Quitt. de gages de service en l'ost de Flandres par Jean de Billy, dit *Grienaus*. (*P. O.*, Billy, 2. — *Grienaus*, Grigneaux, en Eppe-Sauvage, arr. d'Avesnes, Nord.)

111. 1304. — Ban et arr.-ban convoqués pour la guerre de Flandre : « *Thourengeaux* :... Ridel de Billy l'ainsné... » (G.-A. de la Roque, *Traité du ban*, p. 102.)

112. 1307-22. — « Simon de Billy (fils de Jean), escuyer, bailly de Soissons, 1307 ; chevalier clerc, ou lettré, bailly d'Amiens, 1315, et de Senlis, 1317 ; de Bourges et d'Orléans, 1322. » (*Nouv. d'Hozier*, 2. — Baluze, LIX, 325. — *Cartul. de l'abb. du Gard ;* cité par E. de Rosny, 1, 178. — *Cartul. de Beaupré*, f. 15 v.)

113. 1308, 4 d., Westminster. — Édouard II, roi d'Angl., délègue pour régler avec le Roi de France toutes causes concernant les comtés de Ponthieu et Montreuil : J. de Launey, chev., Eustace, dit Tassart de Billy, etc. (Rymer, III, 120.)

114. 1311, 23 juil. — Isabeau Cosset, veuve de Simon Faverel ; quitt. scellée ; *parti : au 1, échi-*

queté ; au 2, 3 épées superp. en bande (parti de Cosset et de Faverel). —(Demay, *Sceaux de l'Artois*, 1067.) — J. Faverel, fils d'un sergent d'armes du Roi, fut en 1392 confirmé dans la noblesse de son père. (G.-A. de la Roque, *Traité de la Nobl.*, p. 65.)

115. 1312. — « Sentence arbitrale rendue pour raison du droit de pâturage ez bois de Milly appart. aux prieur et habitants de Marisy-Ste-Geneviève, par Simon de Billy, chev., Raoul du Chastel, et autres. » (Mondonv., IX, 32.)

116. 1312, août, Arras. — Isabeau Cosset, femme de Colart de Nœux, veuve de Simon Faverel, mayeur d'Arras ; quitt. scellée : une tête de femme accostée de 2 écus échiq. (Demay, *op. cit.*, 1142.)

117. 1313, fév. — Sceau de Simon de Billy, chev. Écu : *un dextrochère de vair, brisé d'un bâton brochant.* (A. N., J. 163, n° 50. — Douët-d'Arcq, 1428. — Voy. planche 4, n° 2.) « Simon de B., chev., bailly d'Amiens en 1315 (*Tiltres de S. Lucian de Beauvais*), portoit *de gueulles à 2 jumelles d'argent, au chef eschicqueté d'or et d'azur.* » (*P. O.*, Billy, 152.)

118. 1315. — Foi et homm. au duc de Bourgogne par Hémonin de Billy. (*Bourgogne*, XCVIII, 300.)

119. 1317, Autun. — Aymon de Billy, damoiseau, tém. d'une reprise féod. de P. de Varennes ; 3 sceaux, dont un *billeté*. (Peincedé, VII, 27.)

120. 1318. — Mahieu Cosset, homme du châtel d'Arras ; bail scellé : *échiq. de vair et de…, au bâton brochant*. (Demay, *op. cit.*, 730.)

121. 1319, mars, Paris. — « J. de Nevé, proc. de Jehan de Billi, escuier, mari de Agnès, fame jadiz de feu J. de Huelin », confesse avoir reçu de Guy de Chastillon, cuens de Blois, cent liv. parisis par lui dues aud. feu J. de Huelin. (Arch. de M. de Billy, orig. parch.)

122. 1319, 20 juillet, Paris. — L'Évêque de Paris confère une des chapellenies de N.-D. à Mᵉ Gilles de Billy-sur-Ourcq, *magistro Ægidio de Billiaco super Urcum*, du dioc. de Soissons. *Titres de Sᵗ-Crépin.* (Guérard, III, ch. 221.)

123. 1319-1324. — Guillaume de Billy, *G. de Billiaco*, official de l'évêque de Chartres. (Mondonville, XI, 256 v., 288 ; II, 53 v.) « BILLY, pays chartrain ; *d'arg. à 2 bandes de gueules, acc. de 8 coquilles de sable*. » (*P. O.*, Billy, 151.)

124, 1321, 19 mars. — « Noble hᵉ Mgr Simon de Billy, chev., bailly d'Orléans, établit des commis-

saires pour régir la régale de l'Evesché d'Orléans. »
(Ch. des comptes de Paris. — Villev., XIV, 68.)

125. 1322. — Simon de Billy, chev., bailli de
Bourges et ci-devant d'Amiens, en procès avec
Alix, femme de J. de Chantepie, chev. *Arrêts du
Parlement.* (Mondonv., IX, 633.)

126. 1322, août, Chartres. — Jean de Billy, dit
de Moiseau, acquiert, pour 200 l. t^s de Nic. But-
tin, le fief du Clos-de-l'Évêque. (Arch. d'Eure-et-
Loir, fonds du Chap., C. XXI, 24. — H. de l'Épinois et L. Merlet, *Cartul. de N.-D. de Chartres*,
II, 114. — *Moiseau*, auj. Maysel, arr. de Senlis,
à 12 lieues d'Ivor et d'Antilly, 10 de Compiègne,
et 8 de Mauregard.)

127. 1323, sept. — Dénombr. par G. Quarré,
éc., de ce qu'il tient en fief, dans le comté d'Auxerre, à Mailly-la-Ville et Mailly-le-Châtel, jouxte
les terres de Pierre de Billy, chev. (Peincedé, II,
482.)

128. 1323, oct. — « Dam^lle Huguette, fille de
Pierre de Billey, chev., et de d^e Catherine, sa
femme, et femme de Jacques Miulaire, engagea
au duc deBourgogne plusieurs héritages pour 140
liv. » (Villev. ,XIV, 68.)

129. 1324. — Cession de 18 liv. t^s de terre sur

les moulins d'Auxonne faite au duc de Bourgogne par Huguette, fille de Pierre de Billey, chev., et femme de Jacques de Labergement., moy. 20 l. t^s. (Peincedé, I, 138.)

130. 1324. — Vidimus, en 1352, de lettres de J. de Châtillon, chev., bailli du Dijonnais, et du prêvôt d'Auxonne, portant que Hugotte, fille de feu Mgr Pierre de Billey, chev., du consent. de Jaquemin Layre de Labergement, son mari, a cédé au duc ce qu'elle tenait à Longeau de la succ. de Madame Catherine, sa mère, et à Pluvey de la succ. de dame Jeanne d'Oroüer, mère de lad. Cath. — Vid. de lettres de 1298, portant que P. de Mosterlot, éc., fils de Huon de Beaujeu, chev., a vendu 20 livrées de terre sur les censes d'Auxonne à Jaque Layre, chevalier lombard, dem. à Labergement. (Peincedé, XXV, 444.)

131. 1324. — Thomas-Denis de Billy cède à l'abb. de la S. Trinité de Caen une rente en froment à prendre sur deux p. de terre à Billy. (Arck, du Calvados, fonds de lad. abb., num. 375.)

132. 1324, fév. — Échange entre le duc de Bourgogne, et Oudet et Jean de Billey, éc., et Huguette, leur sœur, femme de Jacquemin Laire de Labergement ; le duc Eudes reçoit la moitié de trois parts de la maison-forte de Longeau et tout leur droit en la succ. de dame Catherine, leur mère, et leur donne 44 l. t^s de terre sur les moulins d'Auxonne. (Peincedé, I, 93.)

133. 1326. — « Pierre de Billy est rappelé au testament de Jacques de Rans, chev., son cousin. » (Arch. de l'official. de Besançon. — Villev., XIV, 68.)

134. 1327. — « Noble dame Agnès de Billy fut mariée à J. de la Rivière, s. de Perchin, fils de Jean, s. de la R., chev., mort en 1327. » (Caffiaux, I, 517.)

135. 1328. — Aveu au sgr de Thianges par Anne de Billy, veuve de J. Havart. (Ibid.)

136. 1328. — Huguette, fille de Pierre de Billy, reprend de son cousin Pierre de B., sgr de Mailly-le-Château, du consent. de Jacquelin Laire de Labergement, son mari, ce qu'elle possédait en la terre de Billy. (Arch. du Doubs, B. 527. — Mailly-le-Ch., arr. d'Auxerre, Yonne.)

137. 1328. — Reprise féodale sur Pierre de Billy, chev., sgr de Mailly-la-Ville, par J. de Troncois, éc., de ce qu'il tient dud. Pierre aud. Mailly, (Peincedé, II, 485.)

138. 1328, 17 fév. — Joffroy de Billé, éc., fait foi et homm. lige à l'Évêque de Langres pour les fiefs qu'il tient de lui. (Villev., XIV, 65 v.)

139. 1329, 22 juil. — Jean de Billy, éc. et Marie, sa femme, donnent à St-Crépin des terres sises à Billy-sur-Ourc et Giromesnil, jouxte Mgr Aymon de Billy, chev., et reçoivent en échange des héritages sis aud. Billy, mouvans de Mgr Simon de B., chev., et qui furent à feu Jean de B., chev. (Villev., XIV, 68.)

140. 1331. — Reprise de fief tenu de Pierre de Billy, sgr de Mailly-la-Ville, led. fief sis à Billy. (Arch. du Doubs, B. 527.)

141. 1331, 25 janv. — Aveu et dénombr. par noble h. Jean de Billy, chev., à J. de Châteauvillain, s. de Druy. — (Arch. de la Nièvre, Invent. de pièces de la baronnie de Druy.)

142. 1332, 13 f. — « Hommage des fiefs de Nivillers et de la Boulangerie, assiz à Pontoise, fait au Roy par Philippe de Billi, éc., sgr de Mauregard et d'Ivor. » (*D. B.*, 50.)

143. 1332, 27 s., égl. de St-Éloi, Roissy. — « Tombe plate dans la nef : ✳ *Ci gist Pierres de Billi sur Ourcq*, [escuier, sires de Fresnes] *et de*

*Malregart qui trespassa lan de graice mil CCC.
XXXII le iour sainct Cosme et sainct Domien
XXVII*^e *iour de septembre. Diex en ait lame.
Amen.* » Il est représenté vêtu de son surcot rayé
de *jumelles*, au col *échiqueté*, mains jointes, deux
chiens sous les pieds. (*D. B.*, 54-55. — *P. O.*, Billy,
123. — Lebeuf, *Hist. du dioc. de Paris*, V, 447. —
F. de Guilhermy, II, 557, donne ce qui reste de
cette épitaphe devenue très fruste, et ajoute : « Le
blason consistait en *3 tourteaux.* » C'était plutôt
un des quartiers, mais ·non le blason de P. de
Billy, que reproduit exactement son surcot : 2 jumelles et un chef échiqueté.)

144. 1333. — Feu Jehan de Billy, chev., tenait
en fief du comte de Bar la maison de Bellefontaine, qu'hérita le baron de Vadoncourt, qui la
vendit à J. de Changy. (Villev., XIV, 68.)

145. 1335. — « Le comte de Bar paya à Jehan
de Billy, chev., 120 liv. de petits tournois pour un
cheval qu'il lui avoit vendu. » (Ibid.)

146. 1337-42. — Quatre actes mentionnant feu
Beraut de Billy, et ·Alix, sa nièce, femme de
J. Percevaus, de Clamecy. (Caffiaux, I, 518.)

147. 1337, 3 juil. — Dénombr. de ce que tiennent à Labergement, près Auxonne, Simonin et

Jean, fils de feu Jacques Laire de Labergement, chev., entre autres le quart de la maison-forte à Billy, *in Villa de Belleyo*, où Jean de Billy, éc., a des héritages. (Peincedé, VII, 36.)

148. 1337-1381. — « Guyart de Billy, écuyer » du comté de Soissons. (Melleville, I, 115.)

149. 1339, 26 s., Compiègne. — « Je Jehan de Billé, escuier du baill. de Chaumont... » ; quitt. de gages militaires, scellée d'un signet rond, portant une tête d'homme barbu accostée à dextre d'une coquille. (*Tit. scell.*, XIV, 951.)

150. 1346. — « Jehan de Billy, chev., consent que Geoffroy d'Aspremont puisse racheter une rente qu'il luy avoit donnée. » (Villev., XIV, 68.)

151. 1346. — Lettres de rémission pour Gilles de Billy, écuyer, coupable d'homicide involontaire. (Arch. nat., JJ. 76, n° 276.)

152. 1347. — Isabeau de Billy, dame de Savigny et de Demain, femme de G. de Thianges, chev., s. d'Uxelle, et veuve en p. n. de G. de Digoine, chev., s. de Demain. (Caffiaux, I, 518.)

153. 1347, 10 mai. — Jean de Billy, chev., est du conseil du comté de Bar pendant l'absence de la comtesse Yolande. (Villev., XIV, 68.)

154. 1348. — Aveu de la sgrie de Charry à Huet de Billy, damoiseau, sgr de Billy. (Arch. du marquis de Charry, à Moulins. — Villev., XIV, 68 v.)

155. 1348, 3 juin. — Jean de Billy, chev., est caution d'une oblig. contractée par Yolande de Flandres, comtesse de Bar. (Ibid.)

156. 1349. — « Quittance au prévôt de Dijon par Huot de Billey, éc., dont le sceau porte *une croix chargée de 5 besans ou tourteaux.* » (Peincedé, XXIII, 530.)

157. 1349, oct. — Procur. donnée par Jean de Billy, *Joh. de Belleyo*, fils de Mgr Aymon de B., chev., et étant au service du Roy de France. (Peincedé, XXVII, 51.)

158. 1350. — « Noble h^e messire Jehan de Billy, sgr de Vèvre, chevalier. » (Gaignières, *Extr. de comptes*, I, 222.)

159. 1350. — Aveu rendu à Grapin de Fayel, s. de Monjay, par Colart de Billy, éc. « Son sceau est *de vair à deux fasces.* Il avoit du bien à Silly. Son fils Colart, IIe du nom, chev., mort en 1425, tenoit un fief en arr.-fief de Chantilly, auquel succéda sa fille, N... de Billy, femme d'Henry Hardy, éc.» (P. Anselme, II, 118.)—« Colart de B., s. de Monjay, père de : 1° Colart ; 2° Jean, s. de Mauregart ; 3° Guy, s. de Violaines ; 4° Jean, s. des Croustes. » (*Nouv. d'Hozier*, 3.)

160. 1350, 9 juil. — Aveu et dénombr. au comte d'Eu, connét. de France, à cause de son chât. de Château-Chinon, par Jean de Billy, sgr de Vèvre, chev., pour des héritages sis à Ch.-Chinon, avec justice jusqu'à 60 sols. (Arch. nat., P. 138, n° 37).

161. V. 1350, Douai. — Jean de Billy, hab^t de Douai, mort avant mai 1375, laissa veuve damoiselle Isabeau Vanet, (nièce de dam^lle Jehane de Bourlon), dont: 1° Simon de Billy, marié à Martine du Bos (qui veuve se rem. à Baudouin de Froidecourt), dont un fils, Jean ; 2° Jehan, dit Hanotin, marié à Cath. de Péronne, dont Jacotin de Billy ; 3° Jacques ; 4° Jehane, dite Hanette, femme de Gilles le Carlier, et en sec. noces de G^e de Goy. (Caffiaux, Cab. des titr. 1211, p. 518-520.)

162. V. 1350. — Déclaration des fondations pies de l'égl. de Saconin (dioc. de Soissons), faite à la ch. des comptes de Paris : « Un obit fondé pour Bertran de Billy et sa femme, 4 sols parisis. » (*P. O.*, reg. 1442, d. 32663, p. 2, parch.)

163. 1354, Paris. — Compte de G. Basin et P. le Mareschal, « gouverneurs de l'ospital Monsieur St-Jaques aus pelerins : ...Pour les despens de Monsieur Jehan Billy qui ala a St-Oyn plusieurs journées pour la supplicacion faicte au Roy de la maison de la Cervoise, XII sous... » (Brièle, *Archives hospit. du dép. de la Seine*, III, 1371.)

164. 1357. — Le duc de Bar s'acquitte envers G. le Hongre, chev., et Bertrand, son frère, bourgeois de Metz, d'une s^e de mille écus *philippe*, dont Jehan de Billy, chevalier, s'étoit rendu caution. (Villev., XIV, 68 v.)

165. 1357, 16 janv., Bourges. — « Nous Robert de Billy, chevalier... » ; quitt. des gages de sa comp., scellée ; écu à *un chef chargé à dextre d'une tiercefeuille*, perché, heaumé ; cimier, tête et col de cygne. (*Tit. scell.*, XIV, 951. — Voy. planche 4, n° 3.)

166. 1357, 18 août. — « Noble h^e Jehan de Billy, chev., vend à l'abb. de St-Remy deux estangs en franc-alleu, à Condey-lès-Autry. » (Villev., XlV, 68 v.)

Pl. III.

LE GÉNÉRAL DE BILLY.

Tué à Auerstaedt 1806.

Fac-simile Geoffray.

167. 1357,'19 août. — « Ourric de Billy, éc., fils de Mgr Jehan de B., chev., renonce au retrait qu'il vouloit faire desd. deux estangs. » (Ibid.)

168. 1357, 4 sept. — Aveu et dénombr. à la comtesse de Nevers par Robert de Billy, éc., sgr de Verou, pour lad. sgrie de Verou, relevant de la châtell. de Decize. (Arch. du chât. de Vandenesse. — Vroux, ferme, communes de Thaix et Cercy-la-Tour, arr. de Nevers.)

169. 1358, 10 jan., Bourges. — J. d'Eaulx, chanoine, le sire de Culant, et Gautier le Roi, bourgeois de Bourges, commis à recevoir les montres des gens d'armes pour la défense du Berry, certifient avoir reçu la montre de « noble homme M. Robert de Billy, chev., avec lui 2 h. d'armes et une cotte de fer. » (Clairambault, CCCI, 37. — *Tit. scell.*, XIV, 951.)

170. 1358. — Robert de Billy, chev., servant avec 2 écuyers à la défense du Berry ; deux quitt. de gages, scellées ; écu à *un chef chargé à dextre d'une tiercefeuille*. (*P. O.*, Billy, 146, 147.)

171. 1359, 29 juil. — Test. de Jeannette [de Billy, dame] de Moixey, élit sa sépulture en l'égl. de l'abb. de Tard, et lègue dix florins à Jean de Billy, son frère. (Peincedé, XXVII, 66.)

172. 1359, 11 déc. — Jean de Billy, chev., tém. d'une don. faite à Thib. de Bourmont par le duc de Bar. (Villev., XIV, 68 v.)

173. 1360, Anjou. — Jean de Billé, taxé deux écus, et Jean de B. le jeune, 3 écus pour la rançon du roi Jean, entre les Nobles de Chantoceaux : *d'or à 6 chevrons de gueules.* — Autre famille de Billé ou peut-être rameau de la précédente : *de gueules à la fasce accomp. de 3 grenades,* aliàs *3 coquilles, rangées en chef, et d'une étoile en pointe, le tout d'or.* — De Billy : *de gueules à 3 billettes d'argent.* (J. Denais, *Armorial de l'Anjou,* I, 180, 181.)

174. 1361, 1er juil. — Aveu et dénombr. par Regnault Machi à noble chev. Mgr Robert de Billy, pour droits de pêche en la rivière d'Aron. (Arch. du chât. de Vandenesse.)

175. 1361, 31 juil. — « Jehan de Billy accompagna le duc de Bar au gîte et au souper qu'il alla prendre à Sancy et dont la dépense monta à la sᵉ de 160 l. 11 s, 3 d.» (Villev., XIV, 68 v.)

176. 1362. — Jean de Billy, chev., lieutenant de Raoul de Renneval, chev., panetier de France, capitaine du Beauvaisis, Montdidier et autres lieux. (Mondonv., IX, 660.)

177. 1363, juin. — J. de Saint-Verain, chev., s. d'Asnois, pour lui et ses alliés, dont est Jean de Billy, chev., reconnaît avoir reçu des hab. de Varzy la somme convenue pour réparation d'injures. (Villev., XIV, 69.)

178. 1364, 21 s., Galardon. — Estienne de Billy, h^e d'armes de la comp. du comte de Joigny, banneret. (*Montres*, 21540, p. 191.)

179. 1364, 27 oct., St-Cloud. — Philippot de Billy, écuyer de Renaud de Trie, chev. (Ibid., 158.)

180. 1364, 14 n., Bréval. — Estienne de Billy, h^e d'armes de la comp. de Ph. de Villiers, chev. (Ibid., 193.)

181. 1365. -- Le Roi accorde à Jean de Billy l'union à son fief de Roissy d'une terre sise aud. lieu. (Arch. nat., JJ. 98.)

182. 1367. — « Jehan de Billy, s. de Malregard et de Roissy en partie, en 1367 et 1379, espousa Jehanne de Puiseux. Voy. *Olim.* » (*P. O.*, Billy, 123. — Mondonv., IX, 666.) Elle avait 13 ans lors de son mariage, vécut 125 ans et eut pour fils Anthoine. (*Anc. généal.*)

183. 1367, 29 oct., Coucy. — « Guyart de Billy, éc., fut condamné à payer à l'abb. de Nogent-sous-Coucy une redevance qu'il avoit sur le moulin de la Folie. » (Caffiaux, I, 518. — Villev., XIV, 69.)

184. 1368. — Hommage au duc de Bourbon du domaine de Bussy, près Germigny, par Marguerite de Billi, damoiselle. (Arch. nat., *Hommages*, P. 465², c. 4126. — *Noms féod.*, I, 113.)

185. 1368, 8 août. — Lettres nommant Gautier de Billy, éc., à l'office de capitaine général du Donziois et de Moulins-Engilbert. (Peincedé, XXV, 306.)

186. 1368, 7 d., Toulouse. — « La monstre de Mess. Jehan d'Armignac, chev. banneret... *Escuiers* : G. de la Guiche, Gér. de Bourbon, Gautier de Billi, Loïs de Digoine, etc. (Cab. des tit., 1408, p. 49.)

187. 1369 et 1373. — Jean de Billé, comme tuteur des enf. de feu P. Bouchart, chev., reconnaît être tenu à 15 jours de garde à l'abb. de St-Florent de Saumur. (Villev., XIV, 65 v.)

188. 1370-75. — Nicole de Billy, maistre de canons au service du Roy. (Comptes d'Yvon Huart, receveur des aides à Caen. — L. Delisle, *Hist. de St-Sauveur-le-Vicomte*, n° 125, p. 185.)

189. 1370. — « Jehanne de Tarvoy, vefve de Jehan de Billy, chev., et Guy, leur fils. » (Mondonv., IX, 663. — *D. B.*, 2.)

190. 1370, juin, Paris. — Charles V donne à Guillaume de Billi, de Villers, baill. d'Amiens, des biens confisqués sur Robert François et sis à Lières et Thérouanne. (A. N., JJ. 100, n° 746.)

191. 1370, 20 nov. — « Martial Billy, chanoine de Bénévent, exhibe des lettres du duc de Lancastre, sénéchal d'Angleterre, permettant à la vicomtesse de Rochechouart de sortir de prison. » (Caffiaux, 1211, p. 521.)

192. 1370, 6 juil. — Transaction entre noble h[e] Jean de Billy, écuyer, s. de Mauregard et de Roissy en partie, et Thomas de Braye, chev., s. d'Espiais. (D'Hozier, *Billy*, p. 2.)

193. 1371, 6 d., Arras. — Jacquemart Cosset, m[d] poissonnier et bourgeois d'Arras; quitt. scellée : écu *à un poisson posé en fasce sur un champ de feuillages*. (Demay, *Sceaux de l'Artois*, 1320.)

194. 1373. — Rôle du fouage de la paroisse de

Billy, bailliage de Chartres. (*P. O.*, reg. 2384, d. 53442, p. 3, parch.)

195. 1373, 7 juil. — Aveu et dénombr. à la comtesse de Nevers, à cause de sa châtell. de Cercyla-tour., par Robert de Billy, chev., sgr de la tour de Verou, pour lad. sgrie, à lui advenue par le décès de J. de Beaulmont, chev., jadis sgr de Verou, son cousin-germain. (Arch. du chât. de Vandenesse.)

196. 1373, 27 oct. — Ph. Pestoz, éc., baille à Guyot de Billey, comme procureur de Jean Billey, éc., tous les meubles et denrées qu'il possède à Étaules. (Peincedé, XXVII, 201.)

197. 1374. — « Messire Gauchier de Passac, le sire de Cordebeuf, le sire de Billy », sont à la prise de la Roche-Senadoire avec le duc de Bourbon. (*Chronique du bon duc Loïs de B.*, XXXV, 102.)

198. 1375, fév. — Lettres de rémission pour « Colin de Billi, demeurant à Nanthoil dessoubz Muret, soubzmanans subgiet et justiçables de l'égl. N.-D. de Soissons. » (Arch. nat., JJ. 106, n° 209.)

199. 1375, 4 juin. — Transaction entre l'abb. de Bellevaux et Jean de Billy, sgr de Vèvre, au sujet de la justice de certains héritages. (Coll. de Soultrait, orig. parch.)

200. V. 1375, Paris. — « Françoys de Billy, comte de Chastillon, a fait jadis bastir la tour de Billy, à présent appellée la tour de la Haye. » (Mondonville, VI, *793*. — Malgré de patientes recherches, je n'ai pu découvrir un seul acte concernant ce Billy, qualifié ici « comte de Chastillon ». La tour de Billy datait du temps de Charles V. Voy. ci-après à l'année 1537, n° 495.)

201. 1376, 11 mai. — « Aveu et dénombr. de la sgrie de Mauregart, mouvante de Chantilli, par Jehan de Billi, esc., à très noble et puiss. sgr Gui de Laval, chev., sgr de Chantilli. » (*D. B.*, 50.)

202. 1377. — Aveu et dénombr. par Jean de Billy, damoiseau, fils de Mgr Jean de B., chev., sgr de Vèvre, à Bureau de la Rivière, sgr de Druy, pour les champarts de Béard. (Arch. de la Nièvre, extr. du terrier de Druy.)

203. 1377, 8 fév. — Érard de Fontois, chev., vend ses fiefs de Haucourt et Dommery à Olry de Billy, éc. (Villev., XIV, 69.)

204. 1377, 26 f., Paris. — Charles V donne à Hon. Toubart, varlet de chambre du Dauphin, une maison sise en la rue de la Tascherie, échue au Roi par le décès, sans hoir connu, de Nicolas de Billy. (A. N., JJ. 110, n° 145.)

205. 1377, 2 mai. — Cession à Jean de Billy et ses frères par le sgr de Nourry de tous ses droits sur la terre de Verou. (Vandenesse.)

206. 1379, 6 juil., Paris. — Accord entre Thomas de Bray, chev., sgr d'Espiez, et Jean de Billy, chev., sgr de Malregard ; J. de la Court, not. du Roy. (*Anc. généal.*)

207. 1380. — Louvet de Billy, J. Gouffier, etc., écuyers d'Olivier d'Hauterive, chev. bachelier. (*Tit. scell.*, VIII, 446.)

208. 1380. — Guyot de Billy, écuyer de J. de Conflans, chev. (Ibid., XXXIV, 2520.)

209. 1380. — Jean Cosset, sgr de Wendin, vend à J. de Eis, prêtre, une rente viagère de 40 liv. sur sa terre et pairie de W., tenue du chât. de Lens. (Villev., XXXI, 118 v.)

210. 1380, 1er août, Meaux. — « Là monstre de Mons. Jehan de Billi, Chlr, et IX escuiers de sa comp., montez et armez souffisamment, mandez a venir a Meaulx pour servir aux gaiges du Roy nos-

tres. en ces presentes guerres : J. Thomas, H. d'A-
vennes, Loïs de Croisy, J. de Soingz », etc. (*Tit.
Scell.*, XIV, 952.)

211. 1380, 4 août, Meaux. — Étienne Bracque,
« commis à recevoir les monstres de mil hommes
d'armes mandez à venir à Meaux », mande au trésorier des guerres de payer les gages de la comp.
de mess. Jehan de Billy, chev. bachelier. (Ibid.,
953.)

212. 1380, 11 s., Chartres. — « Nous Jehan de
Billy, chevalier... » ; quitt. de gages, scellée ; écu
à *un chef*, heaumé ; cimier, une tête barbue et coif-
fée ; supp., 2 lions. (Ibid. — Voy. planche 5, nᵒ 1.)

213. V. 1380. — Gilles de Mailly, s. de Lorsi-
gnol, Bours, etc., mourut avant 1421. Il avoit
épousé Jeanne de Billy, vicomtesse d'Ouchies en
Champagne (Oulchy-le-château), dame de Billy-
sur-Ourcq, Rosel, Nully Sᵗ-Front, etc., » dont
postérité. (Moréri, éd. 1725, V, 58. — *D. B.*, 60.)

214. 1381, 28 déc. — Guyot de Billy tient du
sgr de Muret un fief à la Crouste. (Caffiaux, I,
518.)

215. Après 1381. — Tombe à Sᵗ-Martin-des-
Champs, Paris. — « Cy gist Guyot de Billy, es-

cuyer... niez... monseigneur Hugues de Chasteras,
qui trespassa lan de grace... VII... lendemain... »
(*Epit. de Paris*, VI, 377. Écu *d'or à la croix d'a-
zur.*)

216. 1382. — Gautier de Billy, écuyer de J. de
Blaisy, chev. (*Tit. scell.*, XV, 969.)

217. 1382, 3 mars. — Noble h^e Antoine de Billy,
sgr de B. et de St-Martin de la Bretonnière, est ar-
bitre entre Rob. de Montsaulvin, éc., et G. du
Chastel, époux de Jacquette d'Anlezy. (Villev.,
XIV, 69. — Caffiaux, 1211, p. 521.)

218. 1382, 9 sept. — Aveu et dénombr. au
comte de Nevers, à cause de son chât. de Cercy-la-
Tour, par Robert de Billy, chev., sgr de Champcourt, pour la sgrie de Verou. (Vandenesse.)

219. 1383-1388. — « Nous Gautier de Billi,
chlr, lieut. de mess. Gauchier de Passac, chlr,
cappitaine des gens darmes ordenez pour la garde
et seurté du corps du Roy... » ; quitt. des gages de
sa comp. de 7 chev. et 14 écuyers, scellée ; écu à
un chef chargé à dextre d'une tiercefeuille ; l'écu
penché, heaumé, cimé d'une tête de braque ; supp.,
2 chimères. (*Tit. scell.*, XIV, 953, 957. — *Montres*,
25765, p. 397, 412, 423. — *P. O.*, Billy, 4.)

220. 1383, 8 s. — « Je Robert de Billi, chevalier...» ; quitt. des gages de sa comp. de 11 écuyers à Gᵉ d'Enfernet, trés. des guerres ; il sert « contre les Anglois en la comp. et soubz le gouvᵗ de Mons. Gᵉ des Bordes » ; scellée, écu *à un chef chargé à dextre d'une tiercefeuille*. (*Tit. scell.*, XIV, 953.)

221. 1383, 10 d., Melun. — Charles VI donne cent francs d'or à Jehan de Billy, son varlet de chambre, pour ses « bons et agreables services,... par especial en la chevaulchee et armee que nous avons fait derrenierement ou paiz de Flandres. » (*P. O.*, reg. 1835, d. 42433, p. 4 ; quitt. le 6 fév. suiv., p. 5.)

222. 1386. — Comptes de la bâtisse de la chartreuse de Dijon : « Arvier (Hervé) de Billey, damoiseau, sire de Varennes en Bretagne, fils de Jean de B. » (Peincedé, XVII, 369. — *La Varenne,* en Anjou, et non *Varennes*, était du dioc. de Nantes. Voy. le nᵒ 228.)

223. 1386, 1ᵉʳ f., Maubuisson-lez Pontoise. — Guy, sire de Cousant et de la Perrière, Grand Maîtʳᵉ d'hôtel du Roi, « commis a recevoir la monstre et reveue de mess. Gauthier de Billy, chlr, lieut. de mess. Jehan de Blaisy, » mande au trés. des guerres de payer les gages de la comp. dud. Gauthier, suffis^t^ armée « pour la seurté et garde du Roy ». (*Tit. scell.*, XIV, 953.)

224. 1386, juin. — J. de Parçon, éc., sgr en partie de St-Pierre comme mari de Jacquette, fille de feu Guillaume de Billy, en sert aveu à Louis de Bigny, chev., sgr du Bois-Sire-Amel. (Villev., XIV, 69.)

225. 1386, 6 oct., Paris. — « J. de Brie, esc., s. d'Espiais, ratifie les traictez faicts par Mr Tomas de Brie, son ayeul, chev., s. d'Espiais, avec noble h^e^ Jehan de Billi, esc., s. de Malregart ; Chabridel, Le Roi, not. » (*D. B.*, 50.)

226. 1387, janv.-juil., Maubuisson-lez-Ponthoyse, Compiègne, Rouen. — Revue de la comp. de Gautier de Billy, chev,, lieut. de J. de Blaisy, puis de Gautier de Passac (Garde du corps du Roi) : «... Mess. Jehan de Billy, chevalier... » (Quitt., XXXI, 1008. — Montres, II, 78, 90, 103, 110, 118.)

227. — 1387, 1er mars, Paris. — Gilles Malet, chlr, commis aux montres et revues, mande au trés. des guerres de payer les gages de la comp. de Gautier de Billy, chev., lieut. de J. de Blaisy (*Tit. scell.*, XIV, 905). — 1er mai : Même mand. de Taupin de Chantemerle, chev. (*P. O.*, Billy, 3.)

228. 1387, 20 mai. — Vente par Jeanne Chaperon, femme de feu Jean de Billé, vivant sgr de la Varenne, près Châteauceaux, et Audouart de B., frère dud. feu Jean, et Louis de B., fils dud. feu Jean, à Hervé de B., sgr alors de la terre de la Varenne, comme principal hér. dud. feu Jean, son frère ; savoir, de la terre, revenus, droits et portions que lesd. vendeurs avoient au duché de Bourgogne ; led. contrat de vente passé sous le scel dont l'on use en la cour dud. Châteauceaux pour Madame la Reine de Jérusalem et de Sicile. » (Peincedé, XXV, 329.)

229. 1387, juin. — Hervey de Billy, éc., sgr de la Varenne en Anjou, fils de feu Jean de B., éc., vend à Robinet de Florigny, éc., des biens sis à Boussey et à Brognon, en Bourgogne. (Id., XVII, 72 ; XXVII, 275.)

230. 1387, 19 juin. — Vente par Orvier (Hervé de Billy, éc., sire de la Varenne, diocèse de Nantes en Bretagne, fils et hoir seul et pour le tout de feu Jean de B., sgr de la V., au duc de Bourgogne de toute la terre qu'il avait à Étaules, Darois et Billy près Chanceaux. (Id., XXVII, 215.)

231. 1387, 29 juin. — Philippe, duc de Bourgogne, fondant la chartreuse de Champignolles, lui assigne 1.500 l. ts de rente : «... tout ce que

feu Arvier de Billey avoit ès villes et finages d'E-
taules et à Billey-les-Chanceaux. » (Id., I, 296.)

232. 1387, 1er août-1388, 1er jan., Vernon, Bel-
lozanne, Beauvais, Noyon, Paris. — Revue de la
comp. de J. de Blaisy, chev., capitaine de 6 chevaliers, etc. (Garde du corps du Roi) : « Mess.
Jehan de Billy, chevalier...» (*Montres*, II, 124, 144,
174, 216, 241, 255.)

233. 1387, 20 oct. — Jean de Billy, éc., sert à
Amaury d'Orgemont, chev., sgr de Chantilly, l'aveu
et dénombr. de sa sgrie de Mauregard. (D'Hozier,
Billy, p. 2.)

234. 1388. — Jean Cosset, sgr de Wendin,
vend cette terre et pairie pour la sᵉ de 2.200 liv. à
noble damˡˡᵉ Madⁿᵒ de Beauval, à J. de Montor-
bert, etc. (Chambre des comptes de Lille. — Villev., XXXI, 118 v.)

235. 1388, 1er mars, 1er av., 1er juil., Paris. —
Revue de la comp. de Gautier de Billy, chev.,
lieut. de Gauthier de Passac : « Messire Jehan de
Billy, chev. » (*Montres*, II, 310, 340, 403.)

236. 1388, 1er avril. — Tauppin de Chante-
nelle, chev., notifie au trés. des guerres qu'il a
reçu la montre et revue de la comp. de mess. Gau-

thier de Billy, lieut. de mess. Gauchier de Passac.
— 1er juil., même notif. par J. Braque, chev. (Ibid.,
329, 402.)

237. 1389, 6 s., Melun. — « Le duc de Bourgogne donna de bonne amitié à son cher et bien amé
Gauthier de Billy, chevalier du pays de Nivernois,
en reconnoissance de ses services, une s^e de 200
liv. t^s. » (Villev., XIV, 69.)

238. 1389, 1er déc. — Charles V donne 200 fr.
d'or à « noz amez Jehan de Billy et Racaillié, var-
lés de chambre » de son frère le duc de Touraine,
« pour leur aidier à supporter les grans fraiz et despens qui leur convient soustenir... en ce voyage
de Languedoc ». (*P. O.*, Billy, 6.)

239. 1389, 4 d., Toulouse. — Le duc de Touraine mande à son trés. de bailler 104 fr. d'or « à
nostre amé premier varlet de chambre Billy. »
(Ibid., 8.)

240. 1389, 4 d., Toulouse. — Jehan Billy, prem.
varlet de chambre du duc de Touraine, reçoit
78 francs d'or « pour trois dyamens que mondit
sgr m'avoit ordonné donner aux estraines aux trois
damoiselles de ma dame la duchesse... et 24 francs
que mon dit sgr m'a donnez pour avoir un cheval. » (Ibid., 7.)

241. 1390. — Quitt. de Gautier de Billy, chev., scellée ; écu, un chef chargé d'un trèfle (tierce-feuille). (Peincedé, XXIV, 197.)

242. 1390, 9 fév. — « Nous Gauchier de Billy, chevalier... » ; quitt. des gages de sa comp. servant « en ce present voyage de Languedoc pour la garde et seurté du corps du Roy n. s. soubz le gouv^t de Mgr Gauchier de Passac, chlr, chamb. dud. sgr » ; scel d'Élyon de Naillac, chev. (*Tit. scell.*, XIV, 957.)

243. 1390, 2 mars. — Partage des fiefs relevant de Verou, entre noble chev. messire Robert de Billy, sgr de Verou en partie, et Perrin de Colom-biers, chev., et Mabille d'Ancy, sa femme. (Vande-nesse.)

244. 1390, 28 av. — « Je Jehan de Billy, varlet de chambre de mon seigneur le duc de Tou-rainne... » Quitt. de 50 fr. d'or dont le duc lui a fait don. (*P. O.*, Billy, 9.)

245. 1390, 16 mai, Paris. — Charles VI mande aux généraux des finances de bailler en don 100 fr. d'or à Jehan de Billy, son varlet de chambre. Quitt. le 19. (*P. O.*, Billy, 10, 11.)

246. 1390, 19 juin. — Aveu et dénombr. par

Regnaut Galaut de Chauvigny, damoiseau, pour
ce qu'il tient en fief de noble chev. Mgr Robert de
Billy, sgr de la tour de Verou. (Vandenesse.)

247. 1390, 20 juin. — « Filipe des Essars, chev.,
s. de Thieux et m^e d'hostel du Roy, fait don à
Jehan de Billi, esc., s. de Malregart, du droict de
quint qui luy étoit deu à cause d'un fief qu'il
avoit achepté, de sa mouvance, et pour lequel il
le reçoit à l'hommage. » (*D. B.*, 150.)

248. 1390, 28 juin. — Aveu à noble et puiss. sgr
Amauri d'Orgemont, chev., s. de Chantilli, par
Jehan de Billi, esc., s. de Malregart, à cause d'un
fief assis entre Espiais et Roissi, lequel étoit de
l'héritage de sa femme, fille de Renaud de Puiseux, chev. » (*D. B.*, 50.) « Dans cet acte se voit
son sceau : *de vair à 2 fasces*, avec une tête de
front pour cimier. » (P. Anselme, II, 118.)

249. 1390, 30 juil., Poissy. — Loïs, fils de Roy
de France, duc de Touraine, fait don de 100 fr.
d'or « à nostre amé Jehan Billy, varlet de ch. de
mon seigneur le Roy et le nostre », et lui fait en
outre bailler 30 fr. « pour faire curer et nettoier la
rivière de Bièvre durant le long de nostre hostel
et jardins de St-Marceau. » (*P. O.*, Billy, 15, 16.)

250. 1390, 31 août. — « Je Jehan de Billy,

prem. varlet de ch. de Mgr le duc de Touraine... »
Quitt. de 30 fr. d'or pour led. curage. « Donné
soubz mon seel » ; écu *au chevron acc. de 3 haches.*
(Ibid., 17. — Voy. planche 5, n°s 3 et 4.)

251. 1390, 14 s., Paris. — Vente du moulin
d'Espiais, avec toute la justice de la terre de
Thieux, où ce moulin est assis, à n. h. Jean de
Billy, éc., s. de Malregart et de Roissy en partie,
par J. de Brie, éc., s. d'Espiais, et Cath. de Chan-
temelle, sa femme ; Chabridel, Le Roi, not. (*D.
B.*, 50. — *Nouv. d'Hozier*, 3.)

252. V. 1390. — « Ce sont les fiez qui appar-
tiennent à la prévosté de Beaune... Monins (dimi-
nutif d'Aymon), li filz Gautier de Billet, tient en
fief dud. duc sa maison de Varenne. » (Peincedé,
XXV, 372.)

253. 1391. — Jean de Billy tient féodalement
du sgr de Thianges. (Caffiaux, I, 518.)

254. 1391, 7 fév. — « Je Jehan Billy, varlet de
chambre du Roy et le premier de Mgr le duc de
Tourainne... » Quitt. de 50 fr. d'or que lui donne
le Roi. (*P. O.*, Billy, 14.)

255. 1391, 15 juil., Senlis. — Charles VI mande
de payer 61 fr. d'or à son valet de ch. Symonnet

de Dampmartin « pour six tassés d'argent blan-
ches..... lesquelles il nous a vendues et livrées, et
les avons fait donner à la femme de nostre varlet
de chambre Jehan de Billy, duquel nous avons fait
tenir son filz sur fons en nostre nom. » (*P. O.*,
Billy, 18.)

256. 1391, 26 n. — Jehan de Billy, varlet de
ch. du Roi et du duc de Touraine, reconnaît avoir
reçu 150 fr. par lui prêtés au Roi. « Donné soubz
mon seel... » ; écu *au chevron acc. de 3 haches*.
(Ibid., 13.)

257. 1392. — Jehan de Billy, capitaine de
Villers-Cotterets, et J. le Grand, sergent de la
forêt du Rest, sont préposés par le duc d'Orléans
à la garde de sa garenne dud. Villers. (Joursanvault, 1301.)

258. 1393. — Lettres de rémission pour Philibert de Billy. (Arch. nat., JJ. 145.) — Etienne de
Billy, chev. bachelier, sous le Maréchal de Boucicaut. (*Tit. scell.*, LXXIII, 5700. — O. de Poli,
Montres, n. 113.

259. 1393, 1er juin et 1er août, Herment. —
Mgr Estienne de Billy, chev. bachelier, servant
sous Mgr J. le Meingre, dit Boucicault, maréchal
de France, chev. banneret. (*Tit. scell.*, LXXIII,
5700. — O. de Poli, *Montres inéd.*, 113.)

260. 1394, 10 juin. — « Nous seur Agnès de Billy, humble prieuse de l'église de St-Martin lez Borrenc... » ; quitt. au receveur de Senlis d'une redevancé annuelle en la forêt d'Hallate. (*Tit. scel.*, XIV, 955.)

261. 1395. — Foi et homm. à Guy de Roye, s. de Muret, par Jean de Billy pour le fief des Croustes. (*Nouv. d'Hozier*, 3.)

262. 1396. — « Mgr Billart de Billis : *de noir à 3 pauz* (pals) *lozengés d'argent.* » (*Armor. du héraut Navarre*, 1139. — M. Douët-d'Arcq l'appelle « Billart de Villis ».

263. 1396-1398. — Quittances de gages données au trés. du duc d'Orléans par G. de Villehier, clerc de sa vènerie, comme procureur de « Jehan de Billy, escuier de ses deduiz », et autres officiers de la vènerie ducale. (Arch. de M. de Billy, orig. parch. — *Quitt.*, XXXVII, 2453.)

264. 1396, 2 déc. — Quitt. de 20 liv. t^s, pour dépenses de vènerie, par « Jehan de Billi, veneur de Mgr le duc d'Orliens » ; signée « Billy ». (Arch. de M. de Billy, orig. parch. scellé ; écu *au chevron acc. de 3 haches.*)

265. 1396, 18 déc. — Quitt. de 12 francs, pour dépenses de vènerie en la forêt de Carnelle, par

« Jehan de Billi, prem. varlet de chambre et maistre du deduit de Mgr le duc d'Orliens ». (Ibid.,
même sceau.)

266. 1397, 9 jan. — Quitt. donnée au trés. du
duc d'Orléans par sœur Béatrix de Morangles, en
présence de « Suer Agnez de Billy, humble prieuse
de l'esglise Saint Martin lez Borrenc ». (Ibid., orig.
parch.)

267. 1398, 6 janv. — « Je Jehan de Billy, nagaires consierge de Villers Costerest », confesse
avoir reçu du duc d'Orléans 40 sols parisis « pour
certaines mises et despens par moy paiez, pour faire
espyer de nuit aucuns compaingnons qui chassoient
et prenoient les connins des garennes de Mgr le
duc en Valois ». (Ibid., orig. parch. scellé ; écu
au chevron acc. de 3 haches. — Voy. planche 5,
nos 3 et 4.)

268. 1398, 30 av. — Aveu et dénombr. de la
sgrie de Verou au duc de Bourgogne, par dame
Ysabeau de Champdio, veuve de Robert de Billy,
chev., dame de Champcourt, tant en son nom que
de Robert de B., éc., son fils, duquel elle a le
gouvernement. (Arch. de Vandenesse.)

269. 1399, Châteauchinon. — Hommages de
cens et tailles sur les tènemens de ses serfs par

Alixant de Billi, damoiselle, veuve de Jean de Chasàulx, éc., à présent femme d'Henri de Baugi, éc., pour elle et ses enf. du prem. lit. (Arch. nat., P. 469³, c. 5437. — *Noms féod.*, I, 113.)

270. 1400. — Jehan Billy est institué par le duc d'Orléans, en son domaine de Châteauthierry, maistre sergent de la forêt de Rye. (Joursanvault, 2040.)

271. 1400. — « Noble hᵉ Antoine de Billy est mentionné dans le martyrol. du chap. de Clamecy comme lui ayant fait une don. en 1400. » (Caffiaux, 1211, p. 521. — Villev., XIV, 69.)

272. 1400. — « Perceval de Billy, bailly de Chavercy et d'Yvor. » (*Nouv. d'Hozier*, 3.)

273. 1400, 24 oct., Decize. — « Alixant de Billi, damoiselle, voisve de feu J. de Chasaul, tant en son nom comme ou nom et acause de Gibault et Johanne ses enffens et dud. feu Jehan son mari, apresent femme Henry de Baugi, escuier »; hommage au duc de Bourbon à cause de son chât. de Châteauchinon. (A. N., P. 469², c. 5384.)

274. 1400, 2 déc. — Ernoul de Billy, chanoine de Béthune. (Cartul. de Gosnay. — E. de la Gorgue de Rosny, I, 178.)

275. 1401, 10 av., Reims. — Le duc d'Orléans mande de faire payer « à nostre bien amé varlet de chambre Jehan de Billy la s⁰ de trente frans d'or que nous lui donnons... pour avoir et achater un cheval, pour plus honnestement venir avecques nous en ce present voyage de Mouson » (Arch. de M. de Billy, orig. parch.)

276. 1401, 12 av., Reims. — J. le Flament, cons. du duc d'Orléans, mande à J. Poulain de payer à Jehan de Billy, varlet de ch. dud. sgr, 30 fr. d'or que lui donne le duc. Quitt. le 4 juin. (Ibid., orig. parch.)

277. 1401, 14 n., Gandelus. — Louis, duc d'Orléans, confère à Jean de Billy, son prem. vallet de chambre, l'office de maître des eaux et for. de ses terres de Champ. et de Brie. (Visé dans les lettres d'entérin. du 25 nov. 1401.)

278. 1401, 19 n., Paris. — G., sgr de Tignonville, chev., garde de la prevôté de Paris, scelle les lettres par lesquelles le duc d'Orléans a conféré à Jean de Billy la maîtrise des eaux et for. de ses terres de Champ. et de Brie. (Arch. de M. de Billy, orig. parch.)

279. 1401, 25 nov. — J. le Gay d'Ay, éc., bailli du duc d'Orléans en ses terres de Champ. et de

Brie, entérine les lettres par lesquelles ce prince a conféré l'office de maître des eaux et for. de ses d. terres à Jehan de Billy, son prem. vallet de ch. (Ibid., orig. parch.)

280. 1401, 30 n., Épernay. — Jean de Billy, éc., prem. varlet de ch. de Mgr le duc d'Orléans et M^e et enquesteur des eaux et for. d'icelui sgr en ses terres de Champ. et de Brie, installe Jaquemin Herbin en l'office de sergenterie de la forêt d'Épernay. (Ibid., orig. parch.)

281. 1402. — Accord entre noble h^e Antoine de Billy et Jeannot Passavant. (Arch. du Chap. de Clamecy. — Villev., XIV, 69 v. — Caffiaux, 1211, p. 521.)

282. 1402, 17 fév. — « Estiene Legros, lieut. general, en la prevosté d'Esparnay et des bois des montaignes de Reins, de noble homme et sage Jehan de Billy, escuier, prem. varlet de ch. de Mgr le duc d'Orliens et maistre et enquesteur des eaues et forestz d'icellui sgr en ses terres de Champ. et de Brye », achète « de noble dame madame Blanche de Coucy, contesse de Roucy et de Brayne », 5 milliers « de grant allevin de carpaille de dix à treze peusses de long pièce », à 24 écus d'or le millier, « pour alleviner et peuppler l'estang de la forestz d'Esparnay ». (Arch. de M. de Billy; orig. parch.)

283. 1402, 30 avril. — « Giles le Mareschal, lieut. de noble h^e Jehan de Billi, prem. varlet de ch. de Mgr le duc d'Orléans et m^e de ses eaues et forestz de Champ. et de Brie. » (Ibid., orig. parch.)

284. 1402, 10 mai, Coucy. — « Inventoire du mesnage que Jehan de Billi, premier varlet de ch. de Mons. le duc d'Orléans, a achetté et fait faire pour le chastel de Coucy tant à Laon comme à Reins, lequel mesnage a esté baillié en garde par led. Jehan à moy Henry de Potes, cap^ne dud. lieu de Coucy, par l'ord. dud. sgr, par la manière qui sensuit..... » (*P. O.*, Billy, 21.)

285. 1402, 19 mai, Coulmiers. — Robert de Billy, éc., sgr de Billy, « pour eschever plusieurs pertes et dommages », vend 67 sols 6 den. tourn. de rente ann. et perpét. à noble dame madame Jehanne de Juilly, fille de feu mess. Lancelot de J., demour. à Cigy. (Ibid., 27. — Sigy, arr. de Provins.)

286. 1403. — « Georges Billy, bourgeois grec, fut camérier de Chypre en 1403. La chronique de Diomède Strambaldi l'appelle Zorzi Bali, gouverneur de Chypre. » (Du Cange, éd. par E. Rey,

4

Familles d'outre-mer, p. 672. — L. de Mas-Latrie, *Hist. de Chypre*, Docum:, I, 527.)

287. 1403, 30 oct., Gênes. — Réclamations de l'amb^r de Janus, roi de Chypre, au maréchal de Boucicaut, gouverneur de Gênes, *per me Georgium Bili, ambaxatorem Seren^{mi} regis Cypri.* (lbid., 472.)

288, 1404, 21 f., Paris. — Contract de mar. de noble personne Antoine de Billi, éc., fils de noble h^e Jehan de B., esc., s. de Roissi en Parisis, avec Pernelle de Villiers de l'Ile-Adam, fille de Jehan, chev., s. de Domont ; Le Preux et Chastanier, not. (*Nouv. d'Hozier.* — *D. B.*, 49.) — Antoine de B. avait servi en qualité d'écuyer, à l'âge de 9 ans, dans la guerre d'Allemagne, sous le comte de Clermont. (*Anc. généalogie.*)

289. 1404, 4 juin. — « Je Jehan de Billy, escuier, maistre et enq. des eaues et foretz de Mons. le duc d'Orleans en ses terres de Champ. et de Brie... » Quitt. des gages de son office, 62 l. tourn. par an. (*P. O.*, Billy, 22.)

290. 1404, juin. — Lettres de rémission pour feu Jehan de Billy,« homicide de soi memes » dans un accès de fièvre chaude. (Arch. nates., J J. 174 n. 201.)

291. 1405. — « Antoine de Billy, éc., devoit une rente que Jehanne, veuve de J. de Villiers, donna à l'égl. de Clamecy pour son obit. » (Villev., XIV, 69 v.)

292. 1405, juin, Dunkerque. — Rôle des gens d'armes du pays de Rethelois au service du duc de Bourgogne sous le sgr de Rond, chev. bachelier :... Gille de Billy. (Peincedé, XXVI, 64.)

293. 1405, 3 juin. — Vente de droits d'usage par Antoine de Billy, éc., sgr de Châteaux et de St-Martin de la Bretonnière, et dlle Isabeau de Tignères, sa femme. (Arch. du chât. de St-Martin de la B., Nièvre, orig. parch.)

294. 1405, 15 s., Clamecy. — Bail au profit de J. Passavant, fils de feu Jeannot, par P. Grasset, procureur d'Antoine de Billy, éc. (Caffiaux, 1211, p. 521. — Villev., XIV, 69 v.)

295. 1406. — Guillaume de Billy, éc. ; aveu au sgr de Thianges. (Caffiaux, I, 518.)

296. 1406. — « Isabeau de Champdio, veuve de feu Robert de Billy, cousin de Perceval de B., et jadis chevalier, dame de Champcour et de Vère en partie, et Robert de B., éc., son fils. *Invent. des tit. de la Maison de Nevers, ms.* » (*Anc. généal.*)

297. 1406, 10 mars. — Aveu du fief de Roissy en Parisis à noble et puiss. sgr Ch. de Chambly, chev., sgr d'Aunoy, par « Jehanne de Puiseux, vesve de feu Jehan de Billy, escuier, en son vivant sgr de Mauregart et de Roissy en partie. » (Arch. nat., T. 269⁴.)

298. 1406, 27 mars. — Jehan de Billy, éc., mᵉ et enq. des eaux et for. du duc d'Orléans en ses terres de Champ. et de Brie, achète à Escot de Tins, éc., « pour aleviner et peupler l'estan de la forest d'Esparnay, la somme de trois milliers de peuple de carpailles, chascun millier vendu la somme de 12 escus d'or à la couronne. » (Arch. de M. de Billy, orig. parch.)

299. 1406, 11 juill. — Droin le Tors, bourgeois de Moulins-Engilbert, reconnaît avoir nouvellᵗ acquis : 1º de feu Robert de Billy, chev., partie de la terre de Champdoux ; 2º du même, une rente sur la terre de la Guette, en Cercy-la-Tour ; 3º d'Isabeau de Champdio, veuve dud. Robert, et d'Alixant de B., leur fille, l'étand de la Guette. (Vandenesse.)

300. 1406, 14 n. — Jacquette de Bourboilly, femme de Guyenot de Billy, éc., vend pour 50 écus d'or au duc de Bourgogne la 16ᵉ partie du bois du Rhume et du Tremblay, entre Buxy et Rosière. (Peincedé, I, 243. — Villev., XIV, 69 v.)

301. 1407. — Lettres de rémission pour Gillet de Billy, marchand à Angers. (Arch. nat., JJ. 174.) n. 44.

302. 1407-1408. — Compte de J. de Pressy : « Philibert de Billy, éc., [fait montre de sa comp. de] 24 écuiers. » (Peincedé, XXII, 367.)

303. 1408, 2 avril. — « Jehan de Billy, escuier, maistre et enquesteur des eaues et forestz de madame la duchesse d'Orléans en ses terres de Champ. et de Brie »; installe G. Roberdel en l'office de sergent à pied de la forêt du Gaud. (Arch. de M. de Billy, orig. parch. scellé ; écu *au chevron acc. de 3 haches*.)

304. 1409, 22 mars, Paris. — Charles VI fait don de 200 fr. d'or à Philebert de Billy, éc., panetier du Roi et du duc de Bourgogne. (*P. O.*, Billy, 19.)

305. 1409, 5 mai, Melun. — Charles, duc d'Orléans, mande à son trés. de faire payer à Jehan de Billy, « maistre de noz eaues et forestz en noz terres de Champ. et de Brie », les gages de son office. (Ibid., 23.)

306. 1409, 9 mai, Brie-comte-Robert. — Jean de Billy est relevé de son office de maître des eaux et for. en Champ. et Brie, dont le duc d'Orléans

4*

pourvoit Henriet Pointel, son écuyer-tranchant. (Ibid., 25. — La disgrâce fut de brève durée ; voy. le n° 314.)

307. 1409, 24 mai, Paris. — P. Renier, trés. du duc d'Orléans, enjoint au receveur du domaine de Monseigneur en Champ. et Brie de payer à Jehan de Billy les gages arr. de son office de maître des eaux et forêts. (Ibid., 24.)

308. 1409, 18 d. — Noble dame Isabeau de Chandio, veuve de Robert de Billy, chev., et Robert de B., leur fils, vendent, à Guy de Baudoin, le bois de Verou. (Arch. de la Nièvre, E.)

309. 1409-1410. — Compte de J. de Noidan : « Philibert de Bily et 20 écuiers, 3 archiers, 3 arbalestiers » de sa comp. (Peincedé, XXII, 432.)

310. 1410, 28 juill., Nevers. — « Nobles hommes Guillaume et Jehan de Billi, escuiers, frères germains, seigneurs de Vevre », échangent ce qu'ils ont à Châteauchinon contre les héritages appt à J. Regnault, bourgeois dud. lieu, en la châtell. de St-Sauge, avec leurs appartenances, hommages, services, tailles, corvées, dismes, censives, fiefs et arr.-fiefs, justice haute, moyenne et basse. (A. N., P. 1380², c. 3239.)

311. 1410, 27 août, Paris. — Charles VI mande
de bailler 200 fr. d'or « à nostre bien amé pennetier
de nous et de nostre très chier et très amé cousin
le duc de Bourgoingne, Philebert de Billy, escuier ». Quitt. le 14 oct, 1410. (*P. O.*, Billy, 12.
— *Coll. de Bourg.*, XCII, non fol.)

312. 1410, 17 s., Paris. — Gens d'armes du
comté de Nevers, sous le sgr de Rond, maréchal
de Bourgogne : Mahyet de Bily, etc. (Peincedé,
XXVI, 125.)

313. 1410, 17 s., Paris. — Montre de la comp.
de Philibert de Billy, éc., 20 autres éc., 3 archers
et 3 arbalétriers. (*Armées des ducs de Bourg.*, p.
189.)

314. 1410, 25 déc. — « Jehan de Billi, escuier,
mᵉ des eaues et forefs de Mons. le duc d'Orléans
en ses terres de Champaigne et de Brie », vend à
G. de Cambrai 8 chênes de la forêt de la Traconne
pour la sᵉ de 23 liv. tˢ. (Arch. de M. de Billy, orig.
parch.)

315. 1411. — « Jehanne de Puiseux, veuve de
Jean de Billy, sgr de Mauregard. » (*Nouv. d'Hoʒier*, 3.)

316. 1412. — Robert de Billy, Galehaut de

Moy, etc., écuyers du Besgue de Cayeu, chev. bachelier. (*Tit. scell.*, XXIV, 1720.)

317. 1412, 12 juil., Château-Chinon. — Montre de la comp. de J., sgr de Rochefort, banneret : Philibert de Billy, le sire d'Anlesy, etc. (Peincedé, XXVI, 142.)

318. V. 1412. — Philibert de Billy, éc., épousa d^lle Jeanne de St-Aubin (qui, veuve, se rem. à G. de Dangeul, éc.), dont une fille, Philiberte, mariée à Philibert de la Périère, éc., devenu par ainsi sgr de Billy. (Caffiaux, Cab. des tit. 1211, p. 522. — *Tit. de Bourg. et Nivernois*, 267. — Mondonv., VII, 32.)

319. 1415. — Robîn de Billy, écuyer de P. du Merle, chev. bachelier. (*Tit. scell.*, LXXIII, 5738.)

320. 1415. — Denis de Billy, receveur des aides à Évreux. (*Quittances*, L, 5038.)

321. 1415, 25 f., Paris. — Hommage au Roi par son amé et féal chevalier Antoine de Billy, s. de Malregart et de Domont, un fief assis à Névillers et le fief de la Boulangerie de Pontoise. (*D. B.*, 49, 62.)

322. 1415, 26 juin. — Acquit d'un relief de

6 liv. t⁵ dû au duc d'Orléans, à cause de son chastel de Beaumont, « par Messire Estienne de Billy, chev., pour le relief d'un fief qui fut feu J. de Villiers, chev., contenant le quart des grosses dismes de Chambly. » (Arch. de M. de Billy, orig. parch. scellé.)

323. 1415, 13 août. — Constitution par J. de Lancray, éc., à Guillaume de Billy, éc., d'une rente sur les terres du Gué et de Lancray. (Arch. de la Nièvre, E.)

324. 1415, 21 s. — Gobert Cosset, éc., et Jeanne, sa femme, vendent à l'abb. de Nogent une redevance sur les dixmes de Juvigny. (Villev., XXXI, 118 v.)

325. 1416, 25 nov., Paris. — « Charles par la grace de Dieu Roy de France..... De la partie de noz bien amées Katherine de Billy, femme de J. des Murs, dit Maillart, escuier, et de Marguerite de B., damoiselles, suers de Estienne de B. chevalier, et de Guillaume de B., escuier, freres,... Nous a esté exposé, Comme les diz freres, et aussi led. Maillart, mary de lad. Katherine, pour nous, servir comme vrays et loyaulx serviteurs et subgiez) feussent alez en la guerre et journee ou bataille derrenierement faicte ou pays de Picardie (Azincourt contre les englois noz ennemis et adversaires, de-

puis laquelle ycelles exposans, ne autres serviteurs des diz freres et Maillart, nont peu et ne
peuent auoir ne sauoir au vray nouvelles de leurs
personnes, ne silz sont morts ou vifz ; pour quoy,
toy, Receveur, as mis ou fait mectre en nostre
main la terre que les diz freres avoient et ont
a Roissy en parisy, tenue et mouvant de nous...
En faveur des services a nous faiz par les diz freres,
et aussi par led. Maillart, ou fait de noz guerres,
et mesmement en lad. bataille, ou autrement... »
Ordre de laisser lesd. sœurs « prendre les reve-
nues de lad. terre, sans paier aucune finance.....
Par le Roy a la relacion du Conseil, J. Boucher. »
(Arch. de M. de Billy, orig. parch.)

326. 1417, 27 av. — Hommage au Roi de la
terre de Roissy en Parisis par Catherine de Billy,
veuve de J. des Murs, éc. (Arch. nat., P. 1, cote
100.)

327. 1417, 31 août, Beauvais. — Montre de la
comp. de J., sgr de Toulongeon, banneret : Guie-
not de Billy, éc. — Montre de Mgr de Rochefort,
bann. : Pierre le bastart de Billi, etc. (Peincedé,
XXVI, 212, 275.)

328. 1418, 14 mai. — Délai accordé par Henri V,
roi d'Angl., à John Stuton pour l'aveu des terres
et tènemens de Billy confisqués sur Robin de
Billy, avocat. (Vautier, p. 25. — Billy, Calvados.)

329. 1419, 20 n., Dijon. — « Philibert, sgr de Billy, escuyer et panetier du duc de Bourgogne, étant venu du Nivernois à Dijon rendre compte à la duchesse des préparatifs que les ennemis de son fils et d'elle faisoient à Bourges, il luy fut délivré 50 fr. pour ses frais. » (Villev., XIV, 69 v.)

330. 1420. — « Feu Baudin de Billy, exécuté à mort, et ses biens confisqués. » (Comptes de Hesdin. — E. de la Gorgue de Rosny, I, 178 ; IV, 343. — Baudin avait sans doute pris parti contre le roi anglais.)

331. 1420, 9 jan., Thisy. — Charles, fils du Roy de France, Régent le Royaume, fait don de 15 liv. tourn. « à nostre amé huissier de salle Colin de Billy, pour achetter un cheval à soy monter, afin d'estre plus honnestement en nostre service. » (*P. O.*, Billy, 20.)

332. 1420, 9 f., « à Vienne en nostre Dauphiné. » — Charles, régent du royaume, dauphin de Viennois, fait don de 30 l. tourn. « à Colinet de Billy, nostre huissier de salle ». (Ibid., 26.)

333. 1420, 27 juil., Clamecy. — Testament de noble hᵉ Antoine de Billy, vicomte de Clamecy, sgr des Chasteaux, qui nomme ses exécuteurs Philibert de Billy et J. d'Aubry, écuyers ; en présence de nobles dames Jeannette de Billy, veuve de Louis Blandin, éc., et Marguerite, femme de Lambert Spuelay, sœurs du testateur. (Villev., XIV, 69 v. — Caffiaux, 1211, p. 521.)

334. 1420, 30 juil., Clamecy. — Noble dame Isabeau de Tignières, veuve d'Antoine de Billy, vicomte de Clamecy, et Jean de B., leur fils, ratifient le testam. dud. défunt. (Villev., XIV, 69 v.)

335. 1421. — « Jehanne de Billy fut mariée à Gilles de Mailly, sgr d'Orsignol, dont elle étoit veuve en 1421. » (Généal. ms. de Mailly-Couronnel. — Caffiaux, 1211, p. 522.)

336. 1421, 1er jan., Paray-le-Monial. — Garnison de Marcigny-les-nonnains pour le duc de Bourgogne : Guillaume bastart de Billey, etc. (Peincedé, XXVI, 324.)

337. 1421. — Garnison du « chastel de Doudain », en Charolais, pour led. duc : Guillon bastart de Billey, etc. (Ibid., 329.)

338. 1421, 2 août, Châteaugontier. — Montre de J. de Tournemine, chev. Archers : G. Prioure, Pierrot Billy, etc. (Cab. des tit., 1410, p. 82.)

339. 1421, 28 oct., Troyes. — Montre de J.,

Pl. IV.

GUYOT DE BILLY
1301

SIMON DE BILLY
1312

ROBERT DE BILLY.
1357

Fac-simile-Geoffray.

sgr de Cottebrune, mar. de Bourgogne : Philibert
de Billy, éc. (Peincedé, XXVI, 335.)

340. 1422, 7 s. — Le Dauphin donne cent livres t^s « à Jean de Billy, chev., prisonnier des
Anglois, pour luy aidier à paier sa rançon. »
(*D. B.*, 49.) — « Jean de B., s. de Mauregart,
fidèle à Charles VII ; pris par les Anglois, 1422 ;
fut au traité d'Arras ; espousa Marg. d'Orgemont ;
veuve 1488, gist aux Cordeliers de Senlis. » (*Nouv.
d'Hozier*, 3.)

341. 1423, Dôle. — Jean de Billy, élu *Rector
magnificus et princeps* de l'Université de Dôle.
(Gollut, *Mém.*, au Catal. des recteurs.)

342. 1425. — Mort de Colart de Billy, s. de
Monjay, fils aîné d'autre Colart, et père d'une fille
unique, mariée à Henry Hardy, éc. (*Nouv. d'Hozier*, 3.)

343. 1425, 17 juin. — « Le chapitre de Clamecy fait saisir sur Jean de Billy pour avoir paie-
ment d'un legs fait par Antoine de B., éc., son
père. » (Villev., XIV, 70.— Caffiaux, 1211, p. 521.)

344. 1427, Paris. — Robert de Tuillières, un
des fidèles de Charles VII, avait 6 liv. parisis de
rente « sur la maison où souloit pendre *le Pannier*,

5.

appartenant à Colin de Billi. » (Arch. nat., JJ. 173, num. 551.)

345. 1427, 18 jan. — Garnison de Mailly-la-Ville sous J. de Digoine, bailli d'Auxois : Gaultier de Billy, éc. (Peincedé, XXVI, 367.)

346. 1427, 9 mai. — Vente de la terre et sgrie de St-Martin de la Bretonnière par Gauthier de Billy, éc., vicomte de Clamecy, sgr de Sémelins (en Billy-Chevannes), à Huguenin le Breton, bourgeois de St-Saulge. (Arch. du chât. de St-Martin de la B., orig. parch.)

347. 1427, 14 n. — Vente de terres faite par Gauthier de Billy, éc., vicomte de Clamecy, au Chapitre dud. lieu. (Villev., XIV, 70.)

348. 1428. — Légitim. et anoblt de Perrette de Billy, fille naturelle. (Arch. nat., JJ. 174, nos 203, 204.)

349. 1428. — Charles de Champluisant, époux de Jeanne de Billy, fille d'Antoine, s. de Mauregard, et de Pernelle de Villiers, tuteur de Hugues, aliàs Jean, et Colette de Billy, cousins-germ. de sad.femme, obtient délai pour l'hommage du fief d'Yvor. (*Nouv. d'Hozier*, 3. — P. Anselme, II, 119.)

350. 1428, 23 mars. — Transaction pour raison

de 2.000 écus d'or promis en mariage à noble h^e
Philippe de la Perrière, époux de Philiberte, fille
de feu Philibert de Billy, éc., et de feu dam^lle Jeanne
de St-Aubin (morte remariée à G^o de Dangeul, éc.),
en présence de Gaultier de Billy, éc., s. de Beu-
vrin. (Mondonv., VI, 105.)

351. 1428, 19 juin. — D^lle Isabeau de Tignières, veuve d'Antoine de Billy, éc., ratifie la vente
de la terre de St-Martin de la Bretonnière, faite le
9 mai mai 1427 par Gauthier et Jean de Billy. Même
ratif. par Philbert de B., leur frère. (Arch. du chât.
de St-M. de la Br., orig. parch.)

352. 1429, 12 sept., Mantes. — Henri VI fait
don à « Jehan de Billy, escuier, serviteur domes-
tique de nostre très chier et très amé oncle Jehan,
Regent nostre royaume de France, duc de Bed-
ford », de 40 liv. parisis de rente naguère vendue,
sur la terre d'Yvort, à Regn. Thiboult et Jeanne,
sa femme, depuis rebelles, par « Perrenelle de
Villiers, dame d'Yvort, jadis femme de Anthoine
de Billy, chevalier, père et mère dud. suppliant,
de present conjoincte par mariage avecques J. Malet, nagaires grainetier de Senlis ». (A. N., JJ. 174,
n° 35.)

353. 1432, 11 mai. — « Philibert de la Perrière,
éc., sgr de Billy, comme mary de Philiberte, fille

de feu Philibert de B. et de feu Jeanne de St-Aubin, passe une obligation..., en prés. de Gautier de B., sgr de Chasteaux. » (Villev., XIV, 70.)

354. Apr. 1432. — Gautier de Billy, vicomte de Clamecy, et Jehanne d'Ouroüer, sa femme, ont leur obit à Clamecy le 21 fév. » (Caffiaux, 1211, p. 522.)

355. V. 1435. — Jeanne de Billy, abbesse de Favas (dioc. de Comminges), ord. de Cîteaux. Elle résigna, le 10 av. 1470. (*Gall. christ.*, I, 1121.)

356. 1437, 10 juin. — Bail à bordelage par dam^lle Alixand de Billy, dame de Verou, veuve d'Henry Baugé, éc.. en présence de J. d'Avril, son gendre. (Vandenesse.)

357. 1438. — Billy, en St-Lubin-de-la-Haye, près Anet. — « Jehan de Billy vivait en 1438.» (*Ann. d'Eure-et-Loir*, 1863, p. 314. — St-Lubin-de-la-Haye, à quelques lieues au N.-O. de Mauregard, fief de la Maison de Billy.)

358. 1440. — « Jean de Billy, chev., s. de Mauregard et d'Yvor, 1440; avoit espousé Marguerite d'Orgemont, fille de Charles, fils de Pierre, chancelier de France. » (*P. O.*, Billy, 123. — Mondonv., IX, 709.)

359. 1442, 29 août. — Transaction entre nobles

Étienne Aubernier et Gautier de Billy, vicomte de Clamecy, pour héritages à Turigny. (Arch. de la Nièvre, E.)

360. 1444. — « Nicole de Billy, femme de : 1° Guy Sarrasin, en 1444; 2° Jacotin de Camberet, escuyer, en 1458. » (*Nouv. d'Hozier, 3.*)

361. 1444, 10 f. — Dénombr. de partie de la sgrie de Santigny-en-Auxois par noble dam^le Alixant de Billy. (Peincedé, IX, 90.)

362. 1445, Paris. — « Extr. des reg. du parlement, portant que Jehan de Billy, éc., et Marguerite d'Orgemont, sa femme, plaidaient contre dame Anne de Norri, veuve de mess. Gaucher du Chastel, chev. » (*D. B.*, 49.)

363. 1446, 11 mai, Paris. — Les Célestins s'engagent envers Jean de Billy, éc., sgr de Mauregard, et ses successeurs, à mettre en sa main leurs biens mouvans de lad. sgrie, lorsqu'ils manqueraient de donner en temps voulu « *un homme vivant et mourant* ». (*D. B.*, 49.)

363². 1448. — Robert d'Antilly, archer de la comp. de Robinet d'Ensienville. (Clairamb., t. 234, p. 17.)

364. 1450. — « Jehanne de Billy, fille de Jehan de B., escuyer, et de Marie de Bellevoye, son espouse », diocèse de Chartres. (Mondonv., IX, 710.)

365. V. 1450. — Loïse de Billy, femme d'Hardouin de la Touche, sgr de Vilaines. (Haudicquer, XX, 129.)

366. V. 1450. — « Extraict du livre intitulé *C'est le recueil des anc. armoiries de France du temps du roy Charles VII*ᵉ : Ceulx de BILLY portent *dor fassé de gueulle et de vair*. Ceulx dYVORT portent *da₂ur a une croix dor recerclée*. » (Mondonv., III, 254.) — « Ceulx de BILLY portent *dor a neuf poi₂* (pals) *vére₂ da₂eur, barre₂ de gueulle, avec une croix da₂ur*. » (Id., VI, 793.)

367. 1450-1460. — Thomas de Billy, dit Pasquine, abbé de Sᵗ-Faron, dioc. de Meaux. (*Gall. christ.*, VIII, 1695. — Il eut pour successeur Ant. de Ploisy, oncle ou grand-oncle de Charles de B., abbé de Sᵗ Faron en 1494.)

368. 1452, 7 oct. — Mourut Catherine de Billy, abbesse de Crisenon, pour l'anniv. de laquelle Gautier de B., éc., vicomte de Clamecy, son neveu, fit une donation. (*Martyrol. du chap. de Clamecy.*)

369. 1453, 12 jan. — Montre de la comp. de P. de Brézé, gr. sénéchal de Normandie. *Hommes* *d'armes* : J. d'Argouges, Jehan de Billy, maistre J. de Choisy, etc. (*Tit. scell.*, CXXIII, 539.)

370. 1454, 6 mai. — Bail à rente par Gauthier de Billy, éc., vicomte de Clamecy, pour des biens à Turigny. (Arch. de la Nièvre, E.)

371. V. 1455. — « *Marche de Champagne.* Le sgr de Billy : *de vair plein...* — Ceulx de Billy : *de gueules à 3 billettes d'argent.* » (*Armor. du Héraut Berry*, *762, 854.* — Baluze, LIX, 5.)

371². 1456. — Grande Ord^ce de Normandie : Jehan de Billy, h. d'armes. (Clairamb., t. 234, p. 79.)

372. 1457, Bernières-lez-Caen. — Dénombr. des notables, pour les droits du Roi : J. de Rotz, chev., Nicolas de Billy, etc. (A. du Buisson de Courson, *Recherches nobil.*, p. 274.)

373. 1458. — Foi et homm. d'héritages dépendant de la sgrie de Billy-sur-Ourcq par P. de Romain, chev., vicomte de Verssy, à Jacotin de Camberet, éc., à cause de Nicole de Billy, sa femme, veuve en pr. n. de Guy Sarrasin, chev. (P. Anselme, II, 119.)

374. 1460, 2 juin, Nevers. — « Gauthier de Billy, vicomte de Clamecy, transporte au comte de Nevers lad. vicomté avec ses fiefs et dépendances. *Invent. des tit. de Nevers, ms.* » (*Anc. généal.*)

375. 1461, 27 jan. — Gauthier de Billy, éc., vicomte de Clamecy, est témoin de l'hommage, par J. de Neufvy, éc., de la terre de St-Germain-des-bois, tenue de M. de Nevers à cause de Châteauchinon. (Villev., XIV, 70. — Gaignières, *Tit. de Bourg. et Niv.*, 5.)

376. 1461, 30 mars, chât. de Dornecy. — Transaction entre Gautier de Billy, vicomte de Clamecy, éc., et J. de la Noë, capitaine de Metz-le-Comte, au sujet d'héritages à Thurigny. (Arch. de la Nièvre, E.)

377. 1461, 2 août. — Eustace de Motteville, éc., sgr d'Aunoy, consent, moy^t dix liv. t^s de composition payées par « mon compère Jehan de Ploisy, escuier, sgr de Roissi », à lever au profit de celui-ci l'oppos^n qu'il avait mise, pour devoirs non remplis, sur les terres et droits possédés à Roissy par « feux Jehan de Billy, escuier, sgr de Roissi en Parisis, et damoiselle Jehanne de Puiseux, sa femme. » (Arch. nat., T. 269^4.)

378. 1461, 3 août. — Hommage du fief de Roissy à Eustasse de Motteville, éc., s. d'Aunoy, par J. de Ploisy (Ibid.)

379. 1462. — Jean de Billy de Mauregard, (3e fils de Jean et de Marg. d'Orgemont), homme d'armes de la comp. de J. d'Esteuil de la Barte, sénéchal de Limousin. (*D. B.*, 9.)

380. 1462, 22 juin. — Noble h⁰ Gautier de Billy, vicomte de Clamecy, est présent à une vente faite au Chapitre de Clamecy par les hab. d'Ozoër-sur-Terzet. (Villev., XIV, 70. — Ouzouer-sur-Trézée, arr. de Gien, Loiret.)

381. 1463, 1ᵉʳ jan. — Mort de Thomas de Billy, abbé. de Sᵗ-Faron. (*Gall. christ.*, VIII, 1695.) 70 v.)

382. 1464, 16 mai. — Bail à bordelage par Gautier de Billy, éc., vicomte de Clamecy, pour des biens à Thurigny. (Arch. de la Nièvre, E.)

383. 1465. — Rôle des amendes de la Vicomté de Falaise : « J. d'Acqueville et J. du Perrey, vers Jehan de Billy, escuier, XX solz. G. d'Acqueville, vers led. Billy, X solz..... » (Arch. de M. de Billy, orig. parch.)

384. 1467, 24 juil. — Sceau de Jean de Billy, éc., s. de Mauregart et d'Yvort : écu à *2 fasces sur champ vairé* ; heaume cimé d'une tête de more ; supp., 2 lions. (A. N., S. 3777. — Douët-d'Arcq, 1427. — Voy. planche 6, n° 1.)

385. 1468, 26 d., en la cour de Callac. — J. Gillebert et Olive, sa femme, avouent être hommes et sujets de noble écuyer René de Billé, sgr de la Varanne, et tenir de lui à Guémené et au Luc. (Arch. du chât. de Bruc. — Villev., XIV, 65 v.)

386. 1470. — Montres des gens nobles du ressort d'Angers : Messire Léonnet de Billi, chevalier, homme d'armes. » (D'Hozier, *Armoriaux*, f. 52.)

387. 1470. — Mariage d'Antoine de Billy, s. de Mauregard, avec Germaine de la Grange, fille de Michel, s. de Trianon, et de Françoise de Longueil. (*Nouv. d'Hozier*, 3.)

388. 1471, 17 av., Hornay. — Anthoine de Billy, homme d'armes de la comp. du maréchal de Lohéac. (*Montres*, 21540, p. 201.)

389. 1472. — « Jehanne Renauld, vefve de feu Hugues de Billy, dame de Thuré. *Trés. des chart. du Roy, ann.* 1472. » (*Anc. généal.*)

390. V. 1472. — «... Le roi Louis XI avait l'habitude de mal traiter ceux qui n'obtempéraient pas à ses ordres, comme il parut par maints exemples, tels que l'Évêque de Castres, certain chanoine de de N.-D. de Cléry appelé de Billi, et par G. de la Lande... » (De Maulde, *Procéd. polit. du règne de Louis XII*, p. 1001.)

391. V. 1472. — « Perceval de Billy de Mauregard espousa Loïse de Vieuxpont, dame de la Motte, Vaujoly, Courville, Prunay le Gilon, Mauny, veuve de Claude Roullet, escuier du Roy, fille de Loïs de V., s. desd. lieux, et de Jacquette de Broüillard, sœur utérine de Guillaume, baron de Montmorency. » (*D. B.*, 8.) De cette alliance : 1° Louis ; 2° Jean, abbé de Ferrières ; 3° Claude, femme de Laurent de Languedoüe, s. de Baudigny. (La Chenaye, II, 517. — Du Chesne, LVIII, 151. — *Cab. hist.*, VIII, Docum., 206. — La Roque, *Hist. d'Harcourt*, t. I, p. 588, dit que le mariage de Perceval de Billy eut lieu en 1495 ; date évidemment erronée, puisqu'il émancipa son fils Jean en 1487.)

392. 1480, 21 n. — « Le Chapitre de Clamecy obtient une ordonn. de la Ch. des comptes de Nevers pour estre payé d'une rente qu'il avoit sur tous les biens de feu Gautier de Billy, vicomte de Clamecy, dont le duc de Brabant, comte de Nevers, étoit détempteur. » (Villèv., XIV, 70 v.)

393. 1482, 3 mars. — Noble hᵉ Perceval de Billy, éc.. exécut. testam. de Marguerite d'Orgemont, veuve de noble et pᵗ sgr Mgr Jean, sgr et baron de Montmorency. (Ibid.)

394. 1482, 22 juin Auxonne. — Jehan Billy, archer de la comp. de cent lances de Mgr J. de Baudricourt, gouv. de Bourgogne. (*Montres*, 21540, p. 169.)

395. 1484. — « Guillaume de Billy, chev., sgr de Givraines », près Pithiviers. (Hubert.)

396. 1484, 5 juin. — Entérinement de lettres obtenues par noble damoiselle Loïse de Vieulz-pont, dame de Courville, pour raison d'un rachap par elle deub au Roi à cause du mariage qu'elle a contracté avec Parceval de Billy, escuier, s. d'Y-vor. (Mondonv., VI, 673.)

397. 1484, 18 oct. — Noble et puiss. sgr Perce-val de Billy, éc., sgr d'Yvor, baron de Courville et de Prunai le Gillon, et dam^{lle} Louise de Vieux-pont, sa femme, ont reçu de noble dame Marg. d'Orgemont, dame de Montmorency, une oblig. de 200 liv. de rente faite à feu P. d'Orgemont, chev., par feu J. de Vieuxpont, chev. (Villev., XIV, 70 v.)

398. 1487. — Jean de Billy, (fils de Perceval et de Louise de Vieuxpont), est émancipé par son père. (*D. B.*, 8.)

399. 1487, 17 déc. — Perceval de Billy, s. de Courville, reçoit en foi Jehan, s. d'Illiers. (Mon-donv., III, 218.)

400. 1488, 4 juil., Paris. — Entre nobles per-sonnes Perceval de Billi, éc., sgr de Corville, et

Jean de B., éc., son frère, partage des biens à eux
échus par la mort de Jean de B., éc., sgr de Mauregard, leur père, et de ceux qui leur devaient
échoir de la succ. future de Marg. d'Orgemont,
leur mère ; Pichon et Satrin, not. (Maintenue du
27 oct. 1667. — *D. B.*, 8.)

401. 1488, 18 oct., Paris. — Contrat par lequel
noble h. Jean de Billi, éc., sgr de Gaux en Valois, et dᶫᶫᵉ Roberte du Sart de Germaincourt, sa
femme, échangent des héritages, qui appartenaient
aud. Jean par accord fait avec Perceval de B., éc.,
son frère, et ratifié par Marg. d'Orgemont, leur
mère, contre les fiefs d'Antilli et de Cuvergnon ;
Le Lièvre et Perrault, not. (Ibid.)

402. 1488, 4 d., Creil. — Testam. de P. d'Orgemont, chev., sgr de Chantilly ; Perceval de Billy,
éc., exécuteur ; Noël le Bel, not. (Villev., XIV,
70, v.

403. 1491, 17 août, Courville. — Perceval de
Billy, s. d'Yvort et de Courville, et Louise de
Vieuxpont, sa femme, assignent sa dot à Jeanne
Raoullet, fille de feu Claude R. et de lad. Louise
de V., sa femme en prem. noces, novice au monastère de la Virginité, de l'Ordre de Cîteaux, dioc.
du Mans, et à la veille d'être professe ; J. le Royer,
tab. (Visé dans l'acte du 28 déc. 1541.)

404. 1492, 10 f. — Jean de Billy, écuyer, s. de Gaune en Valois, d'Antilli et d'Yvor en partie (3ᵉ fils de Jean de B. et de Marg. d'Orgemont), fait foi et hommage à Louis, duc d'Orléans et de Valois, à cause de ses fiefs de Gaune et Antilli. (D'Hozier, *Billy*, p. 8.)

405. 1494. — Charles de Billy, fils d'Antoine, s. de Mauregard, et de Pétronille de Villiers de l'Isle-Adam, est élu abbé de Sᵗ-Faron. (*Gall. christ.*, VIII, 1696.)

406. 1495, 30 s. — Foi et homm. lige à l'abbé de Sᵗ-Florent de Saumur par noble femme Françoise de Billé, pour raison de son fief d'Aigremont qui avait appartenu à feu René de Billé, et auparavant à feu Robert de Beaumanoir, éc. (Villev., XIV, 65 v.)

407. 1496. — Statuts de Meaux ; assemblée du bailliage ; présents : « Rév. P. en Dieu Frère Charles de Billy, abbé de S-Faron-lès-Meaulx. Et pour l'Estat commun : J. de Montion, praticien, J. Mauroy, J. Héron... » (Rymer, XII, 618-619.)

408. 1496. — Aveu du fief de Marpalu (Anjou) par Jeanne de Champdemanche, veuve de Jean de Billy, éc., sgr de Billy et d'Argentré. (*P. O.*, Marpalu, 2.)

409. 1496, 18 fév. — Acte de réception en foi fait par noble h^e Perceval de Billy, s. d'Yvort, Courville et Prunay, pour raison de la prevosté de Courville, acquise par lui de G. de Vieuxpont, éc., s. de Mauny. (Mondonv., VI, 667.)

410. 1499. — François de Billy, baron de Courville et d'Ivort, époux de Marie de Beaumanoir (fille de Jean, baron de Lavardin, et d'Hélène de Villeblanche), dont, entre autres enfants : Louis de Billy, baron de Courville et d'Ivort, enseigne des gendarmes du connétable de Montmorency, et époux de Félice de Rosny (fille de Lancelot, sgr de Brunelle, et de Marie Aubry, dame du Radret), dont : 1º Denise, femme de Claude de Brie, capitaine de 50 h. d'armes ; 2º Françoise, femme de Théodore, sgr des Ligneris, cap. de 50 h. d'armes ; 3º Marie, femme de J. de Nicolaï, prem. président en la ch. des comptes de Paris. (La Chenaye, II, 517.)

411. 1501. — Partage entre les 9 enfants de feu Jehan de Billy, s. d'Antilly. (*D. B.*, 9.)

412. 1501, 6 jan. — Réforme de la règle de l'abb. de St-Martin des Champs, présents... Symon le Lieure, cellerier, Fr. Cygongne, Robert de Billy, Denys Pocquelin, prêtres et profès. (Mondonv., X, 727.)

413. 1501, 18 d., Acy-en-Mulcien. — Transaction entre nobles h. Philippe de Billi, éc., s. d'Antilli, et G. de Poisieux, éc., mari de Charlotte de B., sur le partage des biens de feu d^lle Roberte de Germaincourt, leur mère, prem. femme de feu Jean de B., éc., s. d'Antilli en Valois; Saulnier, not. (Maintenue du 27 oct. 1667.)

414. 1501-20, Provins. — Charlotte de Billy (fille de Jean, s. d'Antilly, et de Roberte du Sart de Germaincourt), femme de G^e de Poisieux, éc. (*D. B.*, 10.)

415. 1503. — « Isabeau, sœur de G^e Poignant, mary [défunt] de Claudine, fille de Parceval de Billy. » (Mondonv., VII, 204, 354.)

416. 1503, à Salles en Milanais. — Compagnie d'ord^ce de M. de Miolans : Claude de Billy, archer. (*Montres*, XX, 54.)

417. 1503, 2 f. — Hommage des terres de Failloüel, Ferrières, etc., par Antoine de Billy, sg^r de Mauregard, comme tuteur de Méry d'Orgemont. Il « fut aussi tuteur avec Artus de Vaudray, s. de Moy, des enfants de G. Brouillard, s. de Lizy. » (P. Anselme, II, 119.)

418. 1503, 23 d., Paris. — « Pour honneur et

reverance de la prouchaine solénnelle feste de la
glorieuse nativité de nostre saulveur et redemp-
teur Jhesus Christ, la court remect et pardonne à
Bertrand de Billy, prisonnier ou chastellet de Paris, l'omicide par luy commis en la personne de
feu Mychau de la Nuyt, avec toute peine et
ofense corporelle, criminelle et civille.... Fait en
parlement le 23ᵉ jour de déc. l'an 1503. » (*P. O.*,
Billy, *36.*)

419. 1504, 10 f., Paris. — J. de la Nuyt, père
de feu Michault de la N., tué par Bertrand de
Billy, renonce à tous intérêts moyennant que led.
Bertrand lui versera 7 francs et fera dire 4 messes
pour l'âme du défunt. (Ibid., *37.*)

420. 1504, 14 mars. — Jean de Billy, clerc,
fait profession au monast. de Sᵗ-Faron. (*Gall.
christ.*, VIII, 1696.)

421. 1504, 16 mars. — Bail à ferme par Claudine de Billy, fille de feu noble hᵉ Perceval de B.,
s, de Courville, veuve de noble hᵉ Gᵉ Poignant,
s. de Duneau. (Mondonv., VI, 355, 478.)

422. 1505, 17 juil., Chartres. — Aveu par J.
Babou, mᵈ et bourgeois de Chartres, à noble hᵉ
Parceval de Billy, s. d'Yvort, Courville et Prunay.
(Ibid., 378.)

423. 1506, 11 juill., Troyes. — Contrat de mar. de J. de Condé, éc., s. de Chanteraine, avec Anne de Billy, fille de Perceval, chev., s. de Courville et d'Yvor, et de Louise de Vieuxpont. (P. Anselme, II, 125. — *D. B.*, 8.)

424. 1506, 7 août. — Aveu par J. Sachet à noble damoiselle Loïse de Vieuxpont, veuve de noble et puiss. sgr Perceval de Billy, éc., s. d'Yvort, baron de Courville et de Prunay. (Mondonv., VI, 365.)

425. 1507. — Décès de Perceval de Billy, s. de Courville, Yvor et Mauregard. (*D. B.*, 8.)

426. 1507, 1er juin, Courville. — Partage entre Louis, s. de Prunay, François, s. de Courville, Charlotte et Claudine de Billy, frères et sœurs, enf. de feu Perceval de B. — J. Hermier, tab. (*Anc. généalogie.*)

427. 1507, 23 août, Courville. — Vente d'un muid de blé de rente ann. par damoiselle Loyse de Vielpont, dame de Courville, à J. Laisné, maire de Houdoüer; J. le Royer, tab. (Visé dans l'acte du 28 déc. 1541.)

428. 1507, prieuré du Temple, Paris. — « Cy gist noble et relligieuse personne frère Claude

d'Ancienville, chevalier de l'Ordre Monsieur
St-Jean de Hierusalem, en son vivant Grand
Prieur de France, lequel trespassa le 24ᵉ jour d'octobre 1507. Priez Dieu pour luy ! » (*Épitaph. des
égl. de Paris*, III, 504 ; écu écartelé, aux 1 et 4,
de g. à 3 marteaux d'or ; aux 2 et 3, de g. à la
bande échiq. d'or et d'azur, accostée de 2 lions
d'or ; accolé d'un écu de g. à la croix d'argent.)

429. 1508, 19 janv., St-Quentin. — « Contrat
de mar. de Loys de Billi, esc., s. de Mauregard,
fils aîné d'Antoine et de Germaine de la Grange,
avec Philippe de Caulaincourt, fille de Jehan, esc.,
s. de Belenglise, et de dᵘᵉ Jehanne le Vassor ; J.
Grai et Simon de Guiencourt, not. » (*D. B.*, 48. —
Nouv. d'Hozier, 4.)

430. 1508, 7 mars, assises du baill. de Chartres :
« Damᵘᵉ Loïse de Vielzpont, vefve feu Parceval de
Billy, dame de Courville », présente à la rédaction
des Coutumes de Chartres. (Mondonv., VI, 693.
— (*D. B.*, 8.)

431. 1509. — Hutin de Sarcus, Ysambert de
Boufflers, Pierre de Billy, etc., archers dans la
comp. d'ordonn. de Mgr de Piennes, chev. (*Montres*, XXI, 125.)

432. — 1509, 29 s., Illiers. — Contrat de mar.

entre J. de Gaston, fils aîné de messire Georges de G., s. de Bellefontaine, et dam^lle Charlotte de Billy, fille de mess. Perceval de B. et de d^lle Louise de Vieuxpont, et sœur de François et Louis de B.; Guillemart, tab. (Visé dans l'acte du 28 déc. 1541.)

433. 1510, 6 jan., Milan. — J.-J. Trivulzio, marquis de Vigenne, Maréchal de France, commet Jean d'Ancienville, chev., s. de Villers, à passer « les monstres et reveues des gens de guerre des Ord. du Roy nostre sire estans de çà les montz ». (*P. O.*, d. 1202, p. 6.)

434. 1519, 18 juil. — Louis, fils de déf. noble h^e Perceval de Billy de Courville, reçoit la tonsure en l'abb. de St-Chéron. (Mondonv., I, 85.)

435. 1511. — Aveu au Roi pour le fief de Crossay par Loïs de Billy, éc., s. de Prunay. (Id., V, 294.)

436. 1511, 30 av., Courville. — Vente, pour 300 liv. t^s, du péage et travers du pont Tranchefesse, par Loyse de Vieulxpond, d^e de Courville, à Georges de Gaston, s. de Bellefontaine; J. Guyard, tab. (Visé dans l'acte du 28 déc. 1541.)

437. 1512. — Jean de Billy, chevalier de St-Jean de Jérusalem. (*Nouv. d'Hozier, 3.*)

438. 1513, 24 août. — Antoine de Billy, éc., s. de Mauregard, et Germaine de la Grange, sa femme, aumônent aux Célestins de Paris le droit que ces religieux avaient accordé, le 11 mai 1446, à feu Jean de B., père dud. Antoine. (*Carrés*, t. 95, p. 37 — *D. B.*, 49.)

439. 1513, 7 n. — « Hommage de l'Hostel messire Adam à noble he Louis de Billy, éc., s. de Mauregard, par J. Piédefer, éc., s. d'Espiais. » (*D. B.*, 49.)

440. 1514. — « Charlotte de Billy, (fille d'Antoine et de Germaine de la Grange), femme de Tristan de Ballüe, s. de Baudeville. » (*Nouv. d'Hozier*, 4.)

441. 1515. — François de Billy, baron de Courville, Yvor, Vaujoly et Mauny, maistre des eaux et forests du duché de Valois. (*D. B.*, 8.)

442. 1515, 21 mars, Rochefort. — « Partage de la succ. de n. h. Anthoine de Billy, s. de Mauregard, et de Germaine de la Grange, sa femme, entre n. h. Louis de B., éc., s. de Mauregard en France, Jeanne de B., dame de Cormeilles, Charlotte de B., dame de Bandeville, et Charles de B., éc., leurs enfans ; Hug. Belleaue, tab. » (*D. B.*, 49. — *Nouv. d'Hozier*, 4.)

443. 1516, 11 av., Chartres. — Transaction entre Laurens de Languedoüe, éc., s. de Chavannes et de Gaudryt, époux de Claudine de Billy, veuve en p. n. de Gᵉ Poignant, et P. le Boulleur, éc., s. de Montgaudry. (Mondonv., VI, 360.)

444. 1517, 2 mai. — François de Billy, chev., fait hommage au Roi pour ses terres de Courville et d'Yvor. (D'Hozier, *Billy*, 6.)

445. 1517, 14 juin. — Aveu de la seign. de Villechesne par Fr. de Languedoüe, éc., à Louis de Billy, éc., s. de Cressay. (Mondonv., VI, 102.)

446. 1517, août. — Charles de Billy, abbé de Sᵗ-Faron, résigne et devient abbé de Ferrières, dioc. de Poitiers. (*Gall. christ.*, VIII, 1697.)

447. 1518. — Philippe de Billy, s. d'Antilly, (fils aîné de Jean et de Roberte du Sart), transige avec sa sœur Suzanne, femme de P. Rohaut, lieut. du prévôt de Beaumont-sur-Oise. (*D. B., 10.*)

448. 1518, 23 f., Paris. — Accord entre Louis de Billy, éc., s. de Mauregard, Jean de B., chev. de l'ordre de Sᵗ-Jean de Jérusalem, Jeanne de B., femme de Hue de Dampont, éc., s. de Cormeilles en Vexin, Charlotte de B., veuve de Tristan de Balu, éc., s. de Bandeville, et Charles de Billy,

éc., sur les différends qu'il avoient pour le paie-
ment des arrér. d'une rente qui avoit été vendue
par feu Michel de la Grange, leur ayeul mat., aux
prédéces. de J. de Villiers, leur cousin, éc.; Sénéchal et Perault, not. (*D. B.*, 48-49.)

449. 1518, 25 av., Chartres. — M⁰ Christo-
fle de Herouard et Jehanne le Beau, sa femme,
reçoivent de Messire François de Billy 200 liv. tˢ
en amortiss. d'une rente de 2 muids de blé en
laquelle Loyse de Vielpont, dame de Courville,
s'était obligée envers eux (Pinson, tab. à Chartres), le 23 av. 1515; Rob. Sorel, tab. (Visé dans
l'acte du 28 déc. 1541.)

450. 1519. — Transaction entre Fr. de Beaumanoir, sgr de Lavardin, et dame Marie de B., sa
sœur, femme de Louis de Billy, chev., sgr et baron de Courville, par laquelle led. François
baille à sad. sœur, pour son droit en la succ. de
leur feu père, la terre et seign. de Beauchesne.
(Mondonv., VI, 9, 43.)

451. 1519. — Naiss. de Jean, fils de Jean de
Billy et de Cath. de la Reinville. (*Nouv. d'Hozier*,
4.)

452. 1519. — Jean de Billy de Mauregard,
chev. de Sᵗ-Jean de Jérusalem. (d'Hozier, *Billy*, 2.)

453. 1519, 7 n., Chartres. — Sentence du bailliage condamnant François de Billy, chev., sgr de Courville, ayant repris le procès au lieu de feu dam^lle Louise de Vieuxpont, sa mère, à payer les arrér. d'une rente de 6 liv. t^s à la fabrique de St-Martin de Chartres. (Visé dans l'acte du 28 déc. 1541.)

454. 1520. — Philippe de Billy, s. d'Antilly, (fils aîné de Jean et de Roberte du Sart, transige avec sa sœur Charlotte, femme de G^e de Poisieux. (*D. B.*, 10.)

455. V. 1520. — « Hugues de Billy, religieux O. B., infirmier de St-Denis en France, abbé de St-Léger de Soissons, résigna ces deux bénéfices à Renaud et François de Dampont, ses neveux. » (*Nouv. d'Hozier,* 3.)

456. 1521. — « Jeanne de Billy, dame de Domont, veuve de Hue de Dampont, s. de Cormeilles en Vexin. » (Ibid., 4.)

457. 1522, 10 mars, Châteauneuf. — Georges de Gaston remet, moy^t 300 liv. t^s, le péage du pont de Tranchefesse à François de Billy, sgr de Courville, fils aîné et princ. héritier de Louise de Vieulxpont, d^e de Courville ; Rob. Lochebeau, tab. (Visé dans l'acte du 28 déc. 1541.)

458. 1522, 13 mars, Pontoise. — Louis de Billy, éc., sgr de Mauregart, présent au contrat de mar. de J. de Sailly, éc., s. de Sailly, avec Fr. de Dampont, fille de Hue, éc., s. de Cormeilles, et de Louise de B., sœur dud. Louis. (Mondonv., II, 170 v.)

459. 1522, oct., Hesdin. — François Ier nomme Louis de Billy, éc., s. de Courville, à l'office de capitaine et gouv. des villes et chastel de Guise, « vaccant par le trespas du feu s[r] de Proisy ». (A. N., J J. 223, fol. 17.)

460. 1523, 12 n. — Procuration, par noble h[e] Fr. de Meaulce, s. de Fresnay, en faveur de d[lle] Charlotte de Billy, sa femme. (Mondonv., VI, 314.)

461. 1523, 28 d. — Transaction entre d[lle] Cath. des Vaulx et Claude de Morainville, éc., s. de Guillerville, pour et au nom des enf. mineurs de feu Gervais de M., s. de Poupery, et de Jeanne des Fiefs, sa prem. femme, — et Charlotte de Billy, veuve dud. Gervais, pour raison des meubles appart. aud. défunt. (Ibid., 127.)

462. 1524. — Montre de la comp. d'Ordonn. du comte de Guise, gouv. de Champ. et de Brie. *Hommes d'armes* : P. de Choiseul, Lois de Bailly,

6.

Fr. de Choiseul, Jacq. de Riencourt, Ant. de Choiseul, etc. (*Tit. scell.*, LXVII, 5171.)

463. — « Odart du Roux espousa Jeanne de Languedoc, fille de Laurent de L., sgr de Gaudigny, et sa mère estoit Claude de Billy, native de la maison de Courville au dioc. de Chartres, et fille de Parceval de B. et de Louyse de Vieuxpont, sgr et dame Dyvert et Courville et Despernay le Gillon. Ladite Claude de B. est enterrée en l'église d'Egry, près son dit mary Laurent de L., qui trespassa 1524, et près de puiss. sgr G⁰ de Beaune, surnommé Rolant, qui deceda l'an 1331... Les armes de ceste maison de Billy sont d'argent, 2 bandes de gueule et 8 coquilles noires ». (Dom Morin, *Hist. du Gastinois*, I, 123-124, publ. par H. Laurent, qui, p. 195 du tome III, reproduit ce blason, en ajoutant : «... mais presque tous les généalogistes, donnent les armes suivantes : vairé d'or et d'azur à 2 fasces de gueules ».)

464. 1524, 10 n., Illiers. — Vente d'un muid de blé de rente par M⁰ Est. Laisné à François de Billy, chev. ; Bourgeois, not. (Visé dans l'acte du 28 déc. 1541.)

465. 1525. — « Cy gist R. P. en Dieu messire Charles de Billi, Abbé de ceans, natif de Mauregard, lequel trespassa le XXVII⁰ janvier

MDXXIV. » (Tombe en l'égl. abbat. de St-Faron, chapelle de Ste-Croix. — *Nouv. d'Hozier*, 5 v. — *Gall. Christ.*, VIII, 1697.)

466. 1525, 13 oct., La Ferté-Milon. — Quitt. de 300 liv. ts (pour le rachat de 20 l. ts de rente) souscrite au profit de Mess. François de Billy par J. de Condé, s. de Chantereine, « comme ayant la garde de noble de Guillemyn de Condé et aultres enffans myneurs de luy et de déf. Anne de Billy, sa femme, fille de deffuncts Perceval de B. et Loyse de Vieuxpont » ; J. Cognault et P. Jolly, not. (Visé dans l'acte du 28 déc. 1541.)

467. 1526, avril, Bordeaux. — François Ier accorde des lettres de rémission à Louis de Billy, éc., s. de Courville et de Mézières-sur-Oise, gouv. de Guise, âgé de 30 ans, qui avait repris de force six de ses soldats mis aux fers « en une basse fosse » par le procureur du Roi à Ribemont. Il est noté que Louis de B., assiégé plusieurs fois à Guise, avait « repoulsé les ennemys à leur perte et confusion ». (A. N., J J. 223, fol. 17.)

468. — Louis de Billy, sgr de Prunay-le-Gillon et de Vertron, gouverneur de Guise, lieutenant des gendarmes du maréchal de Brissac, eut de son alliance avec Marie de Brichanteau-Nangis : 1º Claude ; 2º Jean, prieur de la Chartreuse de

Gaillon ; 3° Jacques, abbé de St-Michel-en-l'Herm
et de N.-D. de Ré, « un des plus doctes de son
temps » ; 4° Geoffroy, succ{t} grand-prieur de l'abb.
de St-Denis, abbé de St-Vincent et de St-Jean
d'Amiens, évêque et duc de Laon, pair de France;
5° Louis, s. de Vertron ; 6° Jeanne ; 7° Marguerite,
abbesse de Provins; 8° et 9° Yolande et Geneviève,
religieuses. (La Chenaye, II, 517-518.)

469. 1526, 11 n., Courville. — Vente de 3 mi-
nots de terre par Mat. Brisset à François de Billy,
chev., s. de Courville. (Visé dans l'acte du 28 d.
1541.)

470. 1527, 9 av., Paris. — Déclar. notariée de
laquelle appert que noble dame Charlotte de Billy,
veuve de Gervais de Morainville, éc., s. de Poupery, avait 80 liv. de rente, par contrat de mar.,
sur la terre et seign. de Vierville. (Mondonv., VI,
126.)

471. 1527, 17 s. — Foi et homm. par G. Au-
dran à noble h{e} Loïs de Billy, s. de Prunay le
Gillon, gouv{r} du comté de Guise. (Ibid., 262.)

472. 1528, 17 s., Courville. — Vente de la terre
de Bethancourt par Ch. et J. de Crassay à Messire
François de Billy, pour le prix de 320 liv. t{s}; Ar-
ron, tab. (Visé dans l'acte du 28 déc. 1541.)

473. 1528, 30 s. — Antoine d'Ancienville, sgr de Villiers, « vallet trenchant ord. du Roy »; quitt. de 400 l. ^{ts} pour ses gages de lad. année. (*P. O.*, d. 1202, p. 1.)

474. 1530, 4 fév. — Procur^n d'Adr. le Morhier, éc., pour foi et homm. à François de Billy, chev., s. de Courville. (Mondonv., VI, 257.)

475. 1530, 15 fév. — Hommage de la châtell. et baronnie de Courville par François de Billy, chev., à Renée de France, duchesse de Ferrare et de Chartres. (Id., V, 553.)

476. 1530, 27 juil., Courville. — Reprise féodale par François dè Billy, chev., s. de Courville, du fief de la Chauvelle vendu, le 29 juin 1529 (Sauvaige, tab. de Chasteauneuf), à Adr. de Gallot, s. de Fontaine-la-Guyon, par Adr. le Molyer, s. de Soullares, et J. de St-Aulbin, s. de Blanville, époux de Jeanne le Molyer; J. le Royer, tab. (Visé dans l'acte du 28 déc. 1541.)

477. 1530, 10 s., Courville. — Bail à rente d'un septier de terre, assis au terröuer des Buttes, par G. Troulliard et Jehanne Mollyer, sa femme, à François de Billy, chev., s. de Courville; N. de Bans, not. — Vente au même par les mêmes d'une mine de blé; J. le Royer, tab. (Ibid.)

478. 1531. — Philippe de Billy, éc., s. d'Antilly, assiste à la rédaction des Coutumes du Valois. (*D. B.*, 10.)

479. 1531. — Pierre-Philippe de Billy, chevalier de St-Jean de Jérusalem. (Vertot.)

480. 1531-86. — « Antoine de Billi, éc., sgr de Beaulieu et de Mauregard en partie en 1531 et 1581, eut un fils naturel nommé Antoine de B., marié le 2 mai 1586 avec Louise de Lestaudin, fille de Jean, éc., s. de Liméra, et de Françoise de Marcelot. » (D'Hozier, *Billy*, p. 3.)

481. 1531, 24 mai, Paris. — Partage entre « noble h° et saige Me J. Juvenel des Ursins, sgr de Roissy en France », et hon. h^e Gervais Larcher, M^d drapier et b^s de Paris, de 76 arp. de terre « ès terrouers dud. Roissy, Mauregard et Tramblay, qui jadiz furent à feux Mre Rigault de Puyseulx, chev., depuis à Jehan de Billy, à Jaques de Chambly, à Denis Boullart et dam^lle Nicole de Chambly, sa femme »; Dunesmes, Boisselet, not. (A. N., T. 269⁴.)

482. 1531, 5 d., Pithiviers. — « Contrat de mar. entre noble h^e Jean de Billy, éc., fils aisné de n. h. Louis de B., éc., s. de Mauregard, et de d^lle Filipe de Caulaincourt, et d^lle Claude de la Rainville, fille unique de n. h. Guillaume, éc., s. de Montguignard, et de d^{lle} Anthoinette d'Eschelles, sa veuve. Mention que led. Louis de B. avoit, outre led. Jean de B., d'autres enfans, savoir Antoine, Charles, Florens, Jehanne, Galéas et Magdelaine de Billi ; Roussille, not. » (*D. B.*, 48.)

483. 1532. — Philippe de Caulaincourt, veuve de Louis de Billy, s. de Mauregard. (*Nouv. d'Hozier*, 4.)

484. 1532, 27 av. — Frère Hugues de Billy, religieux de St-Denis, résigne le prieuré-cure de Courville. (Mondonv., I, 114 v., 156 r.)

485. 1532, 20 juin. — Réception par Loys de Billy, esc., sgr de Mauregard en France, de l'hommage « du fief et hostel seigneurial appellé l'ostel messire Adam », sis à Espiès, à lui fait par Michel de Champront, esc., s. d'Espiès ; présent n. h. Jean de Billy. (Arch. de M. de Billy, orig. parch.)

486. 1533, 16 jan., Courville. — Vente de la moitié par indivis d'une place de maison devant le chastel de Courville, par Jehanne, veuve de Macé Launay, à François de Billy, chev., s. de Courville ; Percheron, tab. (Visé dans l'acte du 28 déc. 1541.)

487. 1533, 4 f., Mauregard. — « Noble d^lle Filipe de Caulaincourt, femme (veuve ?) de noble h^e Louis de Billi, éc., s. de Mauregard, ratifie le contract de mariage qui avoit esté faict le 5e déc. 1531 entre n. h. Jean de B., son fils, et noble d^lle Claude de la Rainville ; J. Pelletier, tab. » (*D. B.*, 48.)

488. 1533, 3 mars, Chartres. — Dimissoire pour donner la tonsure cléricale à Annet, fils de noble h^e François de Billy, sgr de Courville. (Mondonv., I, 143.)

489. 1533, 19 juil., Courville. — Vente d' « ung creulx de maison » par Me Aubert Saumotte, prêtre, à François de Billy, chev., s. de Courville ; Percheron, tab. (Visé dans l'acte du 28 déc. 1541.)

490. 1534. — « François de Billy, baron de Courville, maistre des eaux et fores du duché de Valois, reçoit de François Ier une pension de 450 l. — Gist à St-Nicolas de Courville, avec Marie de Beaumanoir, sa femme. » (*D. B.*, 8.)

491. 1535, Guise. — Naiss. de Jacques, fils de Louis de Billy, gouv^r de Guise, et de Marie de Brichanteau. (*D. B.*, 58.)

492. 1535. — Alain de Billy, curé d'Oulins, près Anet. (*Ann. d'Eure-et-Loir*, 1863, p. 314.)

493. 1535, 13 mars. — Est tonsuré, en la chapelle du château de Pontgouin, Louis, fils de noble hᵉ François de Billy et de dame Marie, sa femme, de Courville. (Mondonv., I, 249.)

494. 1535-1566. — Jean de Billy de Prunay, de la noblesse du Chartrain, mais né à Guise, dont Louis de B., son père, était gouverneur, était abbé de Sᵗ-Michel en l'Erm, de Sᵗ-Léonard-de-Ferrières et de N.-D. des Chasteliers en 1535. Il résigna en 1566 pour se faire chartreux. (*Gall. Christ.*, II, 1421.)

495. 1537. — « La tour de Billy, près l'Arsenal de Paris, qui fut ruinée par le tonnerre le 19 juillet 1537, et toutes les poudres, canons et machines de guerre dont elle étoit la retraite et magasin, furent brulés, fondus et entièrement dissipés. Cette tour avoit esté fondée et construite par un homme puissant de la ville de Paris, lequel estoit de race noble, et probablement de celle de Billy, dont la tour portoit le nom.» (Anc. généalogie.) « Ceulx de Billy sortiz de Flandres : celuy qui à présent est gouverneur du pays d'Artoys porte le nom et les armes de Billy. Ses filles ont espouzé le marquis de Spinola et l'Admiral d'Espagne. Le seigneur de la ville de Fondy, au royaulme de Naples, porte le nom et armes ; le marquis de la Serignolle, aud. Naples, les porte aussi. Françoys de Billy, comte de Chastillon, a faict jadis bastir la tour de Billy, à présent appellée la tour de la Haye. Une tour qui tient aux murailles de Puizeaulx en Gastinoys s'appelle de Billy. Le seigneur de Piedefour (Piffou ?) en Poictou portoyt le nom et les armes de Billy, ce qui luy fut défendu par arrest, et prist celuy de Chasteaubriand. » (Mondonv., VI, 793. — Cf. ci-dess. le n° 200.)

496. 1537, 7 s. — Hommage du fief de Mercadé au Roi par Philippe de Billy, éc., s. d'Antilly, époux de Marg^te de Marconville. (*D. B.*, 10.)

497. 1538, 2 fév. — Aveu du fief de Marpalu (Anjou) par Rob. du Bourg, éc., époux d'Isabeau de Montagu, fille de Colas et de Jeanne de Billi. (*P. O.*, Marpalu, 2.)

498. 1538, 14 f., Etampes. — Contrat de mar. de noble h^e Oudart du Roux, s. de Tachy et Gratelou en Brie, fils de déf. J. du Roux, s. de Sigy, et de déf. damoiselle Cath. de Brichanteau, avec damoiselle Jeanne de Languedoue, fille de déf. noble h° Laurent de L., s. de Godigny, et de déf. damoiselle Claude de Billy; présent, noble h^e Louis de Billy, s. de Prunay, oncle de la fut. épouse. — Guy et Aquart, not. (*P. O.*, d. 5737¹, p. 77.)

499. 1538, 6 juil., Chartres. — Offres de foi

et homm. par G. Germain à Louis de Billy, chev.,
s. de Prunay et de Crossay. (Mondonv., VI, 562.)

500. 1539, 25 jan., Chartres. — Procur. de
Louis de Billy, chev., s. de Prunay et de Crossay,
pour élire un curateur aux enf. mineurs de feu
François de B., chev., s. et baron de Courville.
(Ibid., 565.)

501. 1540. — Marie de Beaumanoir-Lavardin,
veuve de François de Billy, baron de Courville.
(*D. B.*, 8.)

502. 1540, 2 oct.— Déclaration au Roy par Marie
de Beaumanoir, veuve de haut et puiss. sgr Françoys de Billy, chev., sieur et baron de Courville,
pour lad. baronnie, échue à Loïs de Billy, chev.,
avec les sgries de Prunay le Gillon et Crossay ; la
terre et s. de la Haye, échue à Laurens de Languedoüe, éc., et Claudine de Billy, sa femme ; la seign.
de Vaujolie, Escuré et le Pommelays, échue à
Fr. de Meausse, éc., et Charlotte de B., sa femme.
(Mondonv., III, 295 ; V, 391, 510.)

503. V. 1540. — Aveu au Roi pour le fief de
Vaujoly, en Courville, par dam^lle Charlotte de
Billy. (Id., V, 342.)

504. 1540-1576. — « Antoine de Billy, (2° fils

de Louis et de Philippe de Caulaincourt), conseiller clerc au parl[t] de Paris, 2ut trois bâtards de
Guillemette Potelet, dont un marié à Orléans, à
qui il donna 6.000 l. en 1576 : 1° Florent; 2° Antoine ; 3° Margueritte. » (*Nouv. d'Hozier*, 4.)

505. 1541, 1er fév. — Contrat de mar. de P. de
Noüe. éc., s. du Plessis-au-Bois., avec Denise de
Billy, fille de François, baron de Courville, et de
Marie de Beaumanoir. (P. Anselme, II, 125. —
D.B., 8.)

506. 1541, 6 av. — Offres de foi et homm. pour
le fief de la Lance, par J. de Sainte-Marie, l'un des
cent gentilsh. de la Maison du Roi, et Jacqueline
du Bec, sa femme, à noble et puiss. dame, dame
Marie de Beaumanoir, veuve de n. et p. sgr François de Billy, chev., sgr et baron de Courville.
(Mondonv., VI, 560.)

507. 1541, 28 d., Chartres. — « Ensuict la déclar[n] des lettres des conquestz faictz par feu mess.
François de Billy, chevalier et sgr de Courville,
durant le mariage de luy et de dame Marye de Beaumanoir, son expouse, exibées le mercredi 28e jour
de déc. l'an 1541 par la d. dame à M[r] d'Esguilly par
devant Mr Herouard, lieut. du baill. de Chartres. »
(Arch. de M. de Billy, ms. orig. de 24 p.)

508. 1542. — Naiss. de Louis, fils aîné de Jean

Pl. V.

JEAN DE BILLY,
1380.

GAUTIER DE BILLY
1383 - 1388.

JEAN DE BILLY
1390

JEAN DE BILLY
1398

Fac-simile Geoffray

de Billy et de Cath. de la Reinville. *(Nouv. d'Ho-*
ʒier, 4.)

509. 1543, 13 av. — Traité de mariage entre
Philippe de Billi et Louise de Troyes. (Sentence
du 9 mars 1551.)

510. 1543-1551. — « Noble h[e] Philipes de Billi,
éc., sgr du fief d'Antilli (appellé le fief de la Tour
Marcadé), épousa en prem. nôces d[lle] Marguerite
de Marcouville, et en secondes, le 13 av. 1543, d[lle]
Louise de Troyes, fille de Jean, éc., s. de Loyen,
et il mourut avant le 9 mars 1550. » (D'Hozier,
Billy, p. 8.)

511. 1545, 22 jan. — Marie de Beaumanoir,
veuve de François de Billy, chev., baron de Courville ; acte de tutelle de leurs enf. mineurs. (Mondonv., VI, 44.)

512. 1545, 7 av., Crépy-en-Valois. — Contrat
de mar. de Louis de Noël, éc., s. des Conardins et
de Moussy. avec Claudine de Billy, fille de Philippe, s. d'Antilly, et de Marg. de Marcouville.
(*D. B.,* 10.)

513. 1545, 18 juin, Mauregard. — Transaction
sur partage entre Jean de Billy, sgr de Mauregard,
Montguignard, etc., avec Florent et Galois de B.,

7

ses frères ; J. Pelletier, tab. (P. Anselme, II, 120.
— *Anc. généal.*)

514. 1546, août. — Noble dame Marie de Beaumanoir, veuve de François de Billy, chev., baron
de Courville, et ayant la garde noble de son fils
Louis, confère à Auger Bonnefoy, prêtre, la chapelle de l'hôpital des Sts Gilles et Loup de Courville. (Mondonv., I, 268.)

515. 1547, 17 oct. — « Louis et Raoul, natifs de
Prunay le Gillon, fils de noble h^o Louis de Billy,
chev., s. de Prunay, et de dame Marie, sa femme. »
(Ibid., 271.)

516. 1547, 1er d., Chartres. — Bapt. de Suzanne
du Boys ; marr., d^lle Charlotte de Billi, femme du
sgr de Fresnay. (Archiv. de Chartres, E. 3. 3.)

517. 1549, 7 juin. — Sentence pour dame Marie de Beaumanoir, veuve de messire François de
Billy. (Mondonv., IV, 415.)

518. 1550. — Charles de Billy, homme d'armes
de la comp. du sgr de la Rochepot. (D'Hozier,
Billy, p. 5.)

519. V. 1550. — « Jacquette de Billy, abbesse
de St-Remi, près Senlis. » (Melleville, I, 115.)

520. 1551. — Louis de Noël, éc., curateur de Louise de Billy, sa belle-sœur. (*D. B.*, 10.)

521. 1551, 9 mars. — Sentence du bailli de Valois condamnant nobles Fiacre et Gilbert de Billi, s. d'Antilli, et Louise de B., leur sœur, fille min. de feu Philippe de B. et de Marg. de Marconville, à payer à Charles de B., fils mineur dud. déf. Philippe et de d^{lle} Louise de Troyes, des arrér. de rente, due en conséq. du traité de mariage fait le 13 av. 1543 entre lesd. Philippe et Louise de Troyes. (Maintenue du 27 oct. 1667.)

522. 1551, 4 av. — Procédures entre n. h. Loys de Billy, esc., sgr de Mauregard, et Marg. Jossellin, veuve P. Briçonnet, esc., s. de Cormes, au sujet de l'hommage du « fief Jehan de Billy ». (Arch. de M. de Billy, orig. pap.)

523. 1551, 25 juin, justice de Thoury. — Sentence en faveur de Fiacre de Billy, éc., s. d'Antilly, de Gilbert, son frère, de Claudine, Louise et Marguerite, leurs sœurs, contre Fiacre Hubert et autres. (P. Anselme, II, 127.)

524. 1551, 29 juil., Chartres. — Transaction pour raison de la succ. de défunts P. de Rohault, s. de Berent, et Suzanne de Billy, sa femme. (Mondonv., VI, 591.)

525. 1551, 1er sept., Paris (St-André-des-Arcs). — Louis de Billy, md drapier, parrain de Claude Billard ; marr., Claude de Vaulx, femme de P. de Lassus, md. (Clairamb., t. 987, p. 57.)

526. 1551, 16 s. — Aveu au Chapitre de Chartres par noble sgr mess. Louis de Billy, chev., s. de Prunay et de Crossay, pour raison d'un muid de terre au terroir de Bouville et tenu en fief dud. chapitre. (Mondonv., VI, 591.)

527. V. 1551. — Marguerite de Billy (fille de feu Philippe et de Marg. de Marcouville), abbesse de St-Remi-lez-Senlis. (D'Hozier, *Billy*, p. 8.)

528. 1552. — Fiacre de Billy, éc., s. d'Antilly, (fils aîné de Philippe et de Marg. de Marconville), acquiert un surcens de 8 septiers de blé sur P. Bontemps, laboureur. (*D. B.*, 10.)

529. 1552, 8 juil. — Foi et homm. au Roi par Loïs de Billy, chev., s. de Prunay le Gillon, pour les fief et métaierie de Gerainvilliers, acquis de Fr. de Vendôme, vidame de Chartres. (Mondonv., V, 555.)

530. 1552, 22 déc., Paris. — Inhum. à St-André-des-Arcs de Colette Bolenger, femme de Louis de Billy, md drapier (Clairamb., t. 987, p. 64.)

531. 1553. — Loïs de Billy, chev., sgr de Prunay et de Crossay, commis par le Roi à faire les revues de ses gens d'armes. (*P. O.*, d. 32409, p. 25.)

532. 1553. — Lancelot de Billy, page du roi Henri II. (La Chenaye, II, 516.)

533. 1553, 28 av., Crennes. — Montre de la comp. d'ordonn. de Mr de Langey, chev. *Hommes d'armes* : Georges et J. de Boisguyon, Rob. d'Yvetot, Germain d'Anthenaise, etc. *Archers* : Jacq. de Gauville, Gilbert de Billy, Enguerrand de Coussy, Nic. Bourgoing, etc. (*Tit. scell.*, CXXI, 235.)

534. 1554, 16 juin, Montreuil-en-Bray. — Acte d'échange publié par « Loys de Billy, garde, pour le Roy nostre sire, du seel aux oblig. de la viconté de Monstereul en Bray ». (Arch. de M. de Billy, orig. parch.)

535. 1555. — Arr.-ban de Chartres : « Jehan de Billi ». (*Anc. généalogie.*)

536. 1555, 16 av., Maisoncelle. — Contrat de mar. de noble h^e Gilbert de Billy (fils de feu Philippe et de Marg. de Marcouville), éc., s. d'Antilly et de Cuvergnon, avec Marg. de Troyes, fille de Jean, éc., s. de Saint-Ouen, et d'Antoinette de Fleury du Buat; Perret, not. (d'Hozier, *Billy*, 8. — Lad. Antoinette était en 1583 veuve dud. Gilbert et remariée avec Jacq. le Cordier, éc. — Maint. du 27 oct. 1667.)

537. 1556, 17 jan. — Contrat de constit. de rente par Louis de Billy, éc., sieur et baron de Courville, et noble dame Françoise de Billy, sa sœur, femme de P. le Vavasseur, chev,. s. d'Esguilly. (Mondonv., VI, 284. — *D. B.*, 8.)

538. 1556, 12 fév. — Offres de foy et homm. au Roi, pour les terre, chastellenie et seign. de Prunay le Gillon, et pour la terre de Crossay, par R. P. en Dieu Jehan de Billy, abbé de St-Michel-en-Lair, fils aisné et princ. hér. de déf. mess. Loïs de Billy, chev., s. desd. lieux et de Gellainvilliers, et de dame Marie de Brichanteau ; tant pour luy que pour Loïs, Raol, Geoffroy, Jehanne et Geneviefve les de Billy, ses frères et sœurs, desquelz il est tuteur par acte du 10 fév. aud. an, Claude de B., François de B., escuyers, et Me Jacques de B., aussi escuyer, prieur de Toussigny, ses frères. (Mondonv., VI, 600.)

539. 1556, 4 août. — Foi et homm. par Claude de Billy de la seign. de Prunay, à lui appartᵗ tant par la succ. de déf. son père que par les don. de

Jehan de B., abbé de St-Michel-en-l'herm, son frère aîné, et de François de B., son autre frère. (Id., V, 553.)

540. 1557, 27 juil. — Procur[n], par P. de Noüe, éc., s. du Plessis-au-bois et de Romain, veuf de Denise, sœur de Louis de Billy, éc., s. de Courville, enfants de défunts mess. François de B. et dame Marie de Beaumanoir. (Id., VI, 285.)

541. 1557, 19 d. — Foi et homm. au Roi par Loïs de Billy, éc., tant pour lui que pour P. le Vavasseur, chev., s. d'Esguilly, et dame Françoise de Billy, son épouse, de tout ce qui leur app[t] en la baronnie de Courville par le décès de François de B., leur père, Loïs de B., leur frère aîné, Arthure et Anne de B., religieuses, leurs sœurs. (Id., V, 554-555.)

542. 1558. — Test. de Louis de Noël, éc., époux de Claude de Billy, qu'il laisse veuve, exécutrice dud. test., et tutrice de leurs enfants. (D. B., 10.)

543. 1558. — Louis de Billy, baron de Courville, s. d'Yvor, gentilh. de la ch. du Roi, enseigne des gens d'armes du connét. de Montmorency, présent par procureur à la rédaction des Coutumes du Grand Perche. (D. B., 8.)

544. 1558. — Contrat de mar. de Charles de Billy, s. de Mauregard, (4ᵉ fils de Louis et de Philippe de Caulaincourt), avec Jeanne de Maquerel, sœur de Jean, chev. de l'Ordre du Roi, gouv' de Noyon. (*D. B.*, 6.)

545. 1558. — Naissance de Françoise, fille de Charles de Billy, s. de Mauregard, et de Jeanne de Maquerel. (Ibid.)

546. 1558, 12 f., Paris. — Pierre Lescot, sgr de Clagny, abbé de Clermont, aumônier ord. du Roi, donne sa part de la terre et seig. de Coubert-la-ville à noble damᶫˡᵉ Marguerite Lescot, en faveur de son mariage avec Claude d'Ancienville, éc., s. de Villiers-aux-cornailles, bailli et capitaine de Sézanne. (*Pièc. orig.*, doss. 1202, p. 2.)

547. 1558, 17-26 fév. — L'Évêque de Chartres accorde dispense à noble hᵉ Louis de Billy, s. de Courville, pour se marier hors du diocèse avec Félice, fille de Lancelot de Rosny, s. de Brunelles, et de déf. damoiselle Renée Obry. (Mondonv., I, 163, 164.)

548. 1558, 22 f. — Contrat de mar. de Louis de Billy, chev., baron de Courville, sgr d'Yvor et a. l., fils de Louis et de Marie de Beaumanoir, avec Félice de Rosny, fille de Lancelot, éc., s. de Brunelles, et de Renée Aubry. (D'Hozier, *Billy*, 7.)

549. 1558, 2 juin. — « Nous Claude de Billy, guidon de la compaignye de monsieur de Beauvais... » Quitt. de ses gages. (*P. O.*, Billy, 45.)

550. V. 1559. — Louis de Billy, archer dans la comp. d'ord. de Mr de Gaucourt. (*Nouv. d'Hozier*, 4.)

551. 1559, 23 av., Chartres. — « A esté bapt. damoyselle Félice, fille de n. h^e Jehan d'Allonville, sgr du Couldroy, et de noble d^{lle} Françoyse du Plessis, sa femme ; tenue sur les fons par noble h^e Claude de Billi, sgr de Prunai, noble d^{lle} Félice de Roni, femme de Mr de Courville... » (Archiv. de Chartres, E. 2. 3.)

552. 1559, 10 oct. — Sentence arbitrale rendue par Jean de Billy, abbé de l'Isle de Ré et de St-Michel en l'air, entre noble et puiss. sgr Loïs de B., chev., s. et baron de Courville, et n. et p. sgr P. le Vavasseur, chev., s. d'Esguilly, époux de Françoise de B., au sujet du partage des biens de défunts mess. François de B. et Marie de Beaumanoir, père et mère desd. Loïs et Françoise de Billy. (Mondonv., VI, 226.)

7*

553. 1560. — Mort de Fiacre de Billy, sgr d'Antilly, sans enf. de son all. avec Anne de Navintault de la Durandière. (*D. B.*, 10.)

554. 1560, 20 mai, Paris. — Catherine Guérin, femme de Louis de Billy, m^d drapier chaussetier, est marraine à St-André des Arcs. (Clairamb., t. 987, p. 137.)

555. 1560, 8 juin. — Gilbert de Billy, hér. de feu Fiacre de B., s. d'Antilly, son frère aîné, lui succède dans sa charge de commiss^re des eaux et forêts de Valois. (*D. B.*, 10.)

556. 1560, 3 s., Cadix. — Lettre de M. de Buade à Séb. de Laubespine, Évêque de Limoges : « ... Estans venus à Fez, ledit Montfort négossia ce qu'il avoit charge de négossier avecques ledit chérif, et, ayant expecté sa charge, s'en retourna en barque audit capt Guet, là où il y avoit laissé son navire. Il y avoit deulx gentilhommes nommés Prunès [1], frères et nepveulx de monsieur de Bichanteau, évesque de Sanlis, qui s'en retournoyent avecques luy, lesquels le roy de Navarre avoit comandé de faire ce voyage... » (L. Pa-

---

[1] « Marie de Brichanteau, sœur de Crespin de B., Évêque de Senlis, avait épousé Louis de Billy, sgr de *Prunay*; ce sont ses deux fils dont il est ici question. »

ris, *Négociat. relat. au règne de François Ier*, p. 507.)

557. 1561. — Jeanne de Billy (fille de Louis et de Jeanne de Caulincourt), veuve de Nic. Lallemand, éc., s. de Hurtebize. (D'Hozier, Billy, 3.)

558. 1561. — Claude de Billy, chev., s. de Prunay-le-Gillon, est nommé écuyer d'écurie du Roi. (Ibid., 8.)

559. 1561, 14 mars, Paris. — Offres de foi et homm. au Roi par Louis de Billy, éc., sgr de Gellainvilliers, pour lad. seigneurie; Billard, not. (Mondonv., VI, 620.)

560. 1562, 6 juin. — Quitt. de gages milit. par Claude de Billy, lieut de la comp. de Mr de Beauvais; scellée : écu écart., 1-4, vairé ; 2-3, une croix. (*Tit. scell.*, CXL, 2697. — Voy. planche 6, n° 2.)

561. 1562, 15 juin. — Foi et homm. par Jacq. de Brion, éc., s. du Sauzey et d'Allainne, à Loïs de Billy, chev., s. de Prunay. (Mondonv., IV, 464.)

562. 1562, 2 juil. — Foi et homm. à Claude de Billy, chev., s. de Prunay, etc., par Michel de Costes, dit Gallehault, éc., s. de Dermenonville la petite. (Id., VI, 626.)

563. 1562, 19 d., bataille de Dreux. — François de Billy meurt de blessures. Raoul, son frère, h. d'armes dans la comp. de M. de Brichanteau, s. de Gurcy, son oncle mat., est fait prisonnier, massacré par les huguenots, et inhumé à St-Pierre de Dreux. (Souchet, *Hist. du dioc. de Chartres*, IV, 44-74. — *D. B.*, 9. — *Impôt du sang*, I, 207.)

564. 1563. — Mort de Claude-Catherine de la Reinville, dame de Montguignard, femme de Jean de Billy, s. de Mauregard. (*Nouv. d'Hozier*, 4.)

565. 1563, 20 jan. — « Nous Claude de Billy, chevalier, sgr de Prunay et lieut. de 50 lances fournies des ord. du Roy nostre sire estans soubz la charge et conduicte de Monsr de Beauvais, leur cappitaine... » Quitt. de ses gages. (*P. O.*, Billy, 46.)

566. 1563, 8 av. — « Nous Loïs de Billy, guydon de la comp. de cent lances fournyes des ord. du Roy soubz la charge et conduicte de monsieur le connestable, cappne... » Quitt. de ses gages, scellée; écu écart. : 1-4, vairé de 3 tirs ; 2-3, une croix. (Ibid., 87. — Voy. planche 6, n° 3.)

567. 1563, 4 mai, Courville. — Foi et homm. à haut et p. sgr Louis de Billy, chev., sgr et baron de Courville, d'Yvor et de Launay, par Claude du

Plessis, éc., s. de la Choletière, J. d'Alonville, éc.,
s. du Coudray, et damoiselle Anne du Plessis ;
présents Thomas de Bunel, éc., s. du Mez-Robert,
et Ant. du Valmorin, éc.; Ant. le Gastelier, tab.
(*D. B.*, 62.)

568. 1563, 26 juil., au chasteau de Boullongne.
— Lettre de Henri, duc d'Anjou, à « Monsieur de
Prunay » (Claude de Billy), pour l'aviser que le
Roi l'envoie avec sa compagnie de gendarmes
« pour tenir garnison en la ville de Claye ». « Vos-
tre bon amy, HENRY. » (*P. O.*, Billy, 94.)

569. 1563, 21 août. — Contrat de mar. entre
haut et puiss. sgr Claude de Billy, chev., s. de
Prunay, etc., et Louise de Ligny, fille d'Adrien,
chev., s. de Raray, et de Marie de Halwin. (D'Hozier, *Billy*, 8.)

570. 1564. — Jeanne de Billy, dame de Vertron, (fille de Louis et de Marie de Brichanteau),
veuve de René d'Anglure, vicomte d'Étoges, femme
en sec. noces de Fr. d'Allonville, s. d'Oisonville,
chev. de l'ordre du Roi. (*D. B.*, 9.)

571. 1564. — Naiss. de Charles, fils aîné de
Charles de Billy, s. de Mauregard, et de Jeanne
de Maquerel. (*D. B.*, 6.)

572. 1564, 23 jan. — « Nous Loys de Billy, sgr de Fonpartuys, guydon de 30 lances des ord. du Roy soubz la charge et cond. de Mgr le conte de Brissac... » Quitt. de gages, scellées ; écartelé : 1, vairé (Billy): 2-3, 6 annelets 3-2-1 (Vieuxpont); 4, une croix (Ivor). (*P. O*, Billy, 88. — Voy. planche 6, n° 4.)

573. 1564, 18 f. — « Nous Loys de Billy, enseigne de la comp. de cent lances fournies des ordonn. du Roy soubz la charge et cond. de Mgr le Connestable cappitaine... »; quitt. de gages. (*Tit. scell.*, CXL, 2697.)

574. 1564, 20 f. — « Claude de Billy, lieut. en la compagnée de 30 lances fournies des ord. du Roy... » Quitt. de gages. (*P. O.*, Billy, 48.)

575. 1565, 3 mars, Pithiviers. — « Partage des biens de d^lle Claude de la Rainville, femme de noble h^e Jehan de Billi, esc., s. de Mauregard, entre n. h. Louis de B., son fils aisné, archer de la comp. de Mr de Gonnor, et Anthoine, Jehan et Lancelot de B., ses autres enfans ; Rou, not. » (*D. B.*, 48.)

576. — 1564, 17 mars, 28 août et 24 nov. — « Nous Loys d'Anssienville, sgr de Villiers, lieuten. de la comp. de trente lances fournies des ordonn. du Roy soubz la charge et cond. de M^r de

Rostaing, cappitaine... » ; 2 quitt. de gages scellées. (*P. O.*, 1202, p. 7-9 ; écu à 3 marteaux. —
Mêmes quitt. des 6 oct. 1565 et 23 août 1568, le qua-
lifiant baron de Revillon, chev. de l'Ordre, lieut.
de 50 lances ; écu écart., 1-4, une bande fuselée ;
2-3, 3 marteaux tournés à senestre ; sur le tout un
écu à une bande vairée acc. de 2 lions.)

577. 1564, 14 mai. — Contrat de mar. de François d'Allonville, chev., s. d'Oisonville, veuf de
Jeanne du Monceau, avec Jeanne de Billy, fille de
noble et puiss. sgr Loïs de B., chev., s. de Prunay,
et de dame Marie de Brichanteau. (Mondonv., VI,
96.)

578. 1564, 18 juin. — « Nous Loys de Billy,
guydon d'une comp. de trente lances fournies des
Ord. du Roy n. s.... » ; quitt. de gages ; même
sceau qu'au n° 569. (*Tit. scell.*, XIV, 957.)

579. 1564, 3 août, Prunay. — Transaction entre nobles sgrs Claude et Louis de Billy, chev.,
sur la succ. de feu Louis de B., chev., et feu dame
Marie de Brichanteau, leurs père et mère, qui laissè-
rent pour hér. leurs enfants, Jean, protonot. Apos-
tolique, abbé de St-Michel-en-Lare, lesd. Claude
et Louis, feus François et Raoul, et Jacques, aussi
prot. apost., prieur de Toussigny. (Du Chesne,
XXVII, 297.)

580. 1564, 18 n. — Loys de Billy, enseigne des cent lances fournies du connétable ; quitt. de ses gages. (*P. O.*, Billy, 89.)

581. 1565. — Naiss. d'Anne, fille de Charles de Billy, s. de Mauregard, et de Jeanne de Maquerel. (*D. B.*, 6.)

582. 1565. — Mort d'Anthoine de Billy, époux sans enfans de Louise de Lestodin, fils de Jean, s. de Mauregard, et de Cath. de la Reinville. (*Nouv. d'Hozier*, 4.)

583. 1565, 18 fév. et 28 mai. — Deux quitt. de gages militaires remises à Fr. Pascal, éc., s. de Mons, trés. des guerres, par Louis de Billy, enseigne de la comp. de 30 lances de Mgr le Connestable ; signée « Loys de Billy », scellée : écu comme au n° 563. (*Tit. scell.*, CXL, 2695, 2697.)

584. 1565, 7 mai, Paris. — Quitt. de rente par le procureur de R. P. en Dieu messire Jacques de Billy, abbé de St-Michel en Lair. (*P. O.*, Billy, 59.)

585. 1565, 27 juil., Orléans. — Contrat de mar. de Louis de Billy, (fils aîné de Jean et de Cath. de la Reinville), s. de Mauregard et de Montguignard, avec Catherine de Bonnard, fille d'Ant., s.

de Garmolle, et de Marie de Colombier ; Piout, not. (*Nouv. d'Hozier, 4.* — *Anc. généal.*)

586. 1565, 29 oct. — Noble h^e Charles de Billy, éc., s. de Mauregard en partie, vivant avec d^lle Jeanne Maquerel, sa femme, fille de Claude, éc., s. de Quémy et de Baricourt, et d'Anne de Francières. (D'Hozier, *Billy*, 5.)

587. 1566. — « Louis de Billy, [fils unique de Louis et de N... de Fleury], laissa ses biens à [Louis de Billy, s. de Mauregard, frère aîné de son père,] son oncle. » (*Nouv. d'Hozier, 4.*)

588. 1566. — « Lancelot de Billy, s. de Mauregard en Puysyeux, tuteur de Jean, son frère (fils de Jean et de Cath. de la Reinville). » (*D. B.*, 6.)

589. 1566, 22 janv., Paris. — Quitt. de rente par Fr. d'Allonville, éc., sgr d'Oysonville, procureur de R. P. en Dieu Mgr Jacques de Billy, abbé et sgr de St-Michel-en-Lher. (*P. O.*, Billy, 60.)

590. 1566, 10 mai, Paris. — J. de St-Méloir, avocat en parl^t, ayant le droit de noble h. Jehan de Billy en la terre et seign. de Mauregard, et noble h. Charles de Billy, conseigneurs, nomment les officiers de justice de lad. seigneurie ; Godart, Bergeron, not. (Arch. de M. de Billy, orig. parch.)

591. 1566, 25 mai, Paris. — « Nous Loys de Billy, sʳ de Courville, enseigne de la comp. de Mgr le connestable... » ; quitt. de gages ; même scel qu'au n° 563. (*P. O.*, Billy, 90.)

592. 1566, 19 juil. — Test. de Louis de Billy, baron de Courville, époux de dame Félice de Rosny. (D'Hozier, *Billy*, 7.) « Gist avec ses père et mère à Courville. » (*D. B.*, 8.)

593. 1566, 7 d. — Louis de Billy, éc., est élu tuteur de ses frères, Jean, Charles et Lancelot de Billy, enfans de Jean de B.. esc., s. de Mauregard, et de dˡˡᵉ Claude de la Rainville ; signé Barbedor, greffier du chastelet de Paris. (*D. B.*, 47. — *Anc. généal.*)

594. 1566, 16 d., au chastel du villaige d'Yvort. — « Noble dame Félice de Rosny, vefve de feu n. h. Loïs de Billy, en son vivant sgr et baron de Courville, enseigne de la comp. de Mgr le connestable, lad. dame ayant la noble garde naturelle de ses enfans... » ; quitt. des arrér. des gages de son déf. mari. (*P. O.*, Billy, 91.)

595. 1566-1581. — Jacques de Billy, fameux par son érudition, succéda à Jean, son frère, comme abbé de Sᵗ-Michel en l'Erm et de N.-D. des Chasteliers. (*Gall. christ.*, II, 1421. — Voy. planche 2, son portrait d'après Thevet.)

596. 1566-1586. — Marguerite de Billy, (fille de Louis et de Marie de Brichanteau), abbesse du Mont-Sainte-Catherine de Provins, dioc. de Sens. (*Gall. christ.*, XII, 255.)

597. 1567. — Naiss. de Jeanne, fille de Louis de Billy et de Catherine de Bonnard. (*Nouv. d'Hozier*, 4.)

598. 1567. — Bail à ferme de la terre d'Yvor par « Messire Lancelot de Rosny, sgr de Brunelles, ou non et comme tuteur et cur. de damoyselles Françoyse et Marye les de Billy, filles mineures d'ans de déf. messire Loys de Billy, en son vivant sgr de Courville ». (*P. O.*, Billy, 96.)

599. 1567, 3 fév., Pignerol. — Revue de 165 hommes de guerre à pied français du capitaine Fontenilles : André de Salerne, P. de Tournon, Loïs de Billy, Jos. de Villebois, Jouan Mathe corse, Thomasso corso, Pierre Doziers, etc. (Arch. de M. de Billy, orig. parch.)

600. 1567, 4 juin, Gisors. — « Nous Loys de Billy, s^r de Prunay et de Verteron, guydon de la comp. de M^r le conte de Brissac... »; quitt. de ses gages, scellée; écu écart. : au 1, dix annelets, 3-3-3-1 ; aux 2 et 3, 6 annelets, 3-2-1 ; au 4, une croix. (*P. O.*, Billy, 92.)

601. 1567, 16 n., Paris. — Montre de la comp. de 50 lances cy-devant sous « Mr de Pecquigny, cappitaine, mort en la bat. de St-Denis ; en son lieu a esté enrollé Claude de Billy, sieur de Prunay, de present capp^{ne}. » (Du Chesne, XXVII, 290.)

602. 1567, 24 n. Paris. — « Nous Claude de Billy, s^r de Prunay, cap^{ne} de 50 hommes d'armes des ord. du Roy... » Quitt. de gages. (*P. O.*, Billy, 47.)

603. 1568 et 1569. — Six lettres de Charles IX, et quatre d'Henri, duc d'Anjou, à Claude de Billy. (Du Chesne, XXVII, 299-303.) — Paris, 4 fév. 1568 . « Monsieur de Prunay, pour vos vertu, vaillance et merite vous avez esté choisy et esleu par l'assemblée des Chevaliers frères et compagnons de l'Ordre de Mons. St Michel pour estre associé à ladite compagnée, pour laquelle eslection vous notiffier et vous presenter de ma part le collier dudict Odre, si vous l'avez agréable, j'envoye presentement memoire à mon Cousin le s^r de Thoré..... Priant Dieu, monsieur de Prunay, vous avoir en sa saincte garde, CHARLES. — A Mr Deprunay, Gentilh^e de ma Chambre, Capp^{ne} de cinquante h. d'armes de mes Ord^{ces}. » (Ibid., 302.) Deux autres lettres du duc d'Anjou au même, 14 juin et 3 s. 1568. (*P. O.*, Billy, 93, 95.)

604. 1568, 23 s., à Clayes près Meaulx. — « Nous Claude de Billy, ch. de l'Ordre et capp^e de 50 lances des ord. du Roy... avons signé la presente de nostre propre main et y faict apposer le seel de noz armes... » Quitt. de ses gages ; écu écart. 1-4, vairé de 3 tirs ; 2-3, une croix. (Ibid., 49.)

605. 1568, 1er oct. — Rôle des Ban et arr.-ban du baill. de Chartres : « Messire Claude de Billy, chev., sgr de la châtell. de Prunay, etc. — Jacq. d'Angerville, tant en son nom que comme hér. à cause de sa femme, fille et seule hér. de déf. dame Charlotte de Billy. » (Mondonv., V, 603).

606. 1569, siège de Poitiers. — Louis de Billy, s. de Vertron, capitaine des vieilles bandes du Piémont, « aussi illustre, dit l'historien de Thou, par son courage que par sa noblesse », servant sous le comte de Brissac, mourut sept jours après avoir eu la jambe emportée d'un coup de canon. (D. B., 9. — *Impôt du sang*, I, 207.) — Claude de Billy, est tué à la bat. de Jarnac. Louis de B., son frère, blessé à la défense de Poitiers, mourut de ses blessures, fort regretté du duc de Guise. Leurs deux autres frères furent tués à la bat. de Dreux. (Moréri. — Dom Liron, *Biblioth. Chartraine*, 1719.)

607. 1569, 13 mars. — « Claude [René] de

Billy, s. de Prunay le Gilon, chev. de l'Ordre,
cap^ne de 50 h. d'armes d'ord^ce, 1567 ; pris à la bat.
de Jarnac par les huguenots, à charge de bon
quartier ; mais ils le tuèrent de sang-froid avec
Guy du Parc, baron d'Ingrande. (*D. B.*, 9.) Louise
de Ligny, sa veuve, se remaria, le 25 jan. 1573,
avec haut et p. sgr Ch. de Fouilleuse, s. de Fla-
vacour. — Jacques de Billy, abbé de St-Michel-
en-l'Herm, son docte et célèbre frère, composa
pour lui-même ce sonnet, en 1569 :

> Pourquoy t'affliges-tu de dueil et de tristesse
> Pour ton frère René ? Son sort n'est-il heureux
> Quand, ayant combattu d'un bras si valeureux,
> Meurt la foy soutenant qui au salut adresse ?

> Quitte donc les sanglots et le mal qui t'oppresse,
> Ne regrette celuy qui, d'un cœur généreux,
> Par une illustre mort ayant gagné les cieux,
> Jouit ores des biens dont avons la promesse.

> Desplore bien plutost tes maulx, considérant
> Que, restant après luy, et qu'au monde adhérant,
> Un jour il te fera sentir le nécessaire.

> Chétif et misérable et plein d'aveuglement,
> Quel profict te revient de vivre longuement,
> Sinon voir plus de mal, plus en souffrir et faire ?

(*Anc. généal.*) — De son all. avec Louise de Ligny,
Claude-René eut : 1º Hélène, femme de J. des Courtils, s. de Tourly et de Talmoustier : 2º Marie,
femme de J., baron de Vieuxpont. (La Chenaye,
II, 518.)

608. 1571. — Mort de Gilbert de Billy, éc., s. d'Antilly, commissaire des eaux et for. de Valois. (*D. B.*, 11.)

609. 1572. — Marie de Billy, dame d'Ivor, (fille de feu Louis, baron de Courville, et de Félice de Rosny), femme (à 12 ans) de Jean Nicolaï, s. de Goussainville, transige avec ses sœurs sur la succ. de leur mère. (*D. B.*, 8.)

610. 1572. — Denise de Billy, dame de Launay, (fille de feu Louis, baron de Courville, et de Félice de Rosny), femme de G. de Brie, s. de la Motte-Serrant, chev. de l'ordre du Roi, transige avec Jacques Barat, éc., second mari de sa mère, sur la succession d'icelle. (*D. B.*, 8.)

611. 1572. — Françoise, dame de Billy, Courville, etc., (fille de feu Louis et de Félice de Rosny), femme de Théodore des Ligneris, s. de Bailly en Cruyce et de Chauvigny, chev. de l'Ordre du Roi. (*D. B.*, 8.)

612. 1572. — Naiss. de Jean, 2ᵉ fils de Louis de Billy et de Catherine de Bonnard. (*Nouv. d'Hozier*, 4.)

613. 1573. — « *Sonnets spirituels, recueillis pour la plus part des anciens Théologiens tant*

Grecs que Latins : Avec quelques autres petits traictez poëtiques de semblable matière. Par M. Iaques de Billy, Abbé de S. Michel en l'Her. A Paris, chez Nic. Chesneau, rue S. Jaques, au Chesne verd. M.D.LXXIII. Avec Priuilege du Roy. » (Exemplaire d'Étienne Baluze, à Mr Charles de Billy.)

614. 1573. — « Louis d'Ancienville, baron de Réveillon, épousa en 1573 Françoise de la Plâtrière, (fille de... et de Cath. Motier de la Fayette, et nièce du maréchal de Bourdillon), qui lui porta en mariage Espoisses, anc. baronnie de Bourgogne. Cette baronnie fut en sa faveur érigée en marquisat par lettres de jan. 1613. Leur fille unique, Anne d'A., dame de Prie, fut la 3ᵉ femme d'Ant. de la Grange, s. d'Arquien, dont le fils Achille de la G., comte de Maligny et marquis d'Espoisses, épousa Germaine-Louise d'Ancienville, dame des Bordes. Les armes : *d'or à 3 marteaux de gueules.* » (La Chenaye, I, 247.)

615. 1573, 2 juin. — Foi et homm. à noble et puiss. sgr Ch. de Fouilleuse, s. de Flavacourt et de Sᵗ-Aubin en Billy, et dame Loïse de Ligny, son épouse, auparav. veuve de feu n. et p. sgr Claude de Billy, chev. de l'Ordre du Roi, capitaine de 50 h. d'armes, et ayant la garde noble d'Élaine de Billy, sa fille ; et à noble sgr J. de

Vieuxpont et d^{lle} Marie de Billy, son épouse, filles
et hér. par moitié dud. déf. s^r de B., leur père.
(Mondonv., IV, 470.)

616. 1573, 13 juin. — Louise de Ligny, veuve
de mess. Claude de Billy, s. de Prunay, requiert
souffrance d'aveu comme ayant la garde noble de
Marie de B., âgée de 7 ans, et d'Hélène de B., âgée
de 4 ans, auxquelles led. fief de Prunay était
échu par le décès dud. défunt Claude, leur père,
à qui il avait été baillé en échange par Claude de
Billy, s. de Vatin, son frère. (Id., V, 555.)

617. 1574. — Jeanne de Maquerel, veuve de
Charles de Billy de Mauregard et tutrice de leurs
cinq enfants. (*D. B.*, 6.)

618. 1574. — Naiss. de Marguerite, fille de
Louis de Billy et de Catherine de Bonnard. (*Nouv.
d'Hozier*, 4.)

619. 1575, 22 jan., Pithiviers. — « Loys de
Bonnard, escuyer, s^r de Garmothe, tuteur et cur.
de dam^{lle} Jehanne de Billy, fille de Loys de B.,
escuyer, s^r de Monregard, et heritière de deffunct Jehan de B., en son vyvant ausy esc^r s^r de
Montregard en France, son ayeul, au moyen des
renonciacions et repudiacions faictes à la succession dud. deffunct par led. Loys dè B.. son père, et

8

Anthoynne de B. en leurs noms, et encores par Anthoynne de B., escuyer, s^r de Beaulieu, ou nom et comme tuteur de Jehan et Lancellot de B., tous enffans dud. deffunct Jehan de Billy... » Quitt. de rente sur l'hôtel-de-ville de Paris. De Faucamberge, not. royal à Pithiviers. (*P. O.,* Billy, 74.)

620. 1575, en l'égl. de l'abb. royale N.-D. de Soissons. — « Ci gist noble et religieuse dame Arthuse de Billy laquelle trespassa le 2e jour de mars 1575. Priez Dieu pour son ame ! » (*Épitaphes,* XIII, 392 ; écu écartelé, 1-4, d'Yvor ; 2, de Vieuxpont ; 3, vairé, qui est de Billy.)

621. 1576, 16 juil., Chartres. — Aveu par J. de Monthereau, chanoine de Chartres, sgr de la Troingne, à noble dame Loïse de Ligny, veuve de haut et puiss. sgr Claude de Billy, chev. de l'O. du Roi, sgr châtelain de Prunay et Crissay, lad. dame ayant la garde noble de Marie et Hélène de B., ses filles. (Mondonv., VI, 396.)

622. 1577. — Mort de Louis de Billy, s. de Mauregard et de Montguignard, homme d'armes sous Mr de Montmorency. Cath. de Bonnard, sa veuve, est tutrice de leurs 4 enfants. (*Nouv. d'Hozier*, 4.)

623. 1577, 14 f. — Contrat de mar. entre Théodore des Ligneris, s. de Chauvigny, et Françoise de Billy, baronne de Courville et dame de Sᵗ-Jean de la Forest, fille de Louis de B., baron de Courville, et de Félice de Rosny. (*D. B.*, 58.)

624. 1577, 7 mars, Sᵗ-Sulpice, Paris. — Bapt. de Françoise de Havard ; marr., damoiselles Françoise de Billy et Antoinette de Villeblanche. (Sᵗ-Sulpice, reg. des bapt., p. 62.)

625. 1577, 30 mars. — Contrat de mar. entre Lancelot de Billy, éc., s. de Mauregard, et dˡˡᵉ Gabrielle Chardon, fille de René, éc., l'un des cent gentilsh. de la maison du Roi, et de Robine de Crémeur (D'Hozier, *Billy*, 4) ou Tassine de Carmeno (*D. B.*, 6.)

626. 1578, 22 jan. — Contrat de mar. de Marie de Billy, dame d'Yvor, fille de Louis, baron de Courville, et de Félice de Rosny, avec J. Nicolaï, s. de Goussainville et Presles, maître des req., puis prem. président en la ch. des comptes de Paris. (D'Hozier, *Billy*, 7.) « Marie de B., dame d'Yvor, espousa J. de Nicolaï, cons. du Roy en ses conseils d'estat et privé, prem, président en sa ch. des comptes à Paris, sgr de Goussainville. Elle estoit fort jeune. Led. sʳ de Nicolay en fit porter paroles au sʳ des Ligneris, son beau-frère, de la part de Mgr le Duc de Montmorenci, mareschal de France, estant lors à Dammartin, où led. s^r des Ligneris estoit allé le voir, auquel il demanda quel aage avoit lad. Marie ; qui lui respondit douze ans ; de quoy estonné led. s^r duc luy dit : Ma cousine est bien jeune pour la marier. Néantmoins il forma led. mariage, qui fut accomply, et d'eux est isseu : M^r le prem. president de Nicolaï, Marie, Renée, Jacques et Louis. » (*Anc. généal.*)

627. 1578, 6 août. — Foi et homm. au Roi par Th. des Ligneris, éc., pour un tiers de la seign. de Courville, à lui app^t et à dam^{lle} Françoise de Billy, de la succ. de mess. Loïs de B., son père, et par J. Nicolaï, cons. en parlement, à cause de Marie de B., sa femme, fille dud. défunt. (Mondonv., V, 555.)

628. 1578, 28 juin, Chilleurs. — Aveu à l'Évêque d'Orléans par Cath. Bonart, veuve de Louis de Billy et ayant la garde noble de Louis de B., son fils, et autres mineurs ; Gaucher. not. (Ibid.)

629. 1579, 1er juin. — Contrat de mar. entre Jean, baron de Vieuxpont, et Marie de Billy, fille de feu Claude et de Louise de Ligny. (D'Hozier, *Billy*, 8.)

630. 1580. — Partage entre Catherine de Bonnard, veuve de Louis de Billy, s. de Mauregard et de Montguignard, et Jean de Billy, s. de Rochefort, son beau-frère. (*Nouv. d'Hozier*, 4.)

631. V. 1580. — Tableau des 16 quartiers d'Hélène de Billy, dame de Prunay le Gillon, femme de J. des Courtils, s. de Tourly. (*P. O.*, Billy, 125.)

632. 1580, 8 août, Chartres. — Acte de tutelle de dam^lle Helaine de Billy, fille de feu Claude de B., chev. de l'Ordre du Roy, sgr de Prunay, etc., et de dame Loyse de Ligny, à present femme en sec. n. de Ch. de Fouilleuze, s. de Flavacourt. Jean, baron de Vieuxpont, élu tuteur et curateur. (Du Chesne, XXVI, 64-68 ; XXVII, 304.)

633. 1581. — Jean de Billy, s. de Rochefort, né en 1519, vivant en 1581, avait épousé Philippe de Beaufils, dont un fils mort à 15 ans. (*Nouv. d'Hozier*, 4.)

634. 1581, 19 av., Artenay. — Partage entre Cath. de Bonnard, v^e de Louis de Billy, éc., s. de Montguignard et de Mauregard, comme ayant la garde noble de Louis, Jean, Jeanne, Marguerite et Catherine de Billy, ses enfans, — et Jean et Lancelot de Billy, éc., frères, des héritages délais-

8*

sés par feu Jean de B., éc., s. de Mauregard, et feu d^lle Claude de la Rainville, sa femme, leurs père et mère et ayeuls desd. mineurs, et par feu Antoine de B., leur frère et oncle; Fillon, not. (*D. B.*, 62.)

635. 1581, 3 août. — « Souffrance accordée par l'Évêque d'Orléans à Louis et Jean de Billy pour lui faire l'hommage qu'ils lui devoient comme sgrs de Pithiviers le vieil, à cause des héritages qu'ils tenoient à Frénai comme hér. de Louis de B., éc., s. de Mauregard. (*D. B.*, 47.)

636. 1581, 25 d., Paris. — Mort de Jacques de Billy, abbé de St-Michel en l'Erm ; inhumé dans le chœur de St-Séverin. Scévole de Ste-Marthe a écrit son éloge. (*Gall. christ.*, II, 1421. — Scévole de S. M., *Éloges*, liv. III. — Félibien, *Hist. de Paris*, II, 1144, fixe à tort son décès au 3 sept.) — Égl. de St-Séverin, Paris : « Tombe à droite, près les chaires des Chapiers, dans le chœur. Aux 4 angles cet écu : [Écartelé, aux 1 et 4, un vairé à 2 fasces ; aux 2 et 3, une croix alaisée.] Cy gist Reverend Pere en Dieu Messire Jacques de Billy, en son vivant abbé de St-Michel en Lhairm, lequel deceda en cette ville de Paris le jour de Noel 1581. Priez Dieu pour luy.! » (B. N., dép. des Estampes. Pe Ij, fol. 23.)

637. 1582, chez P. l'Huillier, libraire, rue Jacob, Paris. — « *Elogium reverendi patris D. Iacobi Billii Prunœi, abbatis S. Michaelis in cremo, pientiss. et eruditiss. cum tumulo, Joanne Chatardo, priore Tossiniaci, multisque doctiss. viris auctoribus. Ad nobiles defuncti propinquos et amicos.* (Arch. de M. de Billy, pet. in-4° de 24 ff. impr. — Autre *Éloge* et portait gravé de Jacques de Billy dans les *Pourtraicts et Vies des hommes illustres*, par André Thevet, 1584, in-f°, fol. 170-172. — Notre planche 2 reproduit ce portrait.)

638. 1582. — Marguerite de Billy est élue abbesse de la Sainte-Face (dioc. de Laon), en compétition avec Marg. de Fay d'Athies. (*Gall. christ.*, IX, 640.)

639. 1582, 30 av. — Contrat de mar. de Charles de Billy. éc., mineur d'ans, sgr de Mauregard, Baricourt, etc., avec Antoinette de Bertaucourt. (P. Anselme, II, 123. — *D. B.*, 6.)

640. 1584, 17 jan. — Bail à cense emphyt. de 13 journ. de terre, sis à Perrigny, par Gasp. d'Épinac, sgr de P., à Valentin de Billy, maistre arquebusier à Dijon. (Peincedé, XIX, 405.)

641. 1586, 2 mai, Orléans. — Antoine de Billy, éc., sgr de Beaulieu, cons, au parl. de Paris, n'eut qu'un bastard, auquel il donna, du consent.

de Jean de B., son frère, sgr de Pourpris, et de
Louis et Lancelot de B., ses neveux et présomp-
tifs hér., la somme de 6.000 liv. par contrat de
mar. passé par Mathurin Brisson, not. et tab. juré
au châtelet d'Orléans. (*Anc. généal.*)

642. 1586, 25 juin. — Foi et homm. au Roi par
J. de Courtils, chev., s. de Thourey, etc., pour la
moitié des terres et seign. de Prunay-le-Gillon,
Cressay, Gerainvilliers, à cause de dame Hélène
de Billy, sa femme. (Mondonv., V. 577.)

643. 1587. — Ban et arr.-ban du baill. de
Chartres :« Jehan de Billy, escuyer, sgr de Poupy,
et Lancelot de B., esc., sgr des Ponceaux, frères. »
(Ibid., 657 ; III, 9.)

644. 1587. — Mort de Michel de Billy, fils de
Charles et de Jeanne de Maquerel. (*D. B.*, 6.)

645. 1587, 30 juin. — Charles de Billy, sgr de
Mauregard, Quesmy, Baricourt, obtint avec ses
frère et sœurs sentence du bailli de Chauny contre J. de Maquerel, s. de Tangry, et Antoine de
Billy, leurs tuteurs. (P. Anselme, II, 123.)

646. 1588, États gén. de Blois. — Geoffroi de
Billy, abbé de St-Vincent près Laon, député du

Vermandois avec le Cardinal de Guise. (*Anc. gé-néal.*)

647. 1588. — Louis de Billy, chev., s. de Mont-guignard, commande une comp. de cent h. d'ar-mes au siège de Jargeau. (Ibid.)

648. 1588. — « Charles de Billy, s. de Maure-gard, vend cette terre au prem. président Nico-laï. » (*D. B.*, 6.)

649. 1588. — Vendition faite à Louis de Maque-rel, s. de Quesmy, par Pierre Regnier, s. de Vau-deglen, et Anfoinette de Billy, (fille de Charles et de Jeanne de Maquerel), sa femme. (*D. B.*, 6.)

650. 1588, 7 mai. — Mariage de Françoise de Billy, fille de Charles, éc., et de Jeanne Maque-rel, avec Claude de Bragelongne, s. de Jouy. (D'Hozier, *Billy*, 5. — *D. B.*, 6.)

651. 1588-98. — « Jean de Billi, écuyer, s. du Poupri l'an 1588, épousa d^lle Philippe de Beaufils, dont il eut un fils, Artus de Billi, éc.. s. de Roche-fort et de la Motte l'an 1598. » (D'Hozier, *Billy*, 3.)

652. 1589, 13 av., Compiègne. — Chevau-lé-gers du capitaine Loïs d'Auxy, s. de la Tour : « Le s. Viconte de Trolly, le s. de la Vaulx, le s. le

Doulx, le s. de Billy... » (Cab. des titres, 1439, p. 25.)

653. 1589, 18 s., Chartres. — « Fut bapt. Angélique, fille de hault et puiss. sgr Théodore des Ligneris, sgr dud. lieu, et de Françoise de Billy, sa femme. » (Archiv. de Chartres, E. 4. 7.)

654. 1589, 30 oct., Senlis. — Régiment d'inf. du s. de Bondeville, compagnie de Gilles du Perin, s. de Heurtevent : Jacq. de Mouchy, Ant. Poly, Pierre de Billy, Michel de Mauny, etc. (*Montres*, 25817, p. 34.)

655. 1589, 30 n., chât. de Blein. — Comp. de cent arqueb. à cheval de Ch. de Montauban, s. de Laugeardière : J. de la Noue, Alain Billy, etc. (Ibid., p. 41.)

656. 1590, 29 jan. — « Honeste personne Gui de Billi, marchand dem^t à Compiègne... » (*Carrés*, t. 94, p. 357².)

657. 1591, 4 juin, Courville. — Entre Jacques de Barat, éc., sgr de Montraversier et des Chaises, veuf de Félice de Rosny, *d'u. p.* ; Dame Denise de Billy, vᵉ de Guill. de Brye, sgr de la Motte de Serans, chev. de l'Ordre du Roy, cap. de 50 h. d'armes ; Théodore des Ligneriz, chᵉʳ de l'O. du

Roy, cap. de 50 h. d'armes, époux de dame Françoise de Billi ; et dame Marie de Billi, femme de
Jean de Nicolaï, sgr de Goussainville et de Presles,
prem. présid. en la ch. des comptes ; partage de
la succ. de lad. feue dame Félice de Rosni, leur
mère, et de celle de feue dame Marg^{to} Aubri, leur
tante. (Arch. de M. de Billy, cop. sur l'orig. en
parch.)

658. 1592. — Denise de Billy, veuve de G^e de
Brie, femme en sec. noces de Ch. de Jouvin, chev.,
s. de la Brosse, l'un des cent gentilsh. du Roi.
(*D. B.*, 8.)

659. 1592, 13 s. — Contrat de bail à ferme par
h. et p. dame Hélène de Billy, épouse de haut et
puiss. sgr J. des Courtilz, chev., s. de Tourly, Tal-
moutier et, pour moitié, de la châtell. de Prunay
le Gillon, et par h. et p. sgr J. de Vieulxpont, s.
et baron de V., veuf de Marie de Billy. (Mondonv.,
IV, 355.)

660. 1592, 20 n., Stenay. — Chevau-légers du
capit. P. de Sauquetière : « Sarrocq de Billy, Nicolas Courtin, Gilles Gastebois, Artus du Buisson... » (Cab. des tit., 1439, p. 49.)

661. 1593, garnison de Sedan. — Hommes de
guerre à pied, capit. J. de Chappes : « J. Susanne,
André de Billy, Jacob du Luart... » (Ibid., p. 91.)

662. 1593, 2 août, Jargeau. — Revue d'une comp. de 38 h. de guerre à pied français, capitaine Guy du Faur : « Loïs de Billy, s. de Monguignard, lieut.; Jacq. de Lavau, G. Huet, Robert Hache », etc. (Arch. de M. de Billy, orig. parch.)

663. 1594. — Jean de Billy, né en 1572, est tué au siège de Laon. (*Nouv. d'Hozier*, 4.)

664. 1595, 17 juil., Pithiviers. — Aveu, par Louis de Billy, de sa terre de Montguignard au sgr de Denainvilliers ; Cornat, not. (*Anc. généal.*) — Autre aveu à P. de Saint-Benoît, éc., s. du Boulay, par Louis de Billy, éc., s. de Mauregard et Montguignard, Jeanne, Marguerite et Catherine de B., enfans et hér. de Louis de B., éc., en prés. de Lancelot de B., leur oncle et curateur ; Cimard, not. (*D. B.*, 46.)

665. 1595-1624. — Jeanne de Billy, née en 1567, femme de P. du Rousseau, s. de Montvilliers, Fresnay, Gourvilliers et des Courtils. (*Nouv. d'Hozier*, 4.)

666. 1596. — Lettre de Geoffroy de Billy, Évêque de Laon, au duc de Sully. (Arch. de l'Aisne, B. 3441, liasse).

667. 1596. — Catherine de Billy, (fille de feu

PL. VI.

JEAN DE BILLY
1467.

CLAUDE DE BILLY
1562.

LOUIS DE BILLY
1563.

LOUIS DE BILLY
1567.

Fac-simile par Geoffray.

Gilbert, s. d'Antilly, et de Marg. de Troyes), femme de Nic. le Mire, sgr de St-Martin, près Pontoise. (*D.B.*, 10.)

668. 1597. — Inventaire du mobilier et des biens de dame Marie de Billy, veuve du président de Nicolaï. (A. N., MM, 754.)

669. 1597, 9 juin. — Hommage de la sgrie de Mauregard, mouvante de celle de Chantilly, par Louis de Billy à Henri, duc de Montmorency. (*D. B.*, 46.)

670. 1598, 12 oct., Orléans. — Arrêt des commiss. du Roi par lequel Louis et Lancelot de Billy, frères, sont confirmés nobles de très anc. noblesse ; signé Langloys. (*Anc. généal. — D. B.*, 6, 47.)

671. 1599, 3 août. Paris. — Louis de Billy, fils de feu Louis et de Cath. de Bonnard, époux de Marie de Bléré, ou de Bleire, fille du s. d'Oinville et de Jeanne de Chartres, vend Mauregard à Nic. Girard, s. du Tillay ; Manche ville et des Quatre-vaux, not. (*Nouv. d'Hozier.*, 4. — *Anc. généal.*)

672. 1599, 14 s., Paris. — Vente par Louis de Billy, éc., s. de Montguignard, d'héritages sis à Mauregard et à lui échus par la mort de Louis, son père, de Cath. de Bonnard, sa mère, de Jean, son frère, et d'Antoine de B., son grand-oncle ; Des Quatrevaux, not. (*D. B.*, 46.)

673. 1600. — Transaction entre Pierre et Cath. de Billy, enfants de feu Gilbert, s. d'Antilly, et Louis le Cordier, éc., s. de St-Oyen, alors époux de Marg. de Troyes, leur mère. (*D. B.*, 10.)

674. 1600. — Mariage de Pierre de Billy, éc., s. d'Antilly, la Tour Marcadé, Cuvergnon, Laigne-ville, Villers les Pottez, fils de feu Gilbert et de Marg. de Troyes, avec Charlotte de Garges, dame de ce lieu, fille de Jean, s. de Thiverny, et de Charlotte de Templeux. (Ibid.,)

675. 1600. — Naiss. de Philippe, fils de Pierre de Billy, chev., s. d'Antilly, et de dame Charlotte de Garges. (*D. B.*, 11.)

676. 1600, 17 juin, Crépy. — Transaction entre Pierre de Billy, éc., s. d'Antilli, et Jacq. le Cordier, éc., s. de St-Oyen, sur la reddition de compte que led. Pierre lui demandait, de l'adm^on qu'il avait eue de sa tutelle, à cause du mariage dud. Jacques avec feu d^lle Marg. de Troyes, sa mère, v^e en prem. noces de Gilbert de Billi, sgr d'Antilli ; Mariage, not. (Maintenue du 27 oct. 1667.)

677. 1602, Compiègne. — Naiss. de Jacques de

Billy (célèbre jésuite, mathématicien, littérateur).
— (Catal. de la librairie hist. A. Voisin, déc. 1891,
n° 3354.)

678. 1603, **27 mai**, Ouarville. — Philippe de
Beaufils, dame de Griselles, en Andegloux, veuve
de Jehan de Billy, éc., s. de l'Hostel Benoist et de
Rochefort de Poupery, fait foi et homm. au sgr
d'Ouarville, au nom et comme ayant la garde noble d'Arthus de Billy, son fils âgé de 8 ans, pour
des terres sises à Ouarville, indivises entre led. mineur et Lancelot de Billy, son oncle, éc., s. de
Puiseaulx. (*P. O.*, Billy, 61-63.)

679. 1603, 15 juin, Pouy-en-Valois. — Nicaize
Debilly, secr. de Madame, sœur unicque du Roy
n. s., Garde pour led. sgr et la Royne Margueritte,
dame et duchesse de Valois, des sceaulx royaux
aulx contractz et oblig. de la chastell. de Pierre-
fond... »; public. d'une vente de terres. (Arch. de
M. de Billy, orig. parch.)

680. 1605. — Godefroy de Billy, Évêque et duc
de Laon, Pair de France. (*Picardie*, t. 267, f. 95.)

681. 1605, 5 mai, Paris. — Partage de la succ.
de déf. Geneviève de Billy, veuve en sec. noces de
P. Garault, entre J. Henriot, m^d bourg. de Paris,
Marie de Billy sa femme, Jacq. le Tellier, Mad.

Levesque, Cath. Levesque, femme de Marin Coc-
quet, Roland de Billy, Anne Beaucousin, veuve
Claude Belin, Jacq. et Bapt. Lopin, Nic. de Hault,
tuteur de Fr. Coipel, et Élis. Belin, veuve J. Pellerin, tous hér. de lad. Gen. de Billy. « Le 1er lot est
escheu à lad. Anne Beaucousin..., comme ayant
acquis les droictz de M. Nicolas de Billy, esleu
pour le Roy en l'élection de Dreux, qui estoit hér.
pour un 6e. » (Arch. de M. de Billy, extr. orig.
pap.)

682. 1606, 1er mars, Paris. — Bapt. de Henry,
fils de Henry de Billy, éc., sgr des Essars, gentilhomme ord. de la ch. du Roy, et de damoiselle
Magdeleine Dolet. *(Sᵗ-Paul, 196.)*

683. 1606, 17 mai, Paris. — Quitt. de rente par
Nicaise de Billy, secr. ord. de feue Madame, sœur
unicque du Roy, dem. à Paris rue des Roziers, parr.
Sᵗ Germain, en son nom acause de Marg. Hébert,
sa femme » ; signée « De Billy ». (Arch. de M. de
Billy, orig. parch.)

684. 1606, 28 n., Paris. — Bapt. de Valence,
fille de Mᵉ Nicaise de Billy, receveur gén. des bois,
et de dˡˡᵉ Marg. Hébert. *(Sᵗ-Gervais, 129.)*

685. 1607. Lettre du roi Henri IV au Pape. —
« Tres Sainct Pere, Nostre cher et bien amé Mᵉ

Geoffroy de Billy, evesque de Laon, abbé de l'abbaye de St-Vincent lès la dicte ville de Laon, nous a faict entendre qu'il desiroit, soubs le bon plaisir de vostre Saincteté et le nostre, resigner la dicte abb. en faveur de Philibert de Brichanteau... » (Arch. du marquis de la Grange. — B. de Xivrey., *Lettres miss. de Henri IV*, VII, 409.)

686. 1609, 24 mai, Paris. — Bapt. de Florimonde, fille de Mr Nicaise de Billy, receveur gén. des bois en Touraine, et de d^{lle} Marg. Hébert; parr., noble h^e Claude Bertrand, trés. de Mgr le duc de Mayenne. (*St-Gervais*, 138.)

687. 1610. — Nicolas de Billy, élu à Dreux, est un des bienfaiteurs du collège de cette ville. (*Ann. d'Eure-et-Loir*, p. 314.)

688. 1611, 26 jan., Laon. — Traité entre les hab. laïques de Laon, d'u. p., messire Geoffroy de Billy, Évêque duc de Laon, et les hab. ecclés., d'a. p., concernant la contrib. pour un quart, par le Clergé, aux emprunts et charges de la ville. (Arch. de Laon, AA, 1, B B. 65.)

689. 1611, 31 d., Paris. — Quitt. de gages de Nicaise de Billy, secr. ord. de la ch. du Roi et commis de M. d'Attichy, intend. de ses finances. (*P. O.*, Billy, 100.)

690. 1612. — Pierre de Billy, sgr d'Antilly, homme d'armes de la comp. d'ordonn. du Prince de Condé. (Arch. de M. de Billy.)

691. 1612, 3 fév., Paris. — Partage, entre noble h^e Jacques Cousinot, d^r en médecine, hér. pour moitié de feu honor. h^e Jacques Cousinot, b^s de Paris, et de dame Jacqueline de Sesseval, jadis sa femme, et noble h^e Me Nicolas de Billy, cons. et esleu pour le Roy en l'eslection de Dreux et y dem^nt, hér. pour l'autre moitié desd. deffunct Jacques C. et Jacqueline de S., ses ayeul et ayeulle, par feue Loyse Cousinot, sa mère, au jour de son deceds veufve de feu honor. h^e Simon de Billy, m^d bourgeois de Paris ; Vavasseur, Rougebec, not. (Arch. de M. de Billy, orig. pap.)

692. 1612, 5 fév., Paris. — Bapt. de Corneille, fille de M. Nicaise de Billy, secr. du Roy, et de d^lle Marg. Hébert ; marr., Cornelia Doni, veuve du Sr Gorini, gentilh. florentin. (*St-Gervais*, 148.)

693. 1612, 10 mars, Attichy. — Public. de vente par « Nicaise de Billy, cons. du Roy n. s., recepveur gén. des bois au dép^t de Bretaigne, Anjou, Tourraine et le Mayne, garde des sceaulx royaulx aux contractz et oblig. de la chastell. et prév. de Pierresfons pour le Roy et pour la Royne Margueritte, duchesse de Vallois. » (*P. O.*, Billy, 101).

694. 1612, 15 mai, Laon. — P. d'Allonville, éc., s. de Vertron, se porte hér. de feu Mgr Geoffroy de Billy, Évêque-duc de Laon, Pair de France, son oncle. Contestations par Fr. d'A., chev. de l'Ordre du Roi, s. d'Oisonville, son père, et dame Hélène de Billy, veuve de J. des Courtils, chev., s. de Tourly. (Mondonv., VI, 95.)

695. 1612, 25 mai, Paris. — Partage de rentes entre J. Henryot, bs de Paris, et Marie de Billy, sa femme, ayant droit par transport de P. Levesque ; Élis. Belin, veuve J. Pelerin ; Anne Beaucousin, veuve Claude Belin, comme tutrice de leurs enf. et aussi comme ayant pour eux acquis les droits de Me Nicolas de Billy, élu en l'él. de Dreux ; Rolland de Billy, bs de Paris ; et Nic. de Hault, md bs de Paris, tuteur de Fr. Coipel et époux de Cath. Baron, veuve P. Coipel et mère dud. mineur. (Arch. de M. de Billy, orig. pap.)

696. 1612, 12 n., Paris. — Partage entre J. Henryot, md bs, Marie de Billy, sa femme ; Jacques Le Tellier, Mad. Levesque, sa femme ; Cath. Levesque, femme de Marin Croquet ; Rolland de Billy ; Anne Beaucousin, veuve Claude Belin ; Jacques et Bapt. Loppin ; Nic. de Hault, comme tuteur de Fr. Coipel ; Élis. Belin, veuve J. Pellerin ; tous hér. de déf. Geneviève de Billy, (Ibid., cop. coll. orig.)

697. 1613. — Louis de Billy, s. de Montguignard, h. d'armes de la comp. du Roi. (*P. O.*, Billy, 98.)

698. 1613, 14 août, Paris. — Procur. d'Élis. Belin, veuve J. Pellerin, m^d b^s de Paris, cohéritière de feu Geneviefve de Billy, sa tante mat. (Arch. de M. de Billy, orig. pap.)

699. 1613, 30 s., Thury-en-Valois. — Contrat de mar. entre P. d'Aspremont, ch^{er}, sgr et baron de St-Loup-au-bois, et Charlotte de Billi, fille de Pierre de B., ch^{er}, sgr d'Antilli, et de dame Charlotte de Gorges ; Sixdeniers, not. (Maintenue du 27 oct. 1667.)

700. 1613, 23 oct. et 4 nov. — « Je Berthrand de Billy, esc., sgr de Sarogue, h. d'armes de la comp. des ordonn. du Roy dont a la charge et cond. Mgr le duc de Buillon, premier mareschal de France...» Quitt. de gages pour Claude de Pouilly, h. d'armes en lad. comp. (*P. O.*, Billy, 38, 39.)

701. 1613, 26 n. — Ordonn. d'enquête sur les troubles apportés à René de la Poëze dans la posses. du prieuré de St-Nic.-de-Chappouin par Messire René de Billi, s. de la Varenne. (*Carrés*, t. 94, p. 357 [3].)

702. 1613, 16 d., Paris. — Par devant le s^r de Billy, cons. et secrét. du Roi, P. Cousturier, dit le capitaine Maucourt, reconnaît avoir reçu 15 liv. en don de S. M. ; signé « de Billy ». (*P. O.*, 20223, p. 4.)

703. 1614. — Bertrand de Billy, s. de Sarroque, capitaine entretenu par le Roi en Hollande. (*P. O.*, Billy, 40.)

704. 1614. — « Je Nicolas de Billy, cons. et esleu pour le Roy en l'eslection de Dreux » ; 3 quitt. de rente. (Ibid., 111-113.)

705. 1614, 10 fév., Paris. — Bapt. de Marie, fille de Mr Nicaise de Billy, secr. du Roy, et de Marg. Hebert ; marr., dame Marie Cousteau, femme de L. Dollé, intend. des finances. (*St-Gervais*, 157.)

706. 1614, 4 août, Piseaux. — Procès-verbal des preuves pour la réception dans l'Ordre de Malte, Grand Prieuré de France, de Philippe de Billy, fils de Louis, éc., s. de Montguignard, et de Marie de Bleire, par L. de Montléart, comm^r d'Étrépigny, et Ch. Bellote, comm^r de Piseaux ; Porchon, not. (*D. B.*, 46. — *Nouv. d'Hozier*, 4.) Led. Philippe, « après avoir fait ses caravanes, eut un congé du gr.-maître Aloph de Wignacourt le 9 may 1620 ; mourut en 1624. » (D'Hozier, *Billy*, 4.)

9*

707. 1614, 9 s., Paris. — Bapt. d'Antoine, fils de Robert le Bis, s. de la Chapelle, valet de ch. ord. du Roy, et d'Anne-Hélène Bruscoli ; parr., Ant. Feydeau, rec^r gén. des finances à Poitiers ; marr., d^{lle} Marguerite Hebert, femme de Mr Nicaise de Billy, secr. du Roy et rec^r gén. des bois de Touraine et Mayne. (*St-Gervais*, 159-160.)

708. 1614, 24 n. — « Je Bertrand de Billy, esc., sgr de Saroque, cappitaine entretenu par le Roy en Hollande... » Quitt. de la pension de 1800 liv. « qu'il plaist à Sa Majesté me donner ». (*P. O.*, Billy, 40.)

709. 1615. — « Pierre de Billy, éc., fils de Lancelot et de Gabrielle Chardon, assassiné en Beauce par le s^r des Chatelliers de Rouville. » (*Anc. généal.* — *D. B.*, 6.)

710. 1615, 8 jan., Compiègne. — Acquêt d'une rente appart. à Ézéchiel de Franssures, éc., s. de Hyaucourt-le-grand, par « Emanuel de Billy, marchant dem^t à Compiègne ». (Arch. de M. de Billy, orig. pap.)

711. 1615-19 Compiègne. — « Noble h^e maistre Pierre de Billy, greffier de la mareschaussée de l'isle de France establye à Senlis, dem^t à Compiègne, par. St-Jacques » ; quitt. de gages. (*P. O.*, Billy, 116.)

712. 1616. — Bertrand de Billy, s. de Sarroque, gentilhomme servant du Roi. (*Ibid.*, 41.)

713. 1616, 8 av., Paris. — « Messire Louis d'Ancienville de Bourdillon, marquis d'Espoisse... »; quitt. de la pension de 3.000 l. qu'il reçoit du Roi. (*P. O.*, d. 1202, p. 12. — En 1640, il est gouv^r pour le Roy de la ville de Chastillon ». (*Ibid.*, p. 13.)

714. 1616, 13 mai. — « Je Bertrand de Billy, s. de Sarrocques, gentilhomme servant du Roy, confesse avoir receu comptant... la somme de mille livres à moy ordonnée pour le voiage que j'ay faict en dilligence, et sur chevaulx de posté, de la ville de Paris à Frybourg en Brisco, pays d'Allemagne, vers le sieur Pistorius pour affaires importans le service de Sa Majesté... » (*Ibid.*, 41.)

715. 1616, 26 août, Bellesme. — Acte d'échange d'hommage et droits seign. entre Dame Denise de Billy, femme de Ch. de Jouvyn, ch^{er}, sgr de la Brossière, gentilh. ord. de la ch. du Roy, et Séb. de Gueroust, éc., s. des Herses ; Mauguin, tab. (Arch. de M. de Billy, orig. parch.)

716. 1617. — Jacques de Billy (fils aîné de Charles, s. de Baricourt, etc., et d'Antoinette de Bertaucourt), maître-d'hôtel de l'Archevêque d'Aix et gendarme de la comp. du duc de Nevers. (P. Anselme, II, 123.)

717. 1617-1724. — XIIIe degré : Charles de Billy eut de son all. avec Antoinette de Bertaucourt : 1° Jacques, gendarme du duc de Nevers en 1617; « 2° Louis, sgr de la Motte, qui suit : 3° François « de Billy, sgr de Baricourt, et du Saussay, près la « Croix en Brie, fit un accord, comme créancier de « son frère aîné, le 20 mars 1654. Il épousa, par « contrat du 3 fév. 1632, Hélène Guibert, fille de « feu Pierre Guibert, éc., cons^{er} et procureur du « Roy au présidial de la Rochelle, et de Marie Juyé, « veuve en sec. noces de P. de Voyon, s. de Mo- « ric, cons. du Roi et lieut. criminel aud. présidial. « François de Billy se remaria deux fois et se mé- « sallia. Il ne paraît pas qu'il ait laissé de posté- « rité.

« XIV. Louis de Billy, seigneur de la Motte, « dont on ne sçait rien de particulier que les actes « rapportés ci-dessus. 1e Femme : Marie le Cor- « dier, dite Mlle de Navigny, fille de Jacques le « Cordier, éc., s. de St-Oyen, et de Marguerite de « Troyes; contrat du 13 juil. 1617. 2e Femme : « Suzanne de Maquerel, sa cousine, mariée avec

« disp. du Pape à S¹-Médard-de-Quesmy, le 7 mai
« 1643. » Il fut père de :

« XV. Anne de Billy, sgr de la Motte, né le
« 16 mars 1644 ; a été longtemps aide-major et
« sous-brigadier des chevau-légers Dauphin, et est
« mort à Vauzaillon près Soissons, en oct. 1724 »,
ayant ép., par contrat du 22 août 1679, Charlotte
Coquillette, morte en nov. 1723, veuve de Claude
de Rive, éc., s. de Blanchecourt, fille de Fr. Coquillette, éc., s. de la Tour, et de Marie de Renty,
dont postérité. (P. Anselme, II, 124.)

718. 1618, 1ᵉʳ août, Paris. — « Anne de Billy,
pauvre damoiselle », donne quitt. au trés. de l'é-
pargne de « la somme de 12 livres dont Sa Majesté
luy a faict don par aulmosne et pour luy ayder à
vivre ». (*P. O.*, Billy, 34.)

719. 1619, 23 jan., chât. d'Esternay. — « Illustre sgr Mʳᵉ Claude d'Enssienville, chev., baron de
Revillon et Ballennes, sgr de Dorment, Esternay,
etc., et noble dame Judith Raguier, son espouse »,
partagent leurs biens entre Henri, Pompée et
Louise, leurs enf. (*P. O.*, d. 1202, p. 14.)

720. 1619, 17 s., Paris. — Nicaise de Billy, cons.
secrét. du Roy du nombre des 54 ; quitt. de gages.
(*P. O.*, Billy, 102.)

721. 1620. — Partage entre les enf. de Jeanne de Billy, veuve en p. n. de René d'Anglure et en sec. n. de Fr. d'Allonville. (*D. B.*, 9.)

722. 1620, Orléans. — « Mariage de Charles de Billy, s. de l'Hostel de Billy, (fils aîné de Lancelot et de Gabrielle Chardon), avec Madeleine le Grand, dame de Francourville et de Foussereau, fille de Hugues, s. de St-Germain, Me des comptes, et de Mad. Bourlabé. » (*D. B.*, 6.)

723. 1620. — Bertrand de Billy, s. de Sarroque, gentilh. ord. de la ch. du Roi. (*P. O.*, Billy, 42.)

724. 1620, 15 s. — « Nicolas de Billy, cons. et esleu pour le Roy à Dreux » ; quitt. de rente. (Ibid., 114.)

725. 1620, 6 n., Paris. — Nicaise de Billy, cons. et secr. du Roi ; quitt. « de deux mil livres, dont Sa Majesté m'a faict don en considn des services que je luy ay renduz et continue chacun jour près aucuns de ses plus speciaux serviteurs. » (Ibid., 103.)

726. 1620, 31 d. — «Je Bertrand de Billy, s. de Sarroques, gentilh. ord. de la ch. du Roy...» Quitt. de sa pension de 1800 liv. (Ibid., 42.)

727. 1621. — Bertrand de Billy, s. de Belaire, maréchal de camp, est tué au siège de Montauban. (*Impôt du sang*, I, 207.)

728. 1621. — Pierre de Billy (fils de feu Pierre et de Charlotte de Garges), capitaine de cav., lieut. au gouv^t de Laon, gentilh. ord. de la ch. du Roi. (D'Hozier, *Billy*, 9.)

729. 1621. — Philippe de Billy, écuyer, s. d'Antilly, etc., frère puîné de Pierre, est capitaine de cav. et gentilh. ord. de la ch. du Roi. (Ibid.)

730. 1621, 5 juil., Compiègne. — « Contrat de mar. de Guy de Billy le jeune, secrét. ord. de la ch. du Roy, greffier du bureau des fin. en la général. de Soissons, controlleur esleu pour S. M. en la ville et eslection de Compiègne, fils de hon. h^e Guy de Billy, b^s de Compiègne, et de d^lle Florimonde de Sacy, sa femme, avec d^lle Barbe Bertherand, fille de noble h. Claude B., controolleur du Roy, secr. ord. de sa chambre, dem. à Soissons, et de d^lle Marie Lhermitte » ; Poulletier, Lefebure, not. (Arch. de M. de Billy, note ms. du XVIIIe s.)

731. 1622. — Jacques de Barville, s. du Chesne et d'Assonville, époux de Marguerite de Billy (née en 1574), est tué au siège de Montpellier. (*Nouv. d'Hozier*, 4.)

732. 1622, 28 mars. — Est tué Pierre de Billy
d'Antilly, (fils aîné de Pierre et de Charlotte de
Garges), gentilh. ord. de la ch. du Roi, cap. de
cavalerie, gouv[r] de Laon ; « gît à Antilly, avec
tombe, épitaphe ». (*D. B.*, 10. — P. Anselme, II,
128. — *Impôt du sang*, I, 208.)

733. 1622, 5 déc., Paris. — Vente d'une rente
ann. de 25 liv. t[s] sur la terre de Puiseaux par
« dam[lle] Gabrielle de Chardon, veufve de feu Lancelot de Billy, esc. s. de Mauregard en Puyseaux,
y dem. par. de Tillay St-Benoist, tant en son nom
que comme tutrice et ayant la garde noble des
enf. min. d'ans dud. deffunct et d'elle, et encores
comme se portant fort de Charles de Billy et de
dam[lle] Marie de B., deux desd. enfans, majeurs,...
et de dam[lle] Jehanne de B., aussy une desd. enfans, sy tost qu'elle aura attainct l'âge de 25 ans.
— Ratif. par led. Charles de B. le 30 jan. 1623.
(*P. O.*, Billy, 75-78.)

734. 1623, 30 mai, Paris. — « Inhum. dans le
cimetière de Jacques de Billy, esc., sgr de Mauregard, natif de Picardie, dem[t] en Provence, décédé
le 29, 8 h. du matin, d'une mort subite, retour-
nant de l'égl. des Augustins en son logis, rue
Christine. » (Clairamb., t. 987, *St-André-des-Arts*,
p. 631.)

735. 1624, 22 d., Pithiviers. — Contrat de mar. de Gédéon de Billly, éc., s. de Montguignard, la Grandcour, Nelle, etc., assisté de Philippe de B., son frère, chev. de Malte, de Suzanne de B., sa sœur, et de Jeanne de B., sa tante, femme de Pierre de Rousseau, s. de Montvilier et des Courtils, avec Madeleine d'Abra de Raconis, fille de François, éc., s. de Perdreauville et de Havelu, et de Rachel Bochart; Chenard, not. (*D. B.*, 45.)

736. 1625, 3 mars. — Contrat de mar. de Charles de Billy, éc., coseigneur de Mauregard, Pourpry, etc., avec Madeleine Le Grand, dame de Franconville; d'où Louise, René, Charlotte, Françoise. (*Anc. généal.*)

737. 1625, 24 mars, à Nyon en Suisse. — « Daniel de Billy, s. de Sarocques, lieut. de la comp. du s[r] de Bellefont, capp[ne] de 200 h. de guerre à pied François du rég[t] de Normandie... » Quitt. d'étape de 14 chevaux. (*P. O.*, Billy, 50.)

738. 1625, 31 d. — « Nicaize de Billy, cons. notaire et secr. du Roy, recepveur gén. des boys au dép[t] de Touraine, Anjou et Maine »; quitt. de somme due à sa recette gén. (Ibid., 105.)

739. 1627, 18 f., Orléans. — Gabrielle de Chardon, veuve de Lancelot de Billy, éc., s. de Mauregard, et Marie de Billy, sa fille, reconnaissent devoir 1016 liv. t^s à Hierosme Lhuillyer, s. de Vilmorest, docteur régent en l'univ. d'Orléans. (Ibid., 79-82.)

740. 1628. — Décret de la terre de Montguignard sur Louis de Billy. (*Nouv. d'Hozier*, 4) Gédéon de Billy, fils aîné de Louis et de Marie de Blère, s'oppose à la saisie, et meurt peu après. (*D. B.*, 5.)

741. V. 1628. — « Ce sont les conclusions civiles que met pardevant vous, Nosseigneurs tenant la cour de parlement en la chambre de l'Edit, Damoiselle Marie de Billy, tant en son nom que comme hér. de déf. Damoiselle Marthe Bienvenu sa mère, vesve de Bertrand de Billy, esc., s. de Saroque, maistre de camp d'un regiment entretenu, demanderesse en réparation de crime de rapt, allencontre de Hierosme Puchot, esc., s. d'Oinville, defendeur et accusé. (Arch. de M. de Billy, factum impr.)

742. 1630. — Mort de Charlotte de Garges, femme de Pierre de Billy, s. d'Antilly. (*D. B.*, 10.)

743. 1630, 11 juill., Orléans. — Gabrielle de Chardon, veuve de Lancelot de Billy, éc., s. de

Mauregard, vend à Jehanne de B., sa fille, « le lieu de Mauregard en Puiseaux, scitué en la par. de Thillay St-Benoist », pour la s^e de 4000 liv. t^s. (*P. O.*, Billy, 83-86.)

744. 1630, 4 s. — Foi et homm. de la sgrie de Montguignard à Claude du Hamel, éc., s. de Denainvilliers, par Madeleine d'Abra de Raconis, veuve de Gédéon de Billy, éc., s. de la Grand-cour, tant en son nom que comme tutrice et ayant la garde noble d'Hélie de B., son fils; Gentil, not. (*D. B.*, 5, 46.)

745. 1631. — « Compte que rendent Marc Gregoire de Vesoul, docteur es drois, et d^{lle} Pierrotte Gregoire, vesve de feu hon. Alexandre de Billy, tant en son nom que comme mère tutrice de ses enf., à honoré sieur M^r le Conseiller Rollin, en qualité de tuteur datif de ma dam^{le} de Ray, du revenu de la terre et baronnie dud. Ray pour l'an 1631. » (*P. O.*, Billy, 28-32.)

746. 1631, Paris. — Florimonde de Billy, femme de P. Jeannin, éc., s. de Salvert, trés. général de la maison du Roi. (*St-Sauveur*, 135.)

747. 1631, 27 jan. — Mort de Pierre de Billy, éc., s. d'Antilly, Garges, etc. (*D. B.*, 10.)

748. 1631, 22 fév., Pierrefonds. — Public. de vente, par « Nicaise de Billy, cons. du Roy n. s., garde pour ledict sieur des sceaulx royaulx... de la chastell. et prév. de Pierrefons ». (*P. O.*, Billy, 106.)

749. 1631, 31 mars. — Brevet de capitaine de cav. donné par le Roy au s^r de Billi en récompense de ses services. (Maintenue du 27 oct. 1667.)

750. 1631, 16 s., Clermont. — Contrat de mar. de Philippe de Billi, éc., genth^e ord. de la ch. du Roy, fils de Pierre de B., chev., sgr d'Antilli, et de feu dame Charlotte de Garges, avec Marie de Belloy, fille de noble sgr Ant. de B., chev., sgr de Francières, Fumechon, etc., et de Marie de la Fontaine ; de Guernes, not. (Ibid.)

751. 1632, 3 fév., Paris. — « Fiançailles de François de Billy, de la par. de Sommereux, dioc. d'Amiens, avec damoiselle Hélène Guibert. » (*St-Gervais*, 607.)

752. 1632, 3 f. — Mariage de François de Billy, éc., s. de Baricourt, en Picardie, et du Saussoy en Brie, fils de Charles et d'Antoinette de Berthaucourt, avec Hélène Guibert, fille de Pierre, éc., procureur du Roi au présidial de la Rochelle, et de Marie Jayé (Juyé, selon le P. Anselme ; Juvé, selon *D. B.*, 7), veuve en sec. noces de P. de Voyon, s. de Moric, lieut. criminel aud. présidial. (D'Hozier, *Billy*, 5. — P. Anselme, 11, 123.)

753. 1632, 23 av., Pithiviers. — Don. entre vifs de la garenne de Belébat par Suzanne et Charlotte de Billy, filles de Louis, éc., s. de Montguignard, et de Marie de Blere, à Hélie de Billy, leur neveu ; Chenard, not. (*D. B.*, 45.)

754. 1632, 5 juin, Attichy. — Publ. de vente, par « Nicaise de Billy, cons. du Roy n. s. et garde pour ledict sieur des sceaulx roiaulx... de Pierresfons ». (*P. O.*, Billy, 107-108.)

755. 1632, 24 juin. — Nicolas de Billy, cons. du Roy et élu en l'él. de Dreux ; quitt. de rente. (Ibid., 115.)

756. 1632, 12 n., Paris. — Bail d'une maison sise au faub. St-Honoré par « Messire Charles de Biencourt, sgr de Poutrincourt et de Chauvincourt, chev. de l'Ordre du Roy, escuyer commandant en sa Grande Escurye, à damoiselle Florimonde de Billy, femme sép. quant aux biens d'avec noble h. Pierre Jeannin, sieur de Salvert, cons. et trés. général de la maison de Sa Majesté » ; Ogier, De Beauvais, not. (Arch. de M. de Billy, orig. pap.)

757. 1632-41. — Élie de Billy, (fils unique de feu Gédéon et de Madeleine d'Abra de Raconis), page du Comte de Soissons. (*D. B.*, 5.)

758. 1634, 21 juin, Pithiviers. — Sentence par laquelle « damoiselle Maleleine de Raconis, en qualité de veuve de Gédéon de Billy, éc., sgr de la Grand cour et de Montguignard, mère et tutrice d'Élie de B., est maintenue dans la jouissance de l'exemption des tailles, sur la représentation qu'elle avoit faicte des titres pour la justif^n de la noblesse de la maison de Billy. » (*D. B.*, 45-46.)

759. 1634, 29 j^t, Paris. — « Je Nicaise de Billy, s^r Dameil, cons. secr. du Roy, maison et Couronne de France »; Quitt. de rente. (*P. O.*, Billy, 109.)

760. 1635, 3-8 août, Paris. — « Me Arnoul de la Croix, procureur au siège royal de Compiègne, au nom et comme proc. de damoiselle Charlotte Charmolluë, vefve de feu noble h^e Pierre de Billy, vivant herault d'armes du Roy au tiltre de Guyenne »; 2 quitt. de rentes. (Ibid., 119.)

761. 1635, 11 n., Paris, — « Je Guy de Billy, cons. du Roy, garde des registres et commis au contrôle general des finances... »; deux quitt. de rentes. (Ibid., 57, 58.)

762. 1636, 8 mars, Compiègne. — « Damoiselle Charlotte Charmolue, vefve de feu noble h. Pierre de Billy, vivant herault d'armes du Roy au tiltre de Guienne » ; 2 quitt. de rentes. (Ibid., 117-118.)

763. 1636, 6 août, Paris. — Quitt. de rente par « damoiselle Florimonde de Billy, femme auctorizée par ⌐ ⌐⌐⌐ ⌐ au reffus de P. Jeannin, escuier, s. de Salvert », son mari. (Ibid., 51.)

764. 1636, 18 août, Paris. — « Épousèrent noble h. Charles Bonnin, s. de Courpoil, et damoiselle Marie de Billy de Sarrogz. » (Clairambault, St-André-des-Arcs, 783.)

765. 1636, 18 n., Paris. — Deux quitt. de rentes par « Florimonde de Billy, femme séparée, quant aux biens, d'avec noble h. P. Jeannin, son mary, cy devant trés. de la maison du Roy ». (P. O., Billy, 52, 53.)

766. 1638. — « Jeanne de Billy, dame de la Coudraye, (fille de Lancelot et de Tassine de Carmeno), femme en 1638 de Charles des Fiefs, sr de la Ronce et de Rougemont, lt-colonel. » (D. B., 6.)

767. 1638, 20 mars, Compiègne. — Quitt. de rente, par Robert de Broully, écuyer, mari et bail de Radegonde le Féron, par avant veuve de Me An-

thoine de Billy, et tuteur des enf. mineurs dud.
défunt de Billy ; Michelle de Billy, veuv. de Nic.
le Clerc ; Antoinette le Féron, veuve d'Adrian de
Billy. (*P. O.*, Billy, 99.)

768. 1638, 1ᵉʳ déc.. Sommereux. — Bapt. d'Anne
Perodo ; parrain, François de Billy, « Franciscus
de Billy ». (Reg. paroiss.)

769. 1639. — Mʳ de Billy commande une compagnie à la défaite de 300 Espagnols, près de Ca-
sal. (*Gazette de France.*)

770. 1639, 23 d., Sommereux. — Bapt. d'Antoine, fils de Fr. Dumont et de Marg. de Sinlot ;
parr. et marr., « Franciscus et domina Margareta
de Billy ». (Reg. paroiss.)

771. 1639-1680. Registres paroiss. de Sommereux (Oise). — 1639, 15 jan., Louis de la Marche,
parrain de L. Piéret ; le 26, Charles de la Marche,
parr. de Ch. Granet ; 7 fév., Louis de Lamarche,
parr. de L. du Tilloy ; 22 mars, Charles de L., parr.
de Ch. le Roy ; 9 déc., bapt. d'Hélène, fille de
Robert de L. et de Marie de Riquehen ; parr.
Ch. Granet ; marr., Cath. de Cagny. — 1640,
11 jan., bapt. de Charlotte Granet ; parr., Ch.
de Lamarche ; le 27, bapt. de Louise, fille de
Charles de L. et d'Antoinette Boulenger ; parr.,

Ch. Bocage ; marr., Jeanne de la Marche ; le 30, bapt. de Charlotte Jotelot; marr., Françoise de la Marche ; 25 mars, Ch. de la M., parrain de Ch. Durier; 21 avril, bapt. d'Antoine, fils de Robert Sellier et de Jeanne de la M. — 1641, 29 jan., bapt. de Jean, fils de Robert de Lamarche et de Marie de Riquehen ; parr., J. du Titre ; marr. Catherine de Lamarche ; 19 mai, Ch. de la M , parr. de Ch. Fauvel ; 15 sept., bapt. de Catherine, fille de Rob. Sellier et de Jeanne de Lamarche. — 1642, 11 avril, bapt. de Charles, fils de Rob. de la Marche et de Marie de Riquehen ; 7 août, bapt. d'Aubin, fils de Jacques Petit et de Cath. de Riquehen ; parr., Louis de Lamarche ; marr., Marie de Billy. — 1643, 30 jan., Françoise de L., marraine de François, fils de Ch. Constantin et de Jeanne de L. ; 8 mars, bapt. de Charles, fils de Fr. Dumont et de Marg. de Sinlot; parr. Ch. de Lamarche et Madeleine de Billy ; 2 août, bapt. d'Albine, fille de Rob. de L. et de Marie de Riquehen. — 1644, 9 fév., bapt. de Vincent, fils de Nicolas (Charles) de L. et d'Antoinette Boulenger ; le 19, Catherine de Lamarche, marr. de Cath. Lapostole; 20 sept., bapt. de Marguerite Baudart ; par., Ch. de L. ; marr., Marguerite [de Billy] ; 4 déc., bapt. de François, fils de Robert de L. et de Marie de Riquehen. — 1645, 25 mars, Ch. de la Marche, parr. de Ch. Granet ; 29 avril, Louis de la M., parr. de Cath. de Suleau ; 16 mai, bapt. de

Jean-François, fils de Vincent Desjardins et de Françoise de Lamarche ; parr. J. d'Inval et noble dame Hélène Guibert ; le 17, bapt. de Cath., fille de Ch. Constantin et de Jeanne de L. ; 28 juillet, Charlotte de L., marr. de Charles Laisné. — 1647, 14 janv., bapt. de Louise, fille de Ch. Constantin et de Jeanne de la M. ; 5 mars, bapt. de Pierre, fils de Rob. de Lamarche et de Marie de Riquehen. — 1672, 11 déc., bapt. de Marguerite, fille de Jean de L. et de Madeline Monoier. — 1673, 12 mars, bapt. de Marie, fille d'André de la Marche et de Louise Laisné ; 15 juillet, mariage de Firmin de la M. et de Jeanne Laisné, « en presence de André de la M., et Anthoine de la M., et de Louis de la M., frère et oncle » ; 29 sept., décès d'Albine de la M. — 1674, bapt. de Charlotte, fille d'Antoine de la M. et de Cath. Durand. — 1677, 2 mars, bapt. de Marie, fille de Pierre de la M. et de Jacqueline Dricquen (de Riquehen) ; bapt. de Nic., fils de Jacques Pugnet et de Louise de Lamarche ; 1er juin, bapt. d'Anthoine, fils d'Anthoine de la Marche et de Cath. Duran. — 1678, 2 janv., Ch. de la M., parrain de Ch. Baudar, signe « Charle de Lamarche » ; 19 fév., Anthoine de L., présent au mariage de Robert Mérielle avec Marg. Durand. — 1679, 8 fév., bapt. de Madeleine, fille de Firmin de la Marche et de Jeanne Laisné ; 20 mars, bapt. de François, né le 9, fils de Jean de la M. et de Madeleine Monoier. — 1680, 16 janv., Pierre de Lamarche, parr. de J. du Tilloi, signe « Pierre de Lamarche »; 13 oct., décès de « Nicolas de la Marche ». (Ibid.)

772. 1640, 7 oct., Sommereux. — François de Billy, « Franciscus de Billi », parrain de Charlotte Dumont. (Ibid.)

773. 1640, 25 oct., Sommereux. — François de Billy, parrain de Fr. Laisné. (Ibid.)

774. 1640, 15 d., Paris. — Bapt. de Florimonde, fille de Guy de Billy, garde du contrôle general des fin., et de damoiselle Barbe Bertrand; marr., damoiselle Florimonde de Billy, femme de « Pierre de Gouy, sgr de Saleur ». (*St-Sauveur*, 126. — Il faut lire « Pierre Jeannin, sgr de Salvert ».)

775. 1641, 27 jan. — Décès de Pierre de Billy, chev., s. d'Antilly. (D'Hozier, *Billy*, 9.)

776. 1641, 18 juil., Crépy. — Partage noble, entre Philippe de Billi, ch^er, sgr d'Antilli, et dame Charlotte de B., sa sœur, femme de P. d'Aspremont, baron de St-Loup, de la succ. de feu Messire Pierre de Billi, ch^er, sgr d'Antilli, et de dame Charlotte de Garges, sa femme, leur père et mère; De Béthisy, not. (Maintenue du 27 oct. 1667.)

777. 1642. — Élie de Billy, écuyer, s. de Montguignard, est reçu page du Duc de Longueville. (D'Hozier, *Billy*, 4.)

778. 1642, 21 mars, Paris. — Bapt. de Charles, fils de Guy de Billy, cons. du Roi, garde du contrôle gén. des finances, et de Barbe Bertrand; parr., noble, h. René de Billy, avocat en parl.; marr., Marie de Billy, fille dud. père. (*S*ᵗ*-Sauveur*, 127.)

779 . 1642, 7 août, Sommereux. — « Septimo augusti, baptizatus est puer procreatus ex Jacobo Petit et Catherina de Riquehen, legitimè, nomine Albinus, cui fuerunt sponsores Ludovicus de Lamarche et Maria de Billi. » (Reg. paroiss.)

780. 1643, 26 jan., Paris. — Bapt.de Roger, fils de Ch. Bonnin, chev., sgr de Courpoy, et de dame Marie de Billy; parr., Roger d'Espenan, mar.-de-camp, gouvʳ de Leucate; marr., Charlotte de la Rivière de Vernon, veuve de François de Fumée, s. des Roches-Sᵗ-Quentin, mestre d'un régᵗ de cavalerie. (Clairambault, *S*ᵗ*-André des Arcs*, 853.)

781. 1643, 8 mars, Sommereux. — « Octavo martii, baptizatus est puer procreatus ex Francisco Dumont et Margareta de Sinlot, legitimè, cui fuerunt sponsores Carolus de Lamarche et Magdalena de Billy. » *(*Reg. paroiss.)

782. 1643, 14 av., Paris. — Damoiselle Marguerite Hebert, veuve de noble h. Me Nicaise de Billy, secr. du Roi ; quitt. de rente. (*P. O.,* Billy, 110.)

783. 1643, 7 mai, Quémy. — Mariage, sous dispense papale, de Louis de Billy, éc., s. de la Motte de Quesmy, veuf en p. n. de Marie le Cordier, avec Suzanne de Maquerel, sa cousine. (*D. B.,* 7. — D'Hozier, *Billy,* 5.)

784. 1644. — Naiss. d'Anne, fils unique de Louis de Billy, s. de la Motte de Quesmy, et de Suzanne de Maquerel, sa 2e femme. (*D. B.,* 7.)

785. 1644, 12 janv., Paris. — Mariage de J. Lombard, conseiller secr. du Roy et de ses finances, avec damoiselle Marie de Billy, fille du contrôleur des fin. de Paris [Guy de Billy]. (*S*t*-Sauveur,* 28.)

786. 1644, 21 juin, Paris. — « Bapt. d'Isaac-Anne, né au dioc. d'Amiens le (*blanc*), fils de Louis (lisez : François de Billy), gentilhomme, et de damoiselle Hélène Guibert ; marr., dame Anne de Billy (lisez : de Belloy), femme de Messire René d'Enfernet, chevalier, cons. du Roi en ses

10*

conseils, prem. président en la Cour de parl^t de Bretagne. » (*St-Jean-en-grève*, 422.)

787. 1644, 20 s., Sommereux. — Bapt. de Marguerite Baudart, « cui fuerunt sponsores Carolus de Lamarche et Margareta [de Billy ?]. (Reg. paroiss. — Le nom de famille de la marraine a été omis.)

788. 1645, 27 jan., Paris. — Bapt. de Marie, fille d'Ant. Gourdan, secr. du Roi, et de Marie de Villaines; marr., Marie de Billy, femme de J. Lombart, secr. du Roi. (*St-Jean-en-Grève*, 425.)

789. 1645, 1er mars, Sommereux. — Bapt. de Marg. Hère ; marr., dame Marguerite de Billy, « dominam Margaretam de Billy ». (Reg. paroiss.)

790. 1645, 29 mars, au Pré aux clercs, proche Paris. — Revue des chevau-légers de la garde du Roi : P. de Seraine, Joseph de Billy, Abraham de Podenas, Jacq. de Montigny, L. de Rorthois, Gabriel de Billy, Ch. de Gaiffier, etc. (Arch. de M. de Billy, orig. parch.)

791. 1645, 16 mai, Sommereux. — « Decimo sexto maii baptizatus est puer procreatus ex Vincentio Desjardins et Franciscâ de Lamarche, legitimè, nomine Joannes Franciscus, cui fuerunt sponsores Joannes d'Inval et nobilis domina Helena Guibert. » (Reg. paroiss.)

792. 1645, 13 nov., Paris. — Bapt. de Pierre Lagan ; marr., damoiselle Barbe Bertrand, femme de Guy de Billy, commis au contrôle gén. des finances. (*St-Landry*, 45.)

793. 1646. — Élie de Billy, éc., s. de Montguignard, est nommé enseigne au rég. de Charost, comp. colonelle. (D'Hozier, *Billy*, 4.)

794. 1646, 19 août, Sommereux. — Madeleine de Billy, marr. de Nic. Granet, et, le 18 sept., de Madeleine-Antoinette de Miause. (Reg. paroiss.)

795. 1647, 5 jan., Paris. — Bapt. d'Antoinette, fille de J. Lombard, secr. du Roi, et de Marie de Billy ; parr., noble h. Guy de Billy, cons. du Roi, garde des registres du contrôle gén. des finances de France. (*St-Sauveur*, 122.)

796. 1647, 6 oct., Sommereux. — Bapt. d'Hélène de Suleau ; parr., François de Billy ; marr., Marg. de Cours. (Reg. paroiss.)

797. 1648, 19 f., Paris. — Bapt. de Barbe, fille de J. Lombard et de Marie de Billy ; parr., René de Billy, avocat au parl. ; marr., Barbe Bertrand, femme de Guy de Billy. » (*St-Sauveur*, 124.)

798. 1648-1679. — « Élie de Billy, gentilhomme servant chez le Roy, reçu [1er avril] 1648, suivit le grand Condé, [puis fut] prem. écuyer de la Duchesse de Longueville, sa sœur, 1657, jusqu'à la mort de cette princesse, 1679. » (*D. B.*, 5, 44.)

799. 1648, 8 av. — Hélie de Billy prête serment, en qualité de Gentilhomme servant du Roi, entre les mains du Prince de Condé, Gr. Maître de France. (*D. B.*, 45.)

800. 1649, Paris. — Bapt. de Jean-François de Billy (passé en Canada v. 1671). (*Dict. des familles canad.*, I, 52.)

801. 1649-1751. — *Filiation des Billy du Canada, d'après les registres paroissiaux* : Jean-François, bapt. 1649 (Paris), inh. 1er fév. 1716 à Champlain, époux de Catherine-Marguerite de la Marche, dont : 1° Michel, bapt. 1672, marié à : [1] Anne-Céleste Disy (veuve de Fr. Aubuchon), 27 av. 1705 ; [2] Marg.-Renée Breillac, 14 juil. 1719 ; [3] M.-Jeanne Rouillard, 1er mars 1729 ; du 2e lit : *a* Marie-Marguerite, bapt. le 1er et inh. le 26 oct. 1720 ; *b* Marie-Marguerite, bapt. 28 jan. 1722, mar. à Fr. Carpentier, 3 août 1739 ; *c* Madeleine, bapt. 21 av. 1724, mar. à P. Lescuyer, et en sec. noces à P. Petit, 17 août 1761 ; *d* Michel, bapt. 25 sept. 1726. 2° Marie-Anne, bapt. 1675, mar. à Ant.

Jourdain, 30 juin 1688; 3° Thérèse, bapt. 1677,
mar. à J. Caron, 27 fév. 1696 ; 4° François, bapt.
17 oct. 1679, inh. 21 nov. 1695 ; 5° Jacqueline,
bapt. 21 oct. 1684, mar. à J. Pépin, 27 av. 1705;
6° Guillaume de Billy, dit Saint-Louis, bapt.
24 mars 1687, mar. à Madeleine Normandin, 1716,
dont : *a* Marie-Mad., bapt. 6 av. 1717, mar. à Louis
Brulé : *b* J.-Baptiste, bapt. 16 mars 1721 ; *c* Michel,
bapt. 3 mai 1723, marié à Marie-Joseph Bernard,
1750, dont Michel, bapt. 20 mars 1751 ; *d* Marie-
Louise, bapt. 8 oct. 1725 ; *e* Marie-Joseph, bapt.
16 juil. 1730 ; *f* Marie-Angélique, bapt. 17 oct.
1732; *g* François-Amable, bapt. 18 juin 1741. 7°
Jean de Billy, dit Courville, mar. à Marguerite
Vien, 7 juin 1712, dont *a* Antoine, bapt. 24 jan.
1713; *b* François, bapt. 16 sept. 1714, mar. à Madeleine Turbal-Perrot, 14 nov. 1740, dont François, bapt. 30 oct. 1742, et *Anonyme*, bapt. et inh.
28 jan. 1744 ; *c* Joseph de Billy, dit Courville,
bapt. 20 fév. 1716, mar. à Marie-Élisabeth Perrot,
23 nov. 1739, dont Françoise-Ursule, bapt. 10 août
1740, *Anonyme*, bapt. et inh. 14 juil. 1742, et Jo-
seph-Marie, bapt. 23 nov. 1743 ; *d* J.-Baptiste de
Billy, dit Courville, bapt. 18 sept. 1718, marié à Marie-Joseph Turcot, 10 janv. 1753 ; *e Anonyme*,
bapt. et inh. 10 jan. 1721 ; *f* Ignace, bapt. 27 jan.
1722; *g* Pierre, bapt. 2 av. 1724, inh. 2 août 1725 ;
h Geneviève, bapt. 29 mars 1725 ; *i* Michel, bapt.
8 oct. 1726 ; *j* Geneviève, bapt. 16 jan. 1729;

*k*Alexis, bapt. 2 sept. 1731. 8° Gaspard, bapt. 11 fév. et inh. 24 juil. 1692 ; 9° Marie-Renée, bapt. 11 fév. 1692, mar. à Michel Raoult, 11 jan. 1712. (Ibid., I, 52 ; II, 281.)

802. 1649, 25 mars, Paris. — « Bapt. de Charles, fils de Paul de Billy, éc., sgr de Billy, et de d^lle Marie Boucher, sa femme. » (*St-Sauveur*, III. — Le nom de Billy doit être ici une erreur de transcription, tout au moins pour le patronymique.)

803. 1650, Sorel. — Gilles Aubin et Marguerite de Billy, sa femme, vendent à J. Daulne, off. en la gr. fauconnerie du Roi, un quartier de terre à Sorel. (Arch. d'Eure-et-Loir, tit. de la fabr. de Sorel.)

804. v. 1650. — « BILLI, d'Ugubio : Écartelé : au 1, contre-écartelé, *a* de Jérusalem ; *b* d'argent plein ; *c* de g. au lion d'or ; *d* d'arg. au lion de g. ; au 2, parti d'or et d'azur ; au 3, d'az. à 2 roses l'une sur l'autre d'or ; au 4, d'or à 3 fasces ondées d'azur. » (*P. O., Billi*, 2.)

805. V. 1650. — Note de P. d'Hozier sur les armoiries de la Maison de Billy : « Billy, en Valois, *vairé d'or et d'azur à 2 (ou 3) fasces de gueules*, ou *fasse de gueules et de vairé d'or et d'azur de 6 p.*

(je les ay vues des 2 façons), escartelé *d'or à la croix racourcie d'azur* (ou croix simple), aparemment Yvor : Robert, s. de B.-sur-Ourc, chevalier, en 1142, qu'il vendit aux relig. de St-Crespin. » (*P. O.*, Billy, 145. — Mss. de le Laboureur, XXXIV, 543.)

806. V. 1650. — « Billy, s. dud. lieu sur Ourc, vers Chasteauthierry : vairé d'or et d'azur à 2 fasces de gueulle. Elles sont ainsy aux vitres de l'église d'Yvort, escartelées d'or à la croix d'azur, qui est Ivort. » (*P. O.*, Billy, 148.)

807. V. 1650. — « Pays chartrain : Billy, d'argent à 2 bandes de gueules, acc. de 8 coquilles de sable. » (Ibid., 151.)

808. 1652. — « BILLI : vairé d'or et d'azur. — BILLI : de gueules à 2 jumelles d'or, au chef échiqueté d'argent et d'azur de 2 traits. » (Segoing, p. 8, 139.)

809. 1652, 5 août, Pithiviers. — Aveu de la seign. de Montguignard au sgr de Denonvilliers par Élie de Billy ; Gouaut, not. (*Anc. généal.*)

810. 1653, 22 jan., Paris. — « Inhum. de d^lle Marie du Billy, femme de Mr Pezard, cons. secr. du Roy. » (*St-Sulpice*, 75.)

811. 1653, 26 mars, Orléans. — Damoiselle Madeline de Raconis, veuve de feu Mr de Billy, éc., s. de Montguignart, est présente au contrat de mar. entre Ph^e de Gedoin, s. de Bellan, mar. des camps et armées du Roy, capitaine sous-lieut. des gens d'armes du duc d'Orléans, et Marthe de Mareau ; Laisné, not. (Haudicquer, *Mém.*, XVII, 158.)

812. 1654, 20 mars. — Accord fait par François de Billy, sgr de Baricourt et du Saussay, comme créancier de Louis, son frère. (P. Anselme, II, 123.)

813. 1656, 6 juin. — Me César de Billy est pourvu de l'office de conseiller contrôleur triennal des deniers communs, patrimoniaux, dons et d'octroy de la ville de Compiègne. (Arch. nat., P. 2375, fol. 77.)

814. 1657, 28 d., Corbeil. — Mariage de René de Billy, éc., s. de l'Hostel de Billy, Francourville, etc., (fils aîné de Charles et de Madeleine le Grand), avec Madelène de Bethencourt, veuve de Mr de Damas, fille de François, s. de Braseux, gouv^r de Boin, et de Marie de Hémont ; Regnault, not. (*D. B.*, 6. — *Anc. généal.* — D'Hozier, *Billy*, 5.)

815. 1658, 21 août, Orléans. — Aveu du fief de Belébat par Élie de Billy, ch^{er}, s. de Montguignard, à R. P. en Dieu Mgr l'Évêque d'Orléans; Martin et de Meules, not. (*Anc. généal.*)

816. 1660. — Contrat de mar. de François de londel, éc., s. des Croisettes, aide-de-camp des armées du Roi, son ingénieur ord., lieut. commandant sa galère *La Cardinale*, avec Anne de Billy. (Arch. de l'Aisne, B. 18.)

817. 1660. — « Billy : écart. ; au 1, vairé d'or et d'azur, *qui est de Billy* ; aux 2 et 3, d'argent à dix annelets de gueules, 3-3-3-1 ; [*qui est de Vieux-pont*] ; au 4, d'or à la croix d'azur, [*qui est d'Yvor*]. (Palliot.)

818. 1660, 13 d. — M⁰ de Billy, auditeur en la ch. des comptes de Dôle. (Peincedé, II, 782.)

819. 1662. — Élie de Billy, éc., s. de Montguignard, est nommé écuyer de la Duchesse de Longueville. (D'Hozier, *Billy*, 4.)

820. 1662, 29 av. — Charles de Billy est institué greffier et tabellion du comté de Sorel par L.-Ch. d'Albert, duc de Luynes. (*P. O.*, Billy, 43.)

821. 1662, 31 juil. paroisse St-Jean, Dreux. — Mariage de Louis Brisset, fils de feu noble h. Michel B., advocat du Roy en l'élection de Dreux, avec damoiselle Marguerite de Billy, fille de feu noble homme Nicolas de B., cons. du Roy en lad.

él., et de dam. Anne Beausault ; signé « Marguerite de Billy ». (*Reg. paroiss.*)

822. 1662, 28 s., Paris. — « Réception de la dame de Billy à titre de sage-femme de l'Hostel-Dieu. » (*Inv. somm. des archiv. hosp. du d^t de la Seine*, n° 6411.)

823. 1663, 6 fév. — Jacques de Billy, de la Comp. de Jésus, reconnaît avoir reçu la s^e de 11 liv. pour les frais d'un personnage représenté dans sa comédie, le 3 fév., au collège du Cardinal Le Moine. (Catal. de la libr. Voisin, déc. 1891, n° 3354.)

824. 1663, 30 juin, Paris. — Bapt. de Charles. Élie, fils de Ch. de Lingendes, chev., écuyer et maître d'hôtel du Roi, et de Geneviève de la Cloye; parrain, Élie de Billy, chev., sgr de Montguignard, éc. de Madame de Longueville. (*St-Nic.-du-Chardonnet*, 240.)

825. 1663, 5 août, Paris. — Contrat de mar. de messire Hélie de Billy, écuyer de S. A. S. la Duchesse de Longueville, fils de feu Gédéon de B., chev., s. de Montguignard, et de Madeleine d'Abra de Raconis, avec damoiselle Marie-Louise de Bridieu, fille d'Ant., chev., s. de Lignières, et de Louise Chasteigner, dame de Vernelles ; présents

la Duchesse de Longueville, le duc de Longueville
et le Comte de St-Pol, ses fils, le prince de Condé
et le duc d'Enghien, son fils, le prince et la princesse de Conti ; Galois, not. (*D. B.*, 44. — *Carrés*,
121.)

826. 1663, 21 s., Mâcon. — Jean-Baptiste de
Billy, éc.. sgr des Échelles, vend le fief du Mou-
ton, en la par. de Charnay, à dame Anne de Te-
nay St-Christophe, veuve de Gasp. de Chevrières,
sgr de la Saugerie; Dumont, not. (Peincedé, XII,
118.)

827. 1664, 2 av., Paris. — Nic. de Maillot, s.
de la Bourrelière, reconnaît avoir reçu de François
de Billy, juré courtier de vins, et Charlotte de
Lorge, sa femme, la s^e de 487 l. 15 s., à lui due par
Louis de B., aussi juré courtier de vins à Paris, et
Marie Bidault, sa femme, père et mère dud. François; signé : Maillot, François de Billy ; Le Vas-
seur, De Beauvais, not. (Arch. de M. de Billy, orig.
pap.)

828. 1664, 28 n., par. St-Jean, Dreux. — Bapt.
de Jacques (*fruste*) ; parrain, Louis Audiger, marchand ; marr., « honorable femme Marguerritte de
Billy ». (*Reg. paroiss.*)

829. 1664, 10 d., Dijon. — Requête à la ch. des
comptes par Jean de Billy, éc., sgr des Échelles, et

de la Vaize (par Marie de la Fontaine, sa femme), poursuivi par le s^r Parachon, acquéreur du comté de Varax, en reprise féodale de lad. terre de la Vaize. (Peincedé, XXIX, 447.)

830. 1665, 13 av., Méry-sur-Marne. — Contrat de mar. entre Charles de Billi, fils de Philippe de B., ch , sgr d'Antilli, etc., et de Marie de Belloy, avec Marie de Gomer, fille de Charles, chev., sgr de Luzanci, etc., et de feu dame Marie d'Antonis; Prevost, not. (Maintenue du 27 oct. 1667.) Charles de Billy ép. en 2es noces Franç.-Henriette de Gaulnes, et en 3es M.-Anne du Chesne. (D'Hozier, *Billy*, 9.)

831. 1665, 29 mai, Compiègne. — Accord-transaction sur partage de diverses successions entre dam. Catherine Journel, femme de n. h. Ant. Loisre, cons. du Roi, élu en l'él. de Compiègne, damoiselle Louise Journel, veuve de feu noble h. Jean de Billy, aussy cons. et élu en lad. élection, et Jeanne Journel, femme de Me Jacques Brunel, greffier du magasin à sel de Compiègne. (*P. O.*, Billy, 64-67.)

832. 1666, 16 juin, St-Jean, Dreux. — Bapt. de M.-Cath. Cléray; « la marrainne, damoiselle dame Marie de Billy »; signé « Marie de Billy ». — (*Reg. bar.*)

833. 1666, 6 oct. — Inhum. en la chapelle de N.-D. d'Antilly de Marie de Belloy, femme de Philippe de Billy, s. d'Antilly, Cuvergnon, etc., décédée à Senlis. (*Reg. paroiss. de Betz.*)

834. 1667. — Maintenue de noblesse pour René de Billy, éc., s. de l'Hostel de Billy, Francourville, Rochefort, Foussereau, Oudreville, Villereau de Briare, dem^t aud. Briare, élection de Pithiviers, par M. D'Aubray, intend. d'Orléans. (*D. B.*, 6.) « Il n'eut qu'une fille unique, morte âgée de 12 ans. » (La Chenaye, II, 516.)

835. 1667. — « Me Manuel de Billy, prevost de l'exemption de Pierrefonds, estably à Compiègne. » (Haudicquer, IX, 469.)

836. 1667, 21 f., Paris. — Mariage d'Odile Tarade, architecte du Roy, fils de feu J. Tarade, bourgeois de Paris, et de d^{lle} Marguerite Villedo, avec d^{lle} Marie de Billy, fille de Bon de B., chirurgien ord. du Roy, juré au chastelet de Paris, et de feu Cath. Champagneux. (*St-Gervais*, 681.)

837. 1667, 11 août, Antilly. — Bapt. de Nicolas, fils de noble h. Messire Charles de Billi, sgr d'Antilli, et de dame Marie de Gomer. (Maintenue du 27 oct. 1667.)

838. 1667, 21 oct., Soissons. — Philippe de Billy, éc., s. d'Antilly, Fumechon, Germaincourt, etc., et Charles, son fils, sont maintenus en la possess. de leur anc. noblesse par ord. du s^r Dorieu, commiss. départi dans la génér. de Soissons. (D'Hozier, *Billy*, 9. — Arch. de M. de Billy, cop. du 18e s.)

839. 1688, av., St-Germain-du-Pecq. — Revue des chevau-légers de la garde du Roi : Thibault de Montigny, s. d'Aubilly ; Michel le Brun, s. d'Apremont ; François de Billy, s. de Larroy (Sarroques ?), etc. (Arch. de M. de Billy, orig. parch.)

840. 1668, 15 d., Paris. — Quittance, par « damoiselles Anne et Marguerite de Billy », d'une rente de 54 liv. sur l'Hôtel de ville, provenant de Jacques, Marguerite, Elisabeth et Cléophas Beaussault, et constituée le 7 mai 1569. (*P.O.*, Billy, 35.)

841. 1669. — Pierre de Billy, bourgeois de Compiègne, époux de Jeanne Mallet. — Emmanuel de B., époux de Claude Dufeu. (État civil de Compiègne.)

842. 1669. — Naiss. de Charlotte-Jeanne, fille d'Élie de Billy et de Louise-Marie de Bridieu. (*D. B.*, 5.)

843. 1669. — Décès de Philippe de Billy, chev., s. d'Antilly, gentilh. de la ch. du Roi, anc. capitaine de cav., 69 ans. (*D. B.*, 11. — L'an du décès serait 1667, d'après une note de M. Robert Guerlin, l'érudit Secrétaire de la Soc. des ant. de Picardie.)

844. 1669, 9 mars, Paris. — Lettres du Roi nommant « gouverneurs attournés de la ville de Compiègne » Me Roch de Billy, élu, etc. (A. N., O¹ 13, fol. 17.)

845. 1669, 17 av., Anet. — Accord-transaction entre Louis Brisset, tant en son nom que de damoiselle Anne de Billy, sa belle-sœur, et divers. (Minutes de Me Roy, à Anet.)

846. 1669, 23 av., Paris, — Aveu du fief de Belébat à l'Évêque d'Orléans par Élie de Billy ; Choppin et Routier, not. (*Anc. généal.*)

847. 1669, 2 mai, Dreux. — Partage de la succ. de leurs grands parents entre Jeanne Boulanger, femme de Chrestien-Joseph De Billy, md demt à Mézières-en-Drouais, et Charlotte B., sœurs ; Noyer, tab. royal. (Archiv. de M. de Billy, cop. sur expéd. délivrée le 3 av. 1743 par P. Honoré, not. à Dreux.)

848. 1670, Compiègne. — Décès d'Antoinette de Billy, 53 ans, femme de Félix Poulletier, gouverneur attourné. — Adrien de B., époux de Jeanne Potier ; César de B., marchand, bourgeois ; Anne de B., femme de Nicolas Ancel ; Antoinette de B., femme de Florent Huart, orfèvre ; Roch de B., cons. du Roi, gouverneur attourné ; Anne de Navarre, veuve de René de B., héraut d'armes. (État civil de Compiègne).

849. 1670, 3 f., St-Lubin-de-Cravant. — Mariage de Nicolas Billy, fils de François, chirurgien, de la par. de Freneuse (près Mantes), avec Marg^te le Tellier. (*Reg. par.*)

850. 1670, 30 av., Paris. — Hélie de Billy, chev., s. de Montguignard et de la Grandcourt, prem. écuyer de la Duchesse douairière de Longueville, et dame L.-M. de Bridieu, sa femme, consentent que René dè Mornay, prêtre, porte pendant sa vie la qualité de sgr de Villetarte, quoiqu'il leur ait vendu cette seigneurie ; Platrier, le Franc, not. (*D. B.*, 44.)

851. 1670, 27 s., Paris. — Quitt. de rente par Sirou, huissier régent à verge au Châtelet, procureur de messire Charles de Billy, chev., sgr d'Antilly. (*P. O.*, Billy, 44.)

852. 1670, 9 oct., La Croix-en-Brie. — « Ce jourd'hui neufviesme du mois d'octobre a esté baptisé Antoine, fils de François de Billy, escuier, sieur de Baricourt, et de Anne Hotelie. Le parein, qui a imposé le nom, a esté Antoine Dumondé, marchand dem^t à Nangis ; la mareinne, Anne Marie Jacquinot. » (*Reg. paroiss.*)

853. 1672, Paris. — « Le s^r de Billy, chirurgien ord. de l'hospital du St-Esprit-en-Grève. » (*Archiv. hosp. du d^t de la Seine*, t. III, p. 216, n° 412. — Cf. ci-dessus, n° 836.)

854. 1672. — Naiss. de Marie-Louise, fille d'Élie de Billy et de Marie-Louise de Bridieu. (*D. B.*, 5.)

855. 1672, 14 f., Antilly. — Naiss. et ondoiement de Marie, fille de Charles de Billy., éc., s. d'Antilly, et de Marie de Gomer ; mise en nourrice à Betz, y baptisée le 25 et décédée le 26. (*Reg. par. de Betz.*)

856. 1672, 22 juin, La Croix-en-Brie. — « Ce jourd'hui 22e de juin a esté baptisé Alphonse, fils de François de Billy, escuier, sieur de Baricour, et de damoiselle Anne Autenne, sa femme. Le parain qui a imposé le nom s'appelle François Callay, la mareinne Jeanne Vilpelle. Le par. et la mar. ont signé », etc. — « Ce jour d'hui 22 de juin a esté enterré Alphonse, dans l'eglise, fils de François de Billi, escuier, sieur de Baricourt, et de dam^lle

11*

Anne Autenne, aagé de huict mois, en presence de madamoiselle sa mère, laquelle a déclaré ne pouvoir signer », etc. (*Reg. paroiss.*)

857. 1673, 17 mai, La Croix-en-Brie. — Bapt. d'Isabelle-Anne Gérard ; parr., Auguste de Billi ; marr., Isabelle Vilpelle. « Le parain et la mareinne ont déclaré ne pouvoir signer. » (Ibid.)

858. 1673, 25 mai, Paris. — Bapt., à St-Germain l'Auxerrois, de Jean-François, né le 22, fils d'Hélie de Billy, chev., sgr de Villetarte, Morguemont, Romeux et Montguignard, et de M.-Louise de Bridieu. (*D. B.*, 44. — *Carrés*, 126. — D'Hozier, *Billy*, 1, 4.)

859. 1673, 29 juin, La Croix-en-Brie. — « Ce jour d'hui 29 de juin a esté baptisé Jean-Marie fils de François de Billi, escuier, sieur de Baricour, et de Anne Autel. Le parain qui a imposé le nom a esté Anthoine de Léri, Me d'hostel ordre du Roy ; la mareinne, Marie Declève. Le parain et la mareinne ont signé, » etc. (Reg. paroiss.)

860. 1674, Compiègne. — Jacques de Billy, curé de St-Jacques ; Isabelle de B., femme de Claude Duhamel ; François de B., md cloutier, époux d'Anne Manier ; Jacques de B., mercier, époux de Cath. Personne ; Florimonde de B., veuve de Nic.

de Macque (Marcq), chev., sgr de Vaulan ; Françoise de B., femme de P. Amelin, bourgeois, pâtis-
sier ; Henri de B., notaire royal, époux de Jeanne
Duclerc, père d'Antoine. (État civil de Compiègne.)

861. 1674. — « Mr de Billy, capitaine au rég.
royal des Vaisseaux, tué au combat de Senef. »
(*Impôt du sang*, I, 207. — O.de Poli, *Un régiment
d'autrefois : Royal Vaisseaux*, 33, 38.)

862. 1674, 10 juil., Sorel. — Maîtres Charles et
Nicolas de Billy, témoins au mar. de Pierre Boucher avec Louise Suzanne. (*Reg. par.*)

863. 1674, 12 juil., Sorel. — Me Charles de B.,
témoin au mar. de J. Bourgeois avec Élisabeth
Égasse ; 12 août, parrain de Ch. Poussard ; 28 août,
parr. de Charlotte Morier ; 30 déc., tém. au bapt.
de Félicité Colas. (*Reg. paroiss.*)

864. 1674, 7 s., Paris. — Le s^r Gamare, quarte-
nier du quartier St-Honoré, certifie au Prevost des
marchands « que messire Élie de Billy, chev., sgr
de la Villetartre, Romigny et Montguignard, étoit
demeurant dans l'hostel de Longueville dep. 18 ans
et plus, et qu'il lui avoit représenté les certif. des
bans de son mariage et extraits bapt. de M^rs ses
enfants. » (*Carrés*, 126.)

865. 1674, 19 s., Paris. — Certif. de Colbert, intendant de Paris, portant que Charles de Billi, sgr d'Antilli, a comparu à la revue de la Noblesse du baill. de Crépi-en-Valois. (*Anc généal.*)

866. 1675, 10 jan., Sorel. — Bapt. d'Anne, fille de Mr Charles de Billy, et de Charlotte Boulanger; parr., Mr Nicolas de Billy, proc. fiscal. (*Reg. par.*)

867. 1675, 27 s., Dreux. — Décès de Louis De Billy, 63 ans. (*Reg. par.*)

868. 1676, 10 mars, La Croix-en-Brie. — « Ce jourd'hui dixiesme mars a esté baptisée Marie Therese, fille de Monsieur de Billi, dit Baricourt, et de damoiselle Anne Auté. La marr. qui a imposé le nom a esté damoiselle Marie Therese Gheurt: le parr. Louis François. Le parr. et la marr. ont signé, à ce requis », etc. — « Ce jourd'hui dix^e mars a esté baptizée Anne, fille de Mr de Billi, dit Baricourt, et de d^{lle} Anne Auté. Le parr., Thomas L'Escuyer. La mareinne, qui a imposé le nom, a esté Jeanne de Grandrue, » etc. (*Reg. par.*)

869. 1676, 23 d., Sorel. — Bapt. de Louis, fils de Mr Charles de Billy, greffier de la chât. de Sorel, et de dame Charlotte Boulanger; parr., Messire Louis Diel, chev., s. de Sorel; marr., damoiselle Cath. Louise Diel, fille de Mons. le comte de Sorel. (*Reg. par.*)

870. 1677, 23 s., Saussay, près Anet. — Bapt. de Ch. Collas ; parrain, Mr Charles de Billy, greffier et tabellion de la Châtell. de Sorel ; marrine, Cath. de Bauny, femme de Jacq. Forgent, officier du Roi. (*Reg. par.*)

871. 1677, 25 oct., Saussay. — Mr Charles de Billy, greffier et tab. de Sorel, témoin au mar. de Noël Chevalier et Jeanne Biné. (Ibid.)

872. 1678. — Naiss. de Julie-Clotilde, fille de Charles de Billy, s. d'Antilly, et d'Anne du Chesne. (*D. B.*, 11.)

873. 1678, 9 janv. — Adrien de Billy est investi de l'office de notaire royal à Compiègne. (Arch. nat., V[1] 17, c. 7.)

874. 1679. — Décès du R. P. Jacques de Billy (né à Compiègne en 1602), de la Comp. de Jésus. (Catal. Voisin, déc. 1891, n° 3354.)

875. 1679, 10 av., La Croix-en-Brie. — « Ce jourd'hui dix[e] avril a esté enterré dans l'eglise Messire François de Billi, escuier, aagé de 72 ans, en presence de damoiselle Anne Autay, sa femme, et de Magdelaine de Billi, sa fille, lesquelles ont déclaré ne pouvoir signer », etc. (*Reg. paroiss.*)

876. 1679, 22 août. — Mariage d'Anne de Billy, écuyer, s. de la Motte de Quesmy, aide-major et sous-brigadier des ch.-légers du Dauphin, avec Charlotte de Coquillette, veuve de Claude de Rives, éc., s. de Blanchecourt, et fille de François de C., éc., s. de la Tour, et de Marie de Renty. (D'Hozier, *Billy*. 6. — *D. B.*, 7.)

877. 1680, 5 mai, Anet. — Acte passé par devant De la barre, not. ; témoin, « Charles De Billy, greffier du bailliage de Sorel ». (Min. de Mᵉ Roy.)

878. 1680, 15 juin, Compiègne. — « Pierre-Simon de Billy, cons. du Roy, commissaire ord. des guerres et l'un des 40 reservez par Sa Majesté, demᵗ à Compiègne » ; quitt. de gages. (*P. O.*, Billy, 121.)

879. 1680, 25 juil., Saussay. — Bapt. de L.-Charlotte Chevalier ; parr., Mʳ Charles de Billy, greffier et tab. de Sorel ; marrine, damoiselle Louise Baudouin, d'Anet. (*Reg. par.*)

880. 1680. — Procès sur un chemin contesté aux habitants de Versigny et de Rogécourt par

Anne de Billy, éc., s. de Baricourt, et Charlotte
de Coquelle, sa femme, veuve de Claude Desrives,
s. de Blanchecourt. (Arch. de l'Aisne, B. 3583,
liasse.)

881. 1681. — Naiss. de Marie-Anne, fille de
Charles de Billy, s. d'Antilly, et d'Anne du
Chesne. (*D. B.*, 11.)

882. 1682, 9 f., Sorel. — Mariage de Pierre
Chenaussé avec Marguerite de Billi, fille de Mᵉ Ni-
colas de Billi, proc. des sgries de l'Isle ; signé
« Marguerite de Billi, de Billy, Chrestien de Billy,
Anne Boulanger, Charlotte Boulanger ». (*Reg.
paroiss.*)

883. 1681, 16 avril, Sorel. — Acte passé par
devant Charles de Billy, principal tabellion juré à
Sorel ; témoin, Chrestien-Joseph de Billy, sergent
royal demᵗ à Mézières-en-Drouais. (Min. de
Mᵉ Roy.)

884. 1681, 29 octobre, Mézières-en-Drouais. —
Inhum. de Chrestien-Joseph de Billy, sergent
royal, 30 ans. (*Reg. par.*)

885. 1681, 6 déc. — Henry de Billy est investi
de l'office de procureur postulant à Compiègne.
(Arch. nat., V¹ 29, c. 56.)

886. 1682, Compiègne. — Pierre de Billy, bourgeois, bonnetier, époux de Marie Pochon ; Jeanne, fille de Mr de B., prévôt de Pierrefonds, premier échevin de Compiègne ; Marguerite de B., veuve de Fr. Davaine ; Claude de B., femme de Ch. Chapelain, mercier. (État civil de Compiègne.)

887. 1682, 10 f., Paris. — « Messire Élie de Billy, chev., sgr de Villetorte, etc. », témoin au mar. de Claude de Mauléon, éc., avec Marie Carteron. (Clairambault. *St-André-des-Arcs*, p. 1354.)

888. 1682, 25 mai, 27 et 29 juin, Francourville. — Procurations de Simon Chault, m^d à Villereau, comme tuteur et cur. de dam^lle Magdelaine de Billy, fille min. de Messire René de B., chev., sgr de Francorville et a. l., et de déf. dame Magdelaine de Betencourt ; P. Chamault, not. (Arch. de M. de Billy.)

889. 1682, 7 juin, Sorel. — Bapt. de Nicolas, fils de Me Charles de Billy, greffier et tab. de la chât. de Sorel ; marr., Hélène Rotrou. (*Reg. par.*)

890. 1683, 1er fév., Compiègne. — Sépulture d'Adrien de Billy, notaire. (*Reg. par.*)

891. 1683, 14 janv., Sorel. — Me Charles de Billy, greffier de la Châtell. de Sorel, parrain de Ch. Biset. (*Reg. par.*)

892. 1683, 30 sept. — Emmanuel de Billy est nommé greffier de la maréchaussée de Senlis. (Arch. nat., V¹ 22, c. 101.)

893. 1684. — Naiss. de Charles-Antoine, 3ᵉ fils de Charles de Billy, s. d'Antilly, et d'Anne du Chesne. (*D. B.*, 11.)

894. 1684, janv. — Preuves de page du Roi en sa Grande Écurie pour Nicolas de Billy d'Antilly, fils de Charles, éc., sgr d'Antilly, et de feu Marie de Gomer ; décédé aud. an. (Cab. des tit., vol. rel. 275, doss. 34. — D'Hozier, *Billy*, 9.)

895. 1684, 11 fév., Compiègne. — Roch de Billy, conseiller du Roi. (État civil.)

896. 1684, 25 fév., Anet. — Acte de don. mutuelle et univ. par Pierre Chenaussé, garde des bois de Mʳ de Sorel, et Marguerite de Billy, sa femme ; Coricon, not. (Min. de Mᵉ Roy.)

897. 1685, 24 n., Sorel. — Charles de Billy, procureur fiscal, tém. au mariage de J. le Tartre avec Cath. Malvaut. (*Reg. par.*)

898. 1685, 4 déc., Anet. — Acte où est témoin Charles de Billy, greffier de Sorel ; Coricon, not. Min. de Mᵉ Roy.)

899. 1685, 23 d., Sorel. — Naiss. et bapt. de Marguerite, fille de Mᵉ Charles de Billy, greffier et not. de Sorel, et de Charlotte Boulanger. (*Reg. par.*)

900. 1685, 23 d., Sorel. — Bapt. de Marguerite, fille de Mᵉ Charles de Billy, greffier et not. de Sorel. (Ibid.)

901. 1686, 20 juin, Sorel. — Mᵉ Charles de Billy, tab. et greffier de Sorel, parrain de P. Garçon ; le 18 juil., parr. de Juliane Lefebure. (Ibid.)

902. 1686, 28 juil., Fribourg. — Congé absolu, « pour se retirer aux invalides sy Mgr de Louvois le veut bien recevoir », délivré par Mʳ de Billy, commʳᵉ des guerres au dépᵗ de Fribourg, au nommé François Carré, dict Sans cartier », servant au régᵗ de Luxembourg, « aiant eu les reins cassés, travaillant aux fortif. des forts de lad. place » : signé « De Billy, comʳᵉ ». (Arch. de M. de Billy.)

903. 1686, 22 août, Sorel. — Anne, fille de Charles de Billy, tabellion, marraine d'Anne le Tartre. (*Reg. par.*)

904. 1686, 6 sept. — Emmanuel de Billy est investi de l'office d'élu en l'élection de Compiègne. (Arch. nat., Vᴵ 12, c. 70.)

905. 1687, 6 juil., — Bapt. de Marie-Anne, née le 2, fille d'Anne de Billy, éc., seigneur de la Motte, et de Charlotte de Coquillette. (D'Hozier, *Billy*, 6.)

906. 1688, mars. — « Preuves de la noblesse de Jean-François de Billy, présenté pour être reçu page du Roy dans sa petite écurie. » (*D. B.*, 44-50.)

907. 1688, 4 mai. — Mariage de Charlotte-Jeanne de Billy, fille d'Élie, s. de Montguignard, et de M.-Louise de Bridieu, avec Ch.-Ant. Petit, éc., s. de Bachaumont, aud. des comptes. (D'Hozier, *Billy*, 4.)

908. 1688, 11 mai. — Naiss. d'Alexandre-François, fils de Charles de Billy, éc., s. d'Antilly, et de Marie-Anne du Chesne. (Ibid., 9.)

909. 1688, 20 oct., Sorel. — Jean-Jacques de Billy, fils de Charles de B., greffier de Sorel, est parrain de Jeanne d'Aloyau. (*Reg. par.*)

910. 1689, 6 oct. — « Nous Emmanuel De Billy, capitaine au régiment de Champagne » ; quitt. de 30 liv. « pour la capture par nous faite d'un soldat deserteur ». (Arch. de M. de Billy.)

911. 1689, 26 n., Sorel. — Mᵉ Charles de Billy, greffier, tém. au mar. de Fr. Marie avec Marguerite Poussin. (*Reg. par.*)

912. 1690. — Jean-François de Billy, mousquetaire du Roi, âgé de 16 ans, a « le pied percé d'un coup de pistolet, à sa première campagne ». (*D. B.*, 64.)

913. 1690, 26 n., Paris. — Publ. des bans de mar. de César-Auguste-Jean de Bragelongne avec Marie de Billy, de la par. Sᵗ-Paul. (*Sᵗ-Gervais*, 627.)

914. 1691. — Jean-Francçois de Billy est nommé Cornette aux Dragons du Roi. (D'Hozier, *Billy*, 1.)

915. 1691, 26 fév., Sorel. — Charles de Billy, greffier de ce lieu, tém. au mar. de Nic. Poulain avec Geneviève Ciray. (*Reg. par.*)

916. 1691, 11 mars, Paris. — Inhum. de messire Ch.-Ant. Petit, cons. du Roy et audʳ en sa ch. des comptes, sgr de Bachomont, âgé d'env. 40 ans, mort le 10 ; présents messire Jean-François de Billy, éc., son b.-frère, et Jacques Bourdon, trés. de France à Paris, son cousin. (*Sᵗ-Sulpice*, 370. — En marge : « Il étoit fils de Gᵉ Petit, médecin de Mʳ le Dauphin. »)

917. 1691, 14 juin, Sorel. — Anne, fille de Charles de Billy, greffier de Sorel, marraine d'Anne Legoux. (*Reg. par.*)

918. 1691, 7 s., La Croix-en-Brie. — « Ce jour-d'hui septiesme septembre a esté enterré dans l'eglise damoiselle Anne Autelle, veuve de feu monsieur François de Billi, escuier, sieur de Baricourt, en presence de M⁰ Thomas Lescuyer, proc. fiscal en cette justice de La Croix, et de Jacques Lorillon, M⁰ d'escole dud. lieu ; lad. damoiselle Autelle aagée de 55 ans. » *(Reg. par.)*

919. 1692, 10 jan., Compiègne. — Mariage entre Étienne de Blois et Marie de Billy, avec bref papal de dispense au 2ᵉ degré. — Bruno de B., prêtre ; Adrien de B., époux d'Anne Marié ; Jean de B., cloutier, époux de Cath. Capy ; Claude de B., époux d'Antoinette Mossu ; Louis de B., notaire, époux de Suzanne Lempereur ; Frédéric de B., époux de Jeanne Lejeune. (État civil.)

920. 1693, 11 jan., Paris. — « A esté ondoyée la fille de Mʳ de Billy, née sur l'estendue de la parroisse. » (Clairambault, *Sᵗ-André-des-Arcs*, p. 1526.)

921. 1694, 12 déc. — « Marie-Anne de Billy, née 1687, (fille d'Anne de B., éc., s. de la Motte

de Quesmy, et de Charlotte Coquillette), reçue à
Sᵗ-Cyr 1694, y mourut 1696. » (*D. B.*, 7. — D'Hozier, *Billy*, 6.)

922. 1694, mai. — Jean-François de Billy, cornette aux dragons du Roi, est promu enseigne de
la comp. colonelle, puis capitaine le 16 oct. suiv.
(D'Hozier, *Billy*, 1.)

923. 1695, 11 mai, Dreux. — Inhum. de Jeanne
de l'Isle, fille d'Estienne et de Françoise de Billi.
(*Reg. par.*)

924. 1696, 5 jan., Sorel. — Inhum. de Charlotte Boulanger, femme de Mᵉ Charles de Billi,
greffier de Sorel. (*Reg. par.*)

925. 1696, 7 déc., Paris. — Convoy-enterr.
de Denise-Marg. Le Roy, veuve de Mʳ Billy, mᵈ
espicier, bourgeois de Paris et anc. Marguillier
de sa paroisse, demᵗ grande rue du faux bourg
Sᵗ-Antoine; qui se fit en l'égl. de Sᵗᵉ-Marguerite,
succursiale de Sᵗ-Paul, où elle fut inhumée. »
(Cab. des tit., 1006, *Naiss. mariages, morts*, p.
370.)

926. 1697, 29 jan., Paris. — Mariage de Gaspard le Moine de Baron, écuyer, mar.-des-logis de
la 2ᵉ comp. des mousquetaires, fils de Lucien et

de Marie Pecquet, avec Anne-Marthe de Billy, fille de feu Jean et de Dènise-Marg^te le Roi ; présent, Regnault le Moine, écuyer, mousquetaire, frère. *(St-Paul,* 462.)

927. 1697, 7 mai, Sorel. — Jean-Jacques et Louis de Billy, témoins au mar. de Marin le Blond avec Cath. Marie. J.-Jacques signe « De Billi », et Louis « Debilli ». (*Reg. par.*)

928. 1697, 16 s., Sorel. — Louis Debilli, tém. au mariage de Marin Druier avec Cath. Lessart. Ibid.)

929. 1697, 22 oct., S^t- Lubin-de-Cravant (Eure-et-Loir). — Mariage entre P. Aubé et Jeanne de Billy ; présents Jean et Jacques de Billi, fils de Charles de Billy, oncle pat. de lad. Jeanne. (*Reg. par.*)

930. 1697, 19 n., Paris. — « Convoy-enterr. de Mr de Billy, m^d joyaillier, bourgeois de Paris, dem^t chez Mr de Billy, son père, courtier de vins rue de la Courtille ; qui se fit en l'égl. St-Laurens. » (Cab. des tit., 1007, *Naiss. mar., morts,* p. 347.)

931. 1697, 6 déc., Sorel. — Anne, fille de Me Charles Debilly, greffier de Sorel, marraine d'Anne Jacottin. (*Reg. par.*)

932. V. 1697. — « Billy, famille de Valois, dont les sgrs de Grandcourt, de Montguignart, de Franconville, de Mauregard, d'Antilly, de Courville, de Prunay-le-Gillon, de Vertron ; porte de gueules à deux jumelles d'argent, au chef échiqueté d'or et d'azur. » (*P. O.*, Billy, 150, 152.)

933. 1698, 22 mars, Sorel. — Anne, fille de M⁰ Charles De Billi, notaire, marraine de Nic. Léger. (*Reg. par.*)

934. 1698, 3 juil., Anet. — Contrat de mar. entre Daniel Aliet, laboureur, et Anne de Billy, fille de Charles de B., greffier au bailliage de Sorel, et de feu dame Charlotte Boullanger ; lad. future assistée de son père, de Jean-Jacques de B., son frère ; signé : Debilly, Anne de Billy, J. J. de Billy, Nicolas Debilly, Marguerite de Billy ; Typhaine, tab. (Min. de Mᵉ Roy.)

935. 1698, 4 juil., Sorel. — Mariage de Daniel Aliet, laboureur, fils de feu Pierre et de Marie Guille, avec Anne de Bylli, fille de M⁰ Charles Debylli, praticien, et de déf. Charlotte Boulanger ; prés., Mᵉ Charles Debilli, père, et J.-Jacques Debilli, frère de l'épouse. (*Reg. par.*)

936. 1698, 17 août, Anet. — Deux baux par

M⁰ Charles de Billy, greffier au bailliage de Sorel, comme tuteur de Louise, fille de feu Jacques Marys, bourgeois de Paris ; Typhaine, tab. (Min. de M⁰ Roy.)

937. 1698, 9 et 14 sept., Anet. — Deux baux par Marie Moinville, femme sép. quant aux biens d'avec M⁰ Charles de Billy, greffier à Sorel, tutrice de Louise Maris, sa fille mineure et de déf. Jacques Marys, son prem. mari ; Typhaine, tab. (Ibid.)

938. 1698, 17 s., Paris. — « Convoy-enterr. de M⁰ de Billy, Maistre Fourbisseur, ancien de sa communauté et bourgeois de Paris, au Marché neuf ; à 6 h. du soir, à S¹-Germain le vieil. » (Cab. des tit., 1008, *Naiss.*, *mar.*, *morts*, p. 282.)

939. 1699, 22 av. — Jean Billy, prêtre, est présent à l'inhum. dans le cimetière de l'abb. de Port-Royal de messire J.-B. Racine, conseiller secr. du Roi et gentilh. ord. de sa chambre. décédé à Paris, par. S¹-Sulpice, le 21. (*Reg. des sépult. de l'abb. de Port-Royal.*)

940. — Bapt., à S¹-Lubin-de-Cravant, de Louise-Jeanne Aubé ; marr., Jeanne de Billy. (*Reg. par.*)

941. 1700, 22 f., Dreux. — Mariage de Nicolas de Billy, fils de déf. Chrétien-Joseph de Billy et

de Jeanne Boulanger, avec Jeanne Rousseau, fille
de Louis et de Jeanne Viel; prés. Fr. de l'Isle,
b.-père de l'épouse, François de Billy, frère de
l'époux. (*Reg. par.*)

942. 1700, 1ᵉʳ mars, Anet. — Mᵉ Charles de
Billy, greffier et tab. principal au baill. de Sorel,
est fondé de procur. à l'effet de passer bail; Auvray, not. (Min. de Mᵉ Roy.)

943. v. 1700. — *Armorial Général :* Charles
Toustain de Billy, éc., s. de la Godrie : d'arg. à
2 fasces d'azur acc. de 3 merlettes de sable. (Nor-
mandie-Caen, p. 356, reg. I de Vire, n° 26.) —
[Charlotte-Jeanne] de Billy, veuve de [Ch.-Ant.
Petit de] Bachaumont, aud. des comptes : vairé
d'or et d'az. à 2 fasces de gueules. — Bon de
Billy, ingén. ord. du Roy, et N... de Battincourt,
sa femme : de gueules à la tour d'arg. maçonnée
de sable ; accolé de, etc. (Paris, II, 509, 515.) —
Jeanne Vialis, veuve d'Horace de Billy : d'az. à 3
trèfles d'arg., à un chef d'or. (Paris, I, 221.) —
Charles de Billy, chev., sgr d'Antilly, et Marianne Duchesne de Neufville, sa femme : écartelé, aux 1 et 4, fascé de 6 pièces de g. et d'or, les
fasces chargées de 3 pièces de vair d'azur ; aux 2
et 3, d'or à la croix alaizée d'azur ; accolé de, etc.
— Samuel-Léon de Billy, chanoine de l'égl. cathédr. N.-D. de Noyon : d'or à un chevron de g.

chargé de 3 besants d'arg. accomp. en chef de 2 étoiles de g. et en pointe d'un rencontre de bélier de sable. — Louis de Billy, chanoine de St-Gervais de Soissons : d'arg. à 8 billettes de g. posées en orle. *Armoiries imparties d'office.* (Soissons, p. 167, 277, 834.) — Emond de Billy, cons. du Roy et son prem. avocat gén. en la cour du parl. de Bordeaux : d'arg. à 3 fasces de g., coupé d'or à un lion de g. tenant une ancre de sable ; parti d'az. à un dextrochère d'or mouvant du flanc et tenant une épée d'arg. accostée en chef d'un croissant de même à dextre et d'une étoile d'or à senestre. (Guyenne, p. 108.) Pierre-Simon de Billy, éc., cons. du Roy, commiss. et contrôleur des guerres à Arras, et Marguerite Charpentier, son épouse : d'az. à un chevron d'or chargé de 3 tourteaux de g. et acc. en chef de 2 étoiles d'or, et en pointe d'un rencontre de chevreuil de même ; accolé de, etc. (Picardie, p. 117.) — Élie de Billy, éc., sgr de la Villevorne (la Villetertre), et M.-Louise de Bridieu, sa femme : fascé de 6 pièces, 3 de vair et 3 de g. ; accolé de, etc. (Normandie-Rouen, p. 403.) — Guillaume de Billy, cons. du Roy en l'élection de Lyon : d'argent à 3 merlettes de sable. (Lyon, p. 283.)

944. — « Billy-Courville : vairé d'or et d'azur à 2 fasces de gueules, escartelé d'or à la croix d'azur. — Louis de Billy, baron de Courville, époux de Félice de Rosny : de gueules à 3 fasces d'or, escartelé d'argent à 3 fleurs-de-lys d'azur. — Billy, en Normandie : fascé de vair et de gueules. — Billy, à Paris : fascé de vair d'or et d'azur, et de gueules, de 6 pièces. (Charlotte-Jeanne de Billy, veuve de Ch.-Ant. Petit., s. de Bachaumont.) — Billy, en Picardie (Crespy) : Escartelé, au 1er et 4e, fascé de gueules et d'or, les fasces d'or chargées de vair de gueules ; au 2e et 3e, d'or à la croix d'azur. (Ch. de Billy, s. d'Antilly, espoux de M.-Anne du Chesne de Neufville.) » (*D. B.*, 56.)

945. — « Billy, Picardie : d'az. au chevron acc. en chef de 2 étoiles et en pointe d'une tête de bélier, le tout d'or. — Billy, Pic., Soissonnais : contrevairé d'or et d'azur à 2 fasces de g. — Billy, Ile-de-France, Poitou, Alsace : Écart. 1-4, de même ; 2-3, d'or à la croix alésée d'az. (Yvor). — Billy, Lorraine : d'az. à 3 billettes d'argent. — Billy, Bourgogne, Guadeloupe : d'arg. à 3 merl. de sable. — Billy de Briançais, Bretagne : d'or à la croix d'azur. (Rietstap, p. 203.)

946. — « De Billy, seigneurs de Billy, Vesvre, Champcourt, Vero, Vicomtes de Clamecy. *Alliances* : Anceau, Champdiou, la Rivière, la Perrière, Faudoas. *Armoiries inconnues.* » (Comte de Soultrait, *Arm. du Nivernais*, I, 144.)

947. 1701, 14 jan., Dreux. — « L'enfant de Nicolas de Billy, né de ce jour, ond. à la maison par la sage-femme jurée de cette ville, décédé en mesme temps, et de Jeanne Rousseau, ses père et mère, a été inhumé dans le cim. de céans. » (*Reg. par.*)

948. 1701, 17 jan., Dreux. — Décès de Jeanne Rousseau, femme de Nicolas de Billy, 25 ans. (Ibid.)

949. 1701, 4 fév., St-Lubin-de-Cravant. — Naiss. et bapt. de Pierre, fils de Pierre Aubé et de Jeanne de Billi. (Ibid.)

950. 1701, 12 av., Dreux. — Mariage de Nicolas de Billy, potier d'estain, veuf de Jeanne Rousseau, avec Catherine Valle, fille de feu Guillaume, Mᵉ Fondeur, et de Françoise Touzé ; prés. François et Robert de Billy, frères de l'époux, Bern. le Ménestrel et Messire Eustache de Rotrou, cons. du Roy, lieut. général du bailliage de Dreux, ses cousins. (Ibid.)

951. 1701, 8 mai, par. St-Pierre, Dreux. — Mariage, après publ. des bans à Nogent-le-Roy et à Sorel, de Robert de Bylly, compaignon potier d'estain, fils de déf. Chrestien-Joseph et de déf. Jeanne Boulanger, avec Catherine Guérin, veuve de De-

nis Salmon, potier d'estain; présents Nicolas et
François de Bylly, qui signent « N. de Billy,
F. Billy ». (Ibid.)

952. 1702, 3 jan., Dreux. — Inhum. de Françoise Touzé, femme de G. Valle, 76 ans; prés. Nicolas de Billy, son gendre; signé « N. de Billy ».
(Ibid.)

953. 1702, 31 janv., Dreux. — Naiss. et bapt.
de Nicolas-Noël, fils de Nicolas De Billy et de Cath.
Valle; parr., Mᵉ Noël Dubois, élu à Dreux; marr.,
damoiselle Anne-Marie Dubois, épouse de Mᵉ Eustache de Rotrou, lieut. partᵉʳ de Dreux. (Ibid.)

954. 1702, 8 août, par. Sᵗ-Jean, Dreux. — Bapt.
de Marguerite, fille de Jacques Cousin, vigneron;
parrain, Léon Pierre, hostellier du Saumon ; marr.,
Marguerite du Billy (*sic*), femme de Mᵉ Louis
Brisset. (Ibid.)

955. 1702, 24 n., Sorel. — Mariage de Louis de
Billy, marchand drapier, fils de Mᵉ Charles de
Billy et de Charlotte Boulanger, avec Catherine
d'Urnie, veuve de Jacques Rouillon. (Ibid.)

956. 1702, 2 d., Sorel. — Mariage de J.-Jacques
de Billy, garde des bois de Madame de Sorel, fils
de Mᵉ Charles de Billy et de Charlotte Boulanger,

avec Thérèse Bourdet, veuve de Claude Deffiche. (Ibid).

957. 1703. — Alexandre-François de Billy d'Antilly est reçu page de la chambre du Roi. (D'Hozier, *Billy*, 10.)

958. 1703, 26 mai, Sorel. — Bapt. de Jean-Jacques, fils de Daniel Allier et d'Anne de Billy; parr., J.-Jacques de Billy; marr., Cath. d'Urnie. (*Reg. par.*)

959. 1703, 5 juin, Dreux. — Bapt. de Nicolas, fils de Nicolas de Billy et de Cath. Valle. (Ibid.)

960. 1703, 9 août., Sorel. — Bapt. de Louise-Jeanne, fille de Louis de Billy et de Cath. d'Urnie; parr. Mᵉ J.-Jacques de Billy. (*Reg par.*)

961. 1704.— Alexandre-François de Billy d'Antilly, page de la ch. du Roi, entre aux mouquestaires. (D'Hozier, *Billy*, 10.)

962. 1704, 4 fév., Sorel. — Jean-Jacques de Billy, témoin au mar. de Jacques Ablin avec Marie Biné. (*Reg. par.*)

963. 1704, mars, Sᵗ-Lubin-de-Cravant. — Naiss. et bapt. de Marie, fille de P. Aubé et de Jeanne de Billy; marr., Charlotte de Billy. (*Reg. par.*)

964. 1704, 3 oct., Sorel. — Bapt. de Geneviève, fille de Louis de Billy et de Cath. d'Urnie ; parr. Henri de Billy. (*Reg. par.*)

965. 1704, 17 nov., Sorel. — Jean-Jacques de Billy, témoin au mar. de François Niclot avec Anne Bizet. (Ibid.)

966. 1705, 3 f., Abondant. — Décès de Cath. d'Urnie, femme de Louis de Billy ; inh. le 4. (Ibid.)

967. 1705, 25 av., Batiscan (Canada). — Contrat de mar. de Michel de Billy, fils aîné de J.-François et de Catherine-Marguerite de la Marche [1], avec Anne-Céleste Disy, veuve de François Auburzon, fille de Pierre D., s^r de Montplaisir, capitaine de la Milice, et de dame Madeleine Drouillet ; Fr. Trotain, not. (Archives de l'hon. L.-Ad. de Billy.)

968. 1705, 25 juil., Dreux. — Naiss. et bapt. de Catherine-Marguerite, fille de Nicolas Debilly, maistre étemier, et de Cath. Valle. (*Reg. par.*)

969. 1705, 25 août, Sorel. — Mariage de Louis

[1] Elle signe au contrat « Caterine de la Marche » ; c'est donc par erreur qu'elle est appelée « de la Mare » dans le *Dict. des familles Canadiennes.*

de Billy, laboureur de la par. d'Abondant, veuf de Cath. d'Urnie, avec Marguerite Amory, veuve de Léonard Guillaume ; prés. Mᵉ Charles de Billy, greffier, père de l'époux, Mᵉ Nic. d'Urnie, garde pour le Roy de la forêt de Croth-lès-Dreux, Mᵉ J.-Jacq. de Billy et François de Billy, frère et cousin de l'époux. (*Reg. par.*)

970. 1706, 9 f., Dreux. — Mariage de Martin Manceau, compaignon potier d'étain, avec Marguerite Debilly, fille de Charles, praticien, et de déf. Charlotte Boulanger. (Reg. par.)

971. 1707, 15 juil., Champlain (Canada). — Concession d'une terre de 6 arpents avec droit de chasse et pêche au-devant et au-dedans, par Fr. Poisson, sgr de Gentilly, à Michel de Billy ; Normandin, not. (Arch. de l'hon. L.-Ad. de Billy.)

972. 1707, 12 n., Sᵗ-Lubin-de-Cravant. — Bapt. de Louise-Jeanne, fille de P. Aubé et de Jeanne de Billi. (*Reg. par.*)

973. 1708. — François de Billy, greffier de l'Amirauté de Quimper. (Arch. nat., E. 1944, f. 205.)

974. 1708. — Autoris. à Cath. de la Motte, veuve d'Eymond de Billy, avocat gén. en la cour des aides de Guyenne, de toucher les émoluments dus à son feu mari. (Arch. nat., P. 2411, fol. 669.)

975. 1708, 29 janv., Sorel. — Jean-Jacques de Billy, parrain de Louise-Marie de la Noüe. (*Reg. par.*)

976. 1708, 13 s., Sorel. — Mᵉ Nicolas de Billy, tém. au mariage de Nic. Léger avec Marie le Tartre. (Ibid.)

977. 1708, 6 n. — Mariage de Marie-Louise de Billy, fille d'Élie et de M.-Louise de Bridieu, avec Claude de Bridieu, éc., s. du Claveau. (D'Hozier, *Billy*, 4.)

978. 1709, 6 mars, Sᵗ-André-des-Arcs, Paris. — Inhum. de Mgr le Prince de Conti ; présents..., Messire Jean-François de Billy, gentilh. ord. de sa chambre. (Clairambault, t. 989, p. 1745.)

979. 1709, 25 juin, Dreux. — Mariage de François Debilly, fils de défunts Chrestien [-Joseph] Debilly et Jeanne Boulanger, avec Hélène Aurouin. (*Reg. par.*)

980. 1709, 8 oct., Dreux. — Mariage de Nicolas Debilly, fils de Charles Debilly, tabellion d'Anet, et de Charlotte Laboulaye, avec Jeanne Masson, fille de Gilles et de Geneviève Dubois. (Ibid.)

981. 1710, 24 août, Anet. — Charles de Billy, praticien, témoin ; Auvray, not. (Min. de Mᵉ Roy.)

982. 1710, 19 oct., Sorel. — Bapt. de Louise, fille de Daniel Laally et d'Anne de Billy ; parr., Louis de Billy. (*Reg. par.*)

983. 1710, 10 déc., Dreux. — Bapt. de Nicolas, fils de Nicolas Debilly et de Jeanne Masson ; parrain, « Nicolas de Billy » ; décédé le 11. (*Reg. par.*)

984. 1710, 27 d., Sᵗ-Lubin-de-Cravant. — Mariage entre Toussaint Mignon et Jeanne de Billy, veuve de P. Aubé. (*Reg. par.*)

985. 1711, 8 jan., Lyon. — Noble Guillaume de Billy, avocat en parlᵗ, par contrat du 22 sept. 1707, a cédé son office de consᵉʳ du Roi élu en l'élⁿ de Lyon à noble Ant. Compain pour la somme de 10.000 livres ; il en donne quitt. (*P. O.*, Billy, 55-56.)

986. 1711, 26 av., Sorel. — Jean-Jacques de Billy, notaire, parrain d'Anne-Louise-Boucher. (*Reg. par.*)

987. 1711, 15 déc., Sorel. — Louis de Billy, m^d drapier à Sorel, en son nom et comme tuteur de ses enf. mineurs nés de son mariage avec déf. Catherine d'Urnie, et Jacq. Rouillon reconnaissent devoir solidairement aux Dames de la Charité une rente de 25 liv. — Jean-Jacques de Billy, principal tab. juré au baill. de Sorel. (Min. de Me Roy.)

988. 1712. — Maistre Martin de Billy, procureur au bailliage de Compiègne. (Arch. nat., E. 958^c, fol. 15 v.)

989. 1712, 1er jan., St-Lubin-de-Cravant. — Naiss. et bapt. de Jeanne-Catherine, fille de T. Mignon et de Jeanne Bily ; parr., M^r le comte de Nantouillet. (*Reg. par.*)

990. 1712, 15 fév., Sorel. — Naiss. et bapt. de Geneviève, fille de Daniel Lallier et d'Anne de Billy. (*Reg. par.*)

991. 1712, 7 mars, Dreux. — Naiss. et bapt. de Marie-Jeanne, fille de Nicolas Debilly et de Jeanne Masson ; parr., J.-Jacques de Billy. (*Reg. par.*)

992. 1712, 18 mars, Dreux. — Bapt. d'Étienne, fils de Martin Manceau et de Marguerite Debilly. (Ibid.)

993. 1712, 9 mai, St-André-des-arcs, Paris. — Inhum. de Messire Gatien des Courtils, éc., sgr du Verger, près Montargis, décédé le 8 ; présent, Antoine de Billy, libraire, gendre de la veuve du défunt. (Clairambault, t. 989, p. 1778.)

994. 1712, 20 juil., Sorel. — Jean-Jacques de Billy, tabellion, parrain de J.-J. Avelot. (*Reg. par.*)

995. 1712, 13 s., Dreux. — Décès de Marguerite Debilly. veuve de Louis Brisset, bourgeois de Paris. (*Reg. par.* — Cf. ci-dessus, num. 821.)

996. 1712, 29 s. — Me Martin de Billy, procureur au bailliage de Compiègne. (Arch. nat., E. 958ᵉ ; f. 15 v.)

997. 1712, 26 oct., Sorel. — Louis de Billy, parrain de Barbe Rouillon. (*Reg. par.*)

998. 1713. — Élie de Billy, s. de Montguignard, la Villetertre. Romeux, etc., meurt octogénaire. (*D. B.*, 5.)

999. 1713, 17 jan., Paris. — Inhum. de dame Charlotte-Jeanne de Billy, âgée de 40 ans, veuve Messire Ch.-Ant. Petit de Bachaumont, escuyer, audr du Roy en sa ch. des comptes, morte le 16 ;

présents messire Louis Petit de B., son fils, et
messire Jean-François de Billy, gentilhomme de
S. A. S. Mgr le Duc, son frère. (*St-Sulpice*, 677.)

1000. 1713, 25 av., Dreux. — Naiss. et bapt.
d'Anne, fille de Nicolas Debilly, maistre bonnetier, et de Jeanne Masson. (*Reg. par.*)

1001. 1713, 13 mai, Sorel. — Inhum. de Marguerite, fille de Daniel Lallier et d'Anne de Billy,
6 ans. (*Reg. par.*)

1002. 1713, 17 oct. — Conseil des finances;
Louis Petit de Bachaumont, seul et unique hér.
de Charlotte-Jeanne de Billy, veuve de Ch.-Ant.
P. de B., ses père et mère, expose « que, dans le
contrat de constitution (d'une rente), lad. deffunte
auroit esté nommée Jeanne-Charlotte de Billy au
lieu de Charlotte-Jeanne de B. qui estoit son véritable nom... »; requête en rectification. (Arch.
nat., E. 856^b, f. 18.)

1003. 1714. — Mort de Marie-Louise de Bridieu, veuve d'Élie de Billy, s. de Montguignard.
(*D. B.*, 5.)

1004. 1714. — Jean-François de Billy, chev., sgr
de la Villetertre, Romesnil, Bachaumont, Margue-
mont et Monneville, capitaine aux Dragons du

Roi, est promu mestre-de-camp de cav., et nommé gentilh⁸ de la ch. du Duc de Bourbon. (D'Hozier, *Billy*, 1.)

1005. 1714. — Alex.-François de Billy d'Antilly, s. de Fumechon, mousquetaire du Roi, est nommé enseigne aux gardes françaises. (Ibid., 10.)

1006. 1714, 2 mai, Sorel. — Acte où est témoin Louis de Billy, marchand ; J.-J. de Billy, tab., qui signe « J.-J. Billy », et led. Louis « De billy ». (Min. de M⁹ Roy.)

1007. 1714, 7 août, camp de Donzy. — Certificat de 25 ans de bon service délivré par Jean-François de Billy, l^t-colonel et commandant le rég. du Colonel général des Dragons, au s^r des Fontaines, maréchal des logis de la comp. générale ; signé Billy, et scellé en placard de cire rouge. (Arch. de M. de Billy.)

1008. 1714, 17 s., Sorel. — Acte où est témoin Charles Debilly ; J.-J. de Billy, tab. (Miu. de M⁹ Roy.)

1009. 1714, 6 oct., Dreux. — Bapt. de Jeanne, fille de Nicolas Debilly et de Jeanne Masson ; parr., François Debilly. (*Reg. par.*)

1010. 1715, 14 fév., en l'église de la citadelle de Strasbourg. — *Hic jacet nobilis | Domina Ursula | Margareta Magdalena | de Billy, nata de | Battincour, quæ pie | in Domino obiit | anno 1715, die XIV | februarii, ætatis suæ LXV | Viator | Ora pro ea.* (Cette pierre tombale, à la suite du bombardement de la citadelle par les Allemands, a été transportée en 1872 dans la maison de M. de Billy, à Strasbourg.)

1011. 1715, 16 mai, Dreux. — Bapt. de Nicolas Souillard ; marr., « Catherinne de Billy ». (*Reg. par.*)

1012. 1715, 23 juil. — Décès de Charles de Billy, écuyer, sgr d'Antilly, Fumechon, Germaincourt, etc. (D'Hozier, *Billy*, 9.)

1013. 1715, 1ᵉʳ sept., Sorel. — Acte de rétrocession par Anne de Billy, femme sép. quant aux biens de Daniel Alliet ; J.-J. de Billy, tab. (Min. de Mᵉ Roy.)

1014. 1715, 22 n., Nogent-le-Roy. — Inhum. de Catherine Guérin, veuve Denis Salmon, femme en sec. n. de Robert Billy, 78 ans. (*Reg. par.*)

1015. 1715, 6 déc., Chartres. — Liquidation de la communauté d'entre Robert Debilly, mᵈ potier

d'étain à Nogent-le-Roy, et déf. Catherine Guérin, sa femme, auparav^t veuve de Denis Salmon,
décédée le 21 nov. 1715. (Arch. de M. de Billy ;
cop. sur expéd. orig.)

1016. 1716, 28 jan., Dreux. — Naiss. et bapt. de
Charles, fils de Nicolas Debilly, et de Jeanne Masson. (*Reg. par.*)

1017. 1716, 1er fév., Champlain (Canada). —
Inhum. de Jean-François de Billy, décédé le 28 janvier, époux de Catherine-Marguerite de la Marche. (Mgr Tanguay, II, 281.)

1018. 1716, 1er mars, Sorel. — Acte où est témoin Charles de Billy ; J.-J. de Billy, tab. (Min.
de Me Roy.)

1019. 1716, 9 mai, St-Lubin-de-Cravant. —
Naiss. et bapt. d'Anne, fille de T. Mignon et de
Jeanne de Billy. (*Reg. par.*)

1020. 1716-25. — Charles-Antoine de Billy
(fils de feu Charles et de Marie-Anne du Chesne,
sa 3me femme), éc., sgr d'Antilly, Villiers-les-
pots, Germaincourt, Cuvergnon, etc. (D'Hozier,
Billy, 9.)

1021. 1717. — Jean-François de Billy, s. de

Montguignard, capitaine des gardes-du-corps de Mgr le Comte de Charolais, accompagne ce prince en Hongrie. (La Chenaye, II, 516.)

1022. 1717, 18 f., Dreux. — Bapt. de Louise, née le 17, fille de Nicolas Debilly et de Jeanne Masson. (*Reg. par.*)

1023. 1717, 17 av. — Requête au Roi en son conseil par Jean Billy, marchand à Ville sur l'Uine, dioc. de Reims, hér. des meubles et acquêts de Louis Billy, dit Moreau, son fils, au jour de son décès capitaine réformé à la suite du rég. de Condé inf., et cy-devant capitaine-major au rég. du Chastelet. (Arch. nat., E. 876ᵇ, non fol.)

1024. 1717, 23 juin, Dreux. — Décès de Nicolas Debilly, 35 ans. (*Reg. par.*)

1025. 1717, 12 d., Dreux. — Naiss. et bapt. de Robert, fils de Robert De Billy, Maistre éteinier, et de Louise Bourgeois. (Ibid.)

1026. 1718, 9 jan., Paris. — Contrat de mar. de Maurice-Alexandre-François de Billy d'Antilly, comte de Billy, s. de Fumechon, enseigne aux Gardes, chev. de St-Louis, avec Louise-Geneviève le Mazier, fille de feu Alexandre, aud. des comptes, et de Louise de Montguillon (remariée à Augustin

Vitard de Passy) ; Angot, not. (Visé dans l'Invent. du 1er juin 1772. — D'Hozier, *Billy*, 10. — La Chenaye, II, 518.)

1027. 1718, 26 mai, Champlain (Canada). — Décès de dame Anne-Céleste Disy, femme de Michel de Billy. (*Reg. par.*)

1028. 1718, 30 mai, Gentilly (Canada). — Invent. de la succession de déf. dame Anne-Céleste Disy, épouse de Michel de Billy, en vertu de l'ordonn. de M. de Tonnancourt, lieut.-général de la jurid. royale des Trois-Rivières ; Fr. Trotain, not. (Arch. de l'hon. L.-Ad. de Billy.)

1029. 1728, 21 oct., Dreux. — Bapt. de Louise, née le 20, fille de Robert Debilly, me étemier, et de Louise Bourgeois. (*Reg. par.*)

1030. 1719, 3 juil., Ste-Anne de la Pérade (Canada). — Contrat de mar. de Michel de Billy, veuf de Céleste Disy, avec Marguerite-Renée Breillac Laroche, fille d'Amable et de Marie Lafond ; Fr. Trotain, not. Mariage, le 14. (Reg. paroiss. — Arch. de l'hon. L.-Ad. de Billy.)

1031. 1719, 10 août, Dreux. — Bapt. de François, fils de Robert Debilly et de Louise Bourgeois (*Reg. par.*)

1032. 1720, 30 juil., Lyon. — Noble Guillaume Debilly, avocat en parl^t, anc. conseiller du Roi, élu en l'élection de Lyon, époux de dame Claudine Megrot, héritière de s^r Benoist Bourgeat, M^d bourgeois de Lyon. (*P. O.*, Billy, 54.)

1033. 1720, 14 d., Dreux. — Bapt. de Marie-Noëlle, née le 13, fille de Robert Debilly, M^e étemier, et de Louise Bourgeois ; décédée le 9 mai 1721. (*Reg. par.*)

1034. 1721. — Jean-François de Billy, s. de Montguignard, est nommé mestre-de-camp de cav. et chev. de St-Louis. (La Chenaye, II, 516.)

1035. 1722, 14 s., Sorel. — M^o Jean-Jacques de Billy, parrain de Louis-J.-J. Boucher. (*Reg. par.*)

1036. 1722, 26 oct., Dreux. — Naiss. et bapt. de Jean-Louis, fils de Robert Debilly, M^o étemier, et de Louise Bourgeois. (*Reg. par.*)

1037. 1723. — Décès de Charlotte Coquillette, femme de messire Anne de Billy, éc., s. de la Motte de Quesmy. (*D. B.*, 7.)

1038. 1723, 19 juil., par. St-Pierre, Dreux. — Mariage entre Nic. Dufourt et Jeanne Debilly, veufve de Touss. Mignon ; prés. Nicolas et François Debilly. (*Reg. par.*)

1039. 1723, oct. — Jean-François de Billy, s. de Montguignard, est reçu chevalier de St-Lazare. Le Roi lui donne une pension de 2.000 livres sur l'abb. de St-Bertin. — Au mois de déc. suivant, il est fait premier gentilh. de la ch. de Mgr le Comte de Clermont. (La Chenaye, II, 516. — *Gazette de France*).

1040. 1724, 21 mai, Sorel. — Me Louis de Billy, parrain de Louise-Françoise Bizet. (*Reg. par.*)

1041. 1724, 22 juil., Dampierre-sur-Avre. — Bapt. de Barbe le Four ; marraine, Jeanne de Billi. (*Reg. par.*)

1042. 1724, 21 août, Dreux. — Naiss. et bapt. de Marie-Louise, fille de Robert Debilly, maistre étemier, et de Louise Bourgeois ; parr., P. Dehaul-teterre, bourgeois de Dreux. (*Reg. par.*)

1043. 1724, oct., Vaussaillon, près Soissons. — Mort d'Anne de Billy, s. de la Motte de Quesmy, aide-major des chevau-légers Dauphin. (*D. B.*, 7.)

1044. 1725. — François de Billy, s. de la Motte de Quesmy, (fils d'Anne de B. et de Charlotte Co-

quillette,) s.-lieut. au rég. Royal-Piémont cav.
(Ibid.)

1045. 1725, 1ᵉʳ juin, Anet. — Jean-Jacques Debilly, notaire et greffier de la comté de Sorel, au
nom et comme donataire et lég. univ. de feu Marguerite Debilly, veuve de P. Chenaussé, reconnaît
devoir une rente de 8 l. 6 s. 20 deniers à Fr. Viel,
et signe « J.-J. Billy » ; Bourdault, not. (Min. de
Mᵉ Roy.)

1046. 1725, 18 juin, Sorel. — Jean-Jacques de
Billy, tém. au mar. de P. Henry avec Madeleine
Léger. (*Reg. par.*)

1047. 1725, 27 sept. — Charles–Antoine de
Billy, sgr d'Antilly, vivant sans alliance. (La Chenaye, II, 518.)

1048. 1725, 3 n., Sorel. — Mᵉ Jean-Jacques de
Billy, parrain de J.-J.-Louis Payen. (*Reg. par.*)

1049. 1725, 27 n., Dampierre-sur-Avre. — Ma-
riage entre Jacques et Marie Aubé ; présents, Nic.
Dufour, beau-père de lad. Marie, et Jeanne de
Billy, sa mère. (*Reg. par.*)

1050. 1726, 13 mai, Sorel. — Jean-Jacques et
Louis de Billy, frères, témoins au mariage d'Edme
d'Effriches avec Françoise du Val. (*Reg. par.*)

1051. 1726, 25 sept., Gentilly (Canada). — Bapt. de Michel, fils de Michel de Billy et de Marg.-Renée Breillac. (*Reg. paroiss.*)

1052. 1727, 2 sept., Dreux. — Cession à P. Lefébure, m^d espicier, par les époux Mazurier, de deux maisons à eux baillées à rente par Jean-Jacques de Billy, notaire à Sorel, Robert de Billy, « pothier d'estain, lors demeurant à Nogent », Toussaint Mignon, à cause de Jeanne de Billy, sa femme, Nicolas de Billy, et autres hér. de la veuve Dieudonné ; lad. rétrocession faite à charge de 40 liv. de rente à payer à Jeanne de Billy, à présent femme de Nic. Dufourt, m^d à Dampierre, aux sieurs Nicolas et Robert de Billy, m^{ds} pothiers d'étain, et François de B., tailleur à Dreux, et autres charges ; Charles de Billy, tabellion royal. (Min. de Me Dupont.)

1053. 1727, 15 sept., Dreux. — Contrat de vente faite par Claude Rotrou, éc., garde de la manche de S. M., au s^r Nicolas de Billy, marchand potier d'estain à Dreux. (Ibid.)

1054. 1728. — François de Billy, éc., s. de Longchamp, capitaine de cav. dans Royal-Piémont, fils d'Anne de B., éc., s. de la Motte, et de Charlotte de Coquillette. (D'Hozier, *Billy*, 6.)

1055. 1728, 4 jan. — Alexandre-François de Billy d'Antilly, enseigne aux Gardes Françaises, est promu s.-lieutenant et s.-aide-major au même régt. — Au mois de mai suivant, il est nommé chevalier de Saint-Louis. (D'Hozier, *Billy*, 10.)

1056. 1728, 1er mai. — Contrat de mar. entre Jean-François de Billy, mestre-de-camp de cav., chev. de St-Louis, etc., et de Marie-Adélaïde Favières, fille de Guillaume, sgr du Plessis-le-Veneur et de Charmoy, maître des comptes, et de Cath.-Edmée de Feu. (Ibid., 1.)

1057. 1728, nov., (Canada). — Décès de dame Marg.-Renée Breillac, femme de Michel de Billy. (*Reg. par.*)

1058. 1729, 9 fév., Sorel. — « Me Louis De billy, » parrain de M.-Louise Thiébaux. (*Reg. par.*)

1059. 1729, 28 fév., Champlain (Canada). — Contrat de mar. de Michel de Billy, veuf en pr. noces d'Anne-Céleste Disy, en deuxièmes n. de Marg.-Renée Breillac, avec Marie-Jeanne Rouillard; not. Fr. Trotain. Mariage le 1er mars. (*Reg. par.* — Arch. de l'hon. L.-Ad. de Billy.)

1060. 1729, 5 av., (Canada). — Invent. de la succession de défl. dame Marg.-Renée Breillac,

femme de Michel de Billy; Fr. Trotain, not.
(Arch. de l'hon. L.-Ad. de Billy.)

1061. 1729, 30 juin, Sorel. — Louis de Billy,
parrain de M.-Françoise Defriche. (*Reg. par.*)

1062. 1729, 10 s., St-Paul, Paris. — Bapt. de
Jean-François-Louis, né le 9, fils de haut et puiss.
sgr messire Jean-François de Billy, chev., sgr de
Villetertre, mestre-de-camp de cav., chev. de
St-Louis, et de h. et p. dame M.-Adélaïde de Fa-
vières. (*Carrés*, 145. — D'Hozier, *Billy*, 1.)

1063. 1729, 17 nov., Paris. — Décès de M.-
Adélaïde de Favières, 22 ans, femme de Jean-
François de Billy, chev., sgr de Villetertre, Bachaumont, etc., mestre-de-camp de cav., chev. de
St-Louis et de St-Lazare, premier gentilhⁿ de S. A. S.
le Comte de Clermont. (*Mercure de France*, nov.
1729, t. I, p. 2044.)

1064. 1730, 12 jan., Sorel. — Décès de « J.-Jac-
ques De billy », 55 ans; inh. le 13. (*Reg. par.*)

1065. 1730, 14 f., Sorel. — Marie-Thérèse
Bourdet renonce à la commun. de biens qu'elle
avait avec feu Jean-Jacques de Billy, son mari;
Ant. Mauger, tab. juré, successeur dud. défunt.
(Min. de Mᵉ Roy.)

1066. 1730, 21 sept., Sorel. — Transaction entre M.-Thérèse Bourdet, veuve de M⁰ Jean-Jacques de Billy, not. et greffier du baill. de Sorel, et M⁰ Louis de B., procureur; Daniel Alliet, laboureur, époux d'Anne de B.; Martin Manceau, mᵈ potier d'étain à Dreux, époux de Margᵗᵉ de B.; Étienne le Roux, jardinier à Dreux, époux de Jeanne Masson, veuve de Nicolas de B.; tous hér. dud. feu J.-J., leur frère et oncle; Mauger, not. (Ibid.)

1067. 1730, 28 d. — Contrat de vente faite par Ch. Rochereuil et autres à Nicolas de Billy, mᵈ potier d'étain à Dreux. (Min. de Mᵉ Dupont.)

1068. 1731, 16 jan., Dreux. — Mariage de J.-Charles Londault, fils de Nic. et de Louise Vimard, avec Catherine Debilly, fille de Nicolas et de Cath. Valle. (*Reg. par.*)

1069. 1731, 10 av., Champlain (Canada). — Décès de dame Catherine-Marguerite de la Marche, veuve de Jean-François de Billy, 79 ans. (*Reg. par.* — Cf. ci-dessus, n° 1017.)

1070. 1732, 4 nov. — Le feu « sʳ de Billy, receveur partic. des finances au bureau de Sedan ». (Arch. nat., E. 1087, n° 2.)

1071. 1734, 10 n. — Alex.-Franç. de Billy d'Antilly, s.-lieut. aux gardes franç., chev. de St-Louis, est promu lieutenant au même rég^t. (D'Hozier, *Billy*, 10.)

1072. 1735, 30 mars, Versailles. — Lettre de Louis XV à M. de Grilles, capitaine aux Gardes françaises, pour l'informer que le Roi a donné « au s^r de Tourville la charge de lieutenant en la comp^ie que vous commandez, vacante par la promotion du s^r de Billy à une lieutenance de grenadiers... » (Arch. de M. de Billy, orig.)

1073. 1735, 28 juin, Dreux. — Inhum. de François Debilly, ci-devant frère servant à la Charité, 58 ans. (*Reg. par.*)

1074. 1736, 29 n., Sorel. — Louis Debilly, tém. au mar. de Louis Berrier avec Marie Boucher. (*Reg. par.*)

1075. 1737, 3 mai, Dreux. — Décès de Marguerite Debilly, veuve de Martin Manceau, étemier, 52 ans ; inh. le 4, prés. Louis D., son frère. (*Reg. par.*)

1076. 1738, 29 juil., Dreux. — Mariage de Claude Malassis, veuf, avec Marie-Jeanne Debilly, fille de feu Nicolas De Billy, m^e bonnetier, et de feu Jeanne Masson ; prés. Louis de Billy, oncle de l'épouse ; Fr.-Pomponne Coilette de Chancheur, son cousin. (*Reg. par.*)

1077. 1739, 1ᵉʳ juin. — Commission de commissaire des guerres pour Mʳ de Billy fils. (Archives de Boulogne-sur-mer, 1018.)

1078. 1739, 8 juin, Sᵗ-Paul, Paris. — Mort de Jean-François de Billy, chev., sgr de la Villetertre et a. l., chev. de Sᵗ-Louis et de Sᵗ-Lazare, prem. gentilhᵉ de la ch. du Comte de Clermont, 66 ans. (D'Hozier, *Billy*, 1. — *Mercure de France*.)

1079. 1739, 14 nov., Sorel. — Partage de la succ. de feu mᵉ Jean-Jacques de Billy, not. et greffier du baill. de Sorel, entre : Mᵉ Louis de B., procureur, d'une part ; et Joseph Jouan, mᵈ potier d'étain, époux de M.-Jeanne Menseau, et comme tuteur des enf. mineurs de feu Martin M. et Marguerite de B. ; J.-J. Alliet, journalier, comme tuteur des enf. min. de feu Nicolas de B. et Jeanne Masson ; Claude Malassis, tanneur et couroyeur à Dreux, époux de Marie-Jeanne de B. — Boucher, not. (Min. de Mᵉ Roy.)

1080. 1739, 15 n., Dreux. — Décès de Nicolas de Billy, Mᵉ potier d'étain, cy-devant frère servant à la Charité de cette ville, 69 ans ; inhumé le 16, prés. Robert De Billy, son frère, Ch.-J. Londeault, son gendre, Robert Debilly, son neveu. (*Reg. par.*)

1081. 1740, 11 av., Dreux. — Bail par « Catherine de la Val, veuve Nicolas de Billy, m^d à Dreux », à Marie Bonnet, veuve Nic. Besnard, d'« une chambre haulte donnant sur l'allée d'entrée de lad. veuve Debilly et sur la grande rue devant les halles dud. Dreux ». (Min. de Me Dupont.)

1082. 1740, 23 av., Sorel. — Transaction sur rente provenant de la succ. de feu Me J.-J. de Billy, entre Me Louis de B., procureur au baill. de Sorel, hér. en partie dud. Jean-Jacques de B., son frère, et J.-J. Alliet, aussi hér. du même ; Boucher, not. (Min. de Me Roy.)

1083. 1742, Sorel. — Louis de Billy, procureur de Claude Leprince, juge ord. civil et crim. des baill. et chatell. de Sorel. (Ibid.)

1084. 1742, 28 oct., Dreux. — Bail fait à Ant. Héron, pêcheur, par Claude Malassis, tanneur, et Marie-Jeanne Debilly, sa femme, Charles de Billy, tanneur à Dreux, et Louise Debilly, fille, d'une maison sise à Sorel. (Min. de Me Dupont.)

1085. 1744, 17 jan., Dreux. — Décès de Char-

les Debilly, 28 ans, fils de feu Nicolas et de Jeanne
Masson ; inh. le 18. (*Reg. par.*)

1086. 1744, 11 av., Sorel. — Transaction entre Claude Malassis, tanneur et couroyer à Dreux,
époux de M.-Jeanne de Billy, et comme se portant
fort de Louise de B., fille de feu Nicolas de B.,
héritiers en partie de feu Charlotte Boullenger,
leur grand-mère, au jour de son décès femme de
feu Mᵉ Charles de B., notaire en ce lieu, leurs
ayeules et bisayeules, — et Mᶜ Louis de B., proc.
au bailliage de Sorel ; Boucher, not. (Min. de
Mᵉ Roy.)

1087. 1747. — « Jean-François-Louis, comte de
Billy, (fils unique de feu Jean-François et de
M.-Adélaïde Favières), cornette au rég. de Cler-
mont-Prince, capitaine, ayde de camp, en 1747
colonel du rég. d'Enghien. » (*D. B.*, 5.)

1088. 1747, 13 f., Dreux. — Mariage de J.-B.
Brochand, vannier, et Louise Debilly, fille de
défunts Nicolas D. et Jeanne Masson ; prés. Robert D., cousin de l'épouse. (*Reg. par.*)

1089. 1747, 21 av., Champlain (Canada). —
Mariage de Michel Billy, fils aîné de Michel de
Billy et de Marg.-Renée Breillac, avec Charlotte

Pesrault, fille de Nicolas, dit Turbal, capitaine de milice, et de M.-Mad. Bourbeau. (*Rég. par.*)

1090. 1748, 24 mars, Gentilly (Canada). — Naiss. et bapt. de Michel, fils de Michel Billy et Charlotte Pesrault. (*Reg. par.*)

1091. 1750, 12 av., Dreux. — Décès de Robert Debilli, étaimier, 33 ans, fils de Robert et de Louise Bourgeois. (*Reg. par.*)

1092. 1750, 18 oct., Dreux. — Décès de Catherine Debilly, 44 ans, épouse de J.-Ch. Londault, m^d ; inh. le 19, prés. Robert Debilly, étaimier, son oncle, J.-B. Debilly, étaimier, son cousin-germain. (Ibid.)

1093. 1753, 13 avril, Dreux. — Décès de Robert Debilly, potier d'étain, 75 ans ; inhum. le 14, prés. J.-B. Louis D., potier d'étain, son fils ; J.-Ch. Londeault, m^d, son neveu ; messire Nic. Rotrou, anc. curé de Garencières ; Claude Malassis, tanneur, ses cousins. (Ibid.)

1094. 1753, 9 août, Dreux. — J.-Ch. Londault, m^d, veuf de Catherine Debilly, unique héritière de feu Nicolas Debilly, m^d potier d'étain à Dreux, et dame Catherine Val, veuve dud. s^r Nicolas, cèdent à Joseph Jouan et J-B^{te}-Louis Debilly, m^ds potiers d'étain à Dreux, une portion de l'héritage dud. Nicolas. [Min. de Me Dupont.)

1095. 1754, 2 av., Sorel. — A la requête de Maury Dubuisson, vigneron à Marcilly-sur-Eure, veuf de Geneviève Debilly, inventaire des biens laissés par feu Me Louis Debilly, anc. procureur en ce siège, père de lad. Geneviève ; Egasse, not. (Min. de Me Roy.)

1096. 1754, 23 mai. — Le s^r de Billy est fait par le Roi capitaine de ses vaisseaux. (*Gazette de France.*)

1097. 1754, 14 s., Dreux. — Partage entre « Louise Bourgeois, veuve deffunt Robert Debilly, vivant m^d pottier d'estain, et J.-B^te-Louis Debilly, m^d pottier d'estain, et Marie-Louise De Billy, fille majeure, enfants et hér. dud. deffunt Robert » ; signé : « M. L. de Billy. Jean Louis De Billy ». (Arch. de M. de Billy, cop. sur expéd. orig.)

1098. 1754, 17 s., Dreux. — Mariage de J. Agut, dit Betesta, tailleur pour femmes, orig. du dioc. d'Auch, avec Marguerite-Louise Debilly, fille de feu Robert, m^d potier d'étain, et de Louise Bourgeois ; prés., J.-B.-Louis Debilly, m^d potier d'étain, frère de l'épouse. (*Reg. par.*)

1099. 1754, 17 oct., Nonancourt. — Contrat de mar. entre « sieur Jean Louis de Billy, m^d pottier d'estain, dem^t à Dreux, fils de feu sieur Robert de Billy et de Louise Bourgeois, et Simonne Nicolle Brochand, fille maj. d'Estienne B. et d'Anne Rüelle » ; le dit J.-Louis de B. assisté « de sa dite mère, de Me J. Masson, prestre, curé de St-Georges sur Evre, son cousin maternel, de Me J.-B. de Langle, greffier civil et crim. du baill. de Dreux, son cousin... » — Louis Héron, not. royal. (Arch. de M. de Billy, orig. en parch.)

1100. 1754, 19 n., Dreux. — Mariage de Jean-Louis Debilly, m^d potier d'étaim, fils de feu Robert et de Louise Bourgeois, avec Nicole-Simone Brochand, fille mineure d'Étienne, aubergiste à St-Remy-sur-Avre, et d'Anne Ruelle ; prés., Nic. Rotrou, prêtre, J. Agut dit Betesta, tailleur pour femmes, beau-frère de l'époux, etc. (*Reg. par.*)

1101. 1756, 1er jan., Dreux. — Décès de Louise Bourgeois, 77 ans, veuve de Robert Debilly, maistre potier d'étaim ; présents Jean-Louis D., M^e potier d'étaim, son fils, J.-Ch. Londeault, son neveu, Nic. Rotrou, anc. curé de Garencières ; inhumée led. jour en l'église. (Ibid.)

1102. 1756, 9 jan., Dreux. — Partage entre Jean-Louis Debilly, m^d potier d'étain, et M.-Louise

Debilly (épouse de J. Agut Betesta, M^e tailleur
de corps pour femmes), enfants de déf. Louise
Bourgeois, veuve de Robert Debilly, m^d potier
d'étain. (Arch. de M. de Billy ; cop. sur expéd.
orig.)

1103. 1756, 28 mars, Dreux. — Décès de Cath.
Valle, veuve de Nicolas Debilly, potier d'étain,
89 ans ; prés. J.-Ch. Londault, son gendre, J.-Louis
Debilly, pot. d'étain, son neveu, Claude Malassis,
courroyeur, son cousin. (*Reg. par.*)

1104. 1757, 9 fév. — Donation par Michel-J.-
B^{te} de Billy de Bussy, anc. avocat au parl., cons.
au conseil souverain de Dombes. (Arch. nat.,
Y. 57, fol. 186 v.)

1105. 1757, 1er s., Dreux. — Reconnaissance
d'une rente de 40 liv. par Pierre Lefebvre, m^d épi-
cier, étant aux droits de Marin Mazurier, m^d, et
de M.-Anne Rotrou, son épouse, en faveur de
Jacques Ory, boulanger, et Anne Mignon, sa
femme, fille de Toussaint et de Jeanne Debilly ;
Ét.-Laur.-Zacharie Ménard, m^d, et Catherine Londault, son épouse, fille de Catherine Debilly, qui
était seule héritière de Nicolas Debilly, son père ;
J. August Belesta, tailleur pour femmes, et M.-Louise
Debilly, sa femme, fille de Robert Debilly ; co-

héritiers et représentant Charlotte de Billy. (Min.
de Mᵒ Dupont.)

1106. 1758, 23 juil., Versailles. — Le Roi
nomme gouverneur de la ville d'Antrain, en Bretagne, René-Joseph-Jean-Vincent de Billy. (Arch.
de M. de Billy, brevet orig. en parch.)

1107. 1759, 15 d., Dreux. — Brevet de maître
potier d'étain pour « Jean Louis de Billy, fils de
Robert de Billy, vivant maître potier d'étain en
cette ville » (Ibid., orig. parch.)

1108. 1760, 9 fév., Paris. — Sentence du parlement en faveur de « Louis de Billy, mᵈ pottier »
contre Jos. Jouan, aussi mᵈ potier d'étain. (Ibid.,
grosse orig. parch.)

1109. 1762, 21 juin, Sᵗ-Nic. des Champs, Paris.
— Convocation aux obsèques de « Damoiselle
Anne-Marguerite Oudry, veuve de Mr. de Billy,
Bourgeois de Paris, décédée en sa maison ruë
Phelyppeaux ». (Ibid., placard oblong impr.)

1110. 1763, 23 f., Dreux. — Inhum. de Mᵉ Nic.
Rotrou, anc. curé de Garancières-en-Drouais,
86 ans ; prés. J.-B.-Louis Debilly, cousin ; signé
« Billy ». (*Reg. par.*)

1111. 1763, 31 juil., Dreux. — Bapt. de Jean-Louis, né d'hier, fils de Jean-Louis De Billy, potier d'étain, et de Simonne-Nicolle Brochand. Seing du père : « De Billy ». (Ibid. — Arch. de M. de [Billy, extr. légalisé.)

1112. 1764, oct. — Preuves de page du Roi en sa petite écurie pour Pierre de Billy, issu au 6e degré de Bon de B., éc., vivant en 1536 à Marigny, dioc. d'Autun. (Chérin, XXVI, 539.)

1113. 1766, 18 juin, Dreux. — Naiss. et bapt. d'Anne-Simonne, fille de Jean-Louis Debilly, potier d'étain, et de Nicolle-Simonne Brochand; décédée le 2 oct. 1769. *(Reg. par.)*

1114. 1768, 6 d., St-Eustache, Paris. — Décès de Marie-Anne de Billy d'Antilly, fille majeure; inh. le 7. (Arch. de la Loire-inf.; communiqué par M. le Marquis de Granges de Surgères, V.-Président du Conseil Héraldique de France.)

1115. 1772, 18 av., Paris. — Testament de Maurice-Alexandre-François, comte de Billy, qui désigne pour exéc. testam. Me Laurens de Waru; Delattre de Colliville, not. (Visé dans l'Invent. du 1er juin 1772.)

1116. 1772, 24 mai, Paris. — Décès de Mau-

rice-Alex⁰-Francois, comte de Billy, colonel d'inf.,
chev. de St-Louis, 84 ans. (Ibid.)

1117. 1772, 1ᵉʳ juin, Paris. — « Invent. des
biens demeurés après le décès d'haut et puissant
sgr Messire Maurice-Alexandre-François, comte
de Billy, chev., sgr de Fumechon, colonel d'inf.,
chev. de St-Louis, à la requête de h. et p. dame
Louise Geneviève Le Mazier », sa veuve ; en la
présence de très h. et très p. sgr Mgr Henri-Ange,
comte d'Aspremont et de Bancigny, habile à se
porter seul et unique hér. dud. sgr comte de Billy,
son gr.-oncle à la mode de Bretagne ; Delattre de
Colliville et Péron, not. (Arch. de M. de Billy,
orig. pap.)

1118. 1772, 11 s., Dreux. — Naiss. et bapt. de
Pierre-Cléophas, fils de Jean-Louis Debilly, étaimier, et de Simonne-Nicolle Brochand. (*Reg. par.*)

1119. 1773, 8 fév., St-Pierre-les-Becquets (Canada). — Contrat de mar. de Michel Billy, fils
de Michel et de Charlotte Pesrault, avec Marie-
Louise Duclos, fille de Pierre, dit Carignan, et de
Marianne Mongrain, not. Ch. Maillet. Mariage
le 9. (Reg. par. — Archives de l'honorable L.-Ad.
de Billy.)

1120. 1775, 9 juin, Paris. — Ordre du Roi et
des Maréchaux de France au sʳ de Moulins, garde

14

du corps de Mgr le Comte d'Artois, et au s^r de Billy, mousquetaire du Roi de la 2de compagnie, de s'abstenir de toutes voies de fait ; ce dont ils donnent leur parole d'honneur. (Arch. de M. de Billy, orig. pap.)

1121. 1777, 15 juin, Dreux. — Bail d'un arpent de terre sis à Charpont, par Jean-Louis de Billy à Jacques Moreau. (Ibid., *Inventaire.*)

1122. 1777, 20 s., Dreux., — Brevet de syndic de la communauté des fondeurs, épingliers, balanciers, chaudronniers, et autres ouvriers sur cuivre, étain et autres métaux,, excepté l'or et l'argent, pour « Jean Louis de Billy, m^d pottier d'étain, dem^t en cette ville. » (Ibid., orig. parch.)

1123. 1780, 5 sept., Gentilly (Canada*)*. — Naiss. et bapt. d'Antoine, fils de Michel Billy et de M.-Louise Duclos, dite Carignan. (*Reg. par.*)

1124. 1781. — « Mr de Billy, officier au rég^t de..., fut blessé dans la guerre d'Amérique. » (*Impôt du sang*, I, 207.)

1125. 1785. — La famille du s^r Billy, de Compiègne, demande qu'il soit mis par ordre du Roi dans la maison des PP. de la Charité de Senlis, pour empêcher un mariage qu'il voulait contracter. (Arch. nat., O¹, 406.)

1126. 1785, 15 s., Dreux. —Décès de M.-Jeanne De billi, veuve de Claude Malassis, 47 ans ; prés. J.-Louis Debilli, m^d étaimier, son cousin. (*Reg. par.*)

1127. 1785, 15 oct., Dreux. — Bail de 90 perches de terre sises à Charpont, par Jean-Louis de Billy à Nic. Gervais. (Arch. de M. de Billy, *Inventaire.*)

1128. 1786, 20 mars, Dreux.—Décès de Louise de Billy, veuve de J.-B. Brochand, 69 ans ; prés. J.-Louis Debilly, cousin. (Ibid.)

1129. 1787, 30 mai, Paris. — Contrat de mar. de « s^r Jean Louis De Billy, professeur de mathématiques à Paris, fils de s^r Jean Louis Debilly, m^d potier d'étaim à Dreux, et de D^lle Simonne Nicole Brochand, — avec D^lle Marie Jeanne Chenard, fille de deffunt s^r Charles C., bourgeois à Menetou Salon en Berry, et de déf. Marie Anne Bezard » ; Gobin, not. — Mariage, le 31, à St-Laurent. (Ibid., expéd. du 18 juil. 1792, et *Inventaire.*)

1130. 1789. — « BILLY. — D'Hozier, *Armor. général*, reg. 3, p. 1 : d'argent à 3 merlettes de sable. Originaires du Mâconnais, possessionnés en Bresse. Nicolas de B., chevalier, sgr de Loëze-sur-Menthon, comparut le 2 mars 1789, à Bourg, à l'assemblée de la Noblesse. » (E. Révérend du Mesnil, *Armor. de Bresse, Bugey*, etc., p. 92.)

1131. 1789, 7 mars, Dreux. — Testament de Jean-Louis De Billy, époux de Nicole Simonne Brochand. (Cité dans un acte du 6 nivose an VII ; Arch. de M. de Billy.)

1132. 1791, 10 août, Canada. — Commission de lieutenant des milices de la par. de Gentilly, à Michel Billy, par lord Dorchester, gouv^r de la prov. de Québec. (Arch. de l'honorable L.-Ad. de Billy.)

1133. 1792, 22 fév., St-Laurent, Paris. — Bapt. de M.-Louise-Éléonore, née le 18, fille de J.-Louis de Billy et de M.-Jeanne Chenard. (Arch. de M. de Billy, *Inventaire*.)

1134. 1793, 4 mai, Dreux. — Décès de M.-Louise Debilly, veuve Jean Agut Belesta, 73 ans. (*État civil.*)

1135. 1795, 22 juin, Dreux. — Bail de 6 arp. de terre sis à Serville, par Jean-Louis De Billy à L. Maria. (Arch. de M. de Billy, *Inventaire*.)

1136. 1796, 29 juin, Gentilly (Canada). — Donation par Michel Billy et Charlotte Pesrault à Michel, leur fils, et à M.-Louise Duclos, dite Carignan, son épouse ; Saupin, not. (Arch. de l'hon. L.-Ad. de Billy.)

1137. 1796, 30 juin, Gentilly (Canada). — Donation par Michel Billy et M.-Louise Carignan à Michel et Antoine, leurs fils ; Saupin, not. (Ibid.)

1138. 1797, 24 juin, Dreux. — Décès de Jean-Louis de Billy, potier d'étain, rue du grand Carrefour, époux de Simonne Brochand, 74 ans. (État civil. — Le grand Carrefour s'appelle depuis 1832 « Carrefour de Billy ».)

1139. 1797, 9 sept., Dreux. — Acte d'abandon d'usufruit par le fondé de pouvoir de « Jean-Louis Debilly, adjudant-général à l'aile gauche de l'armée de Sambre-et-Meuse » en faveur de Simonne Brochand, sa mère, veuve d'autre Jean-Louis Debilly, son père ; signé « Simonne Brochand, veuve De Billy ». (Arch. de M. de Billy, orig. pap.)

1140. 1798, 23 nov., Paris. — « Inhum. de la Citoyenne Debilly » décédée la veille. (Arch. de M. de Billy, reçu de 20 livres pour frais d'inhum.)

1141. 1798, 26 d , Dreux. — « Jean Louis De-

14*

billy, général de brigade employé dans les armées de la république », déclare, en éxécution des volontés de Jean-Louis, son feu père, faire abandon de l'usufruit des biens laissés par son dit père « à la citoyenne veuve Debilly ma mère. » (Arch. de M. de Billy, orig.)

1142. 1800, 18 mars, Strasbourg. — Contrat de mar. entre « le citoyen Jean Louis Debilly, général de brigade, employé à l'armée du Rhin, natif de Dreux, veuf de feue la citoyenne Marie Jeanne Chenard, décédée à Paris le 2 frimaire an 7, — et la citoyenne Marie Barbe Saum, fille légit. du cit. Jean Daniel Saum, négociant, et de la cit. Marie Barbe née Demuth, conjoints dem. à Strasbourg ; signé à la minute : « Jean Louis Debilly,... le Lt-General Gouvion St-Cyr, et Zimmer, notaire ». (Ibid., expéd. orig.)

1143. 1800, 21 mars, Strasbourg. — Acte de mariage de « Jean-Louis Debilly, âgé de 36 ans, général de brigade au service depuis passé 8 ans, veuf de M.-Jeanne Chenard », et Marie-Barbe Saum, âgée de 26 ans. (Ibid., extr. légalisé.)

1144. 1800, 25 juil., Dreux. — Reconnaissance d'une dette de 380 fr. par J. Martignon au profit du général de Billy, relativ^t au bien de Saulnières. (Ibid., *Inventaire.*)

1145. 1802. 26 mai, Anvers. — Naiss. d'Édouard-Louis-Daniel, fils de Jean-Louis Debilly, général comm^t la subd^{on} des Deux-Nèthes, et de Marie-Barbe Saum. (Ibid.)

1146. 1802, 19 août, Dreux. — Bail de 66 ares 83 de pré, au chantier des Fontaines, près Dreux, par le général de Billy à Ch. Ruelle. (Ibid.)

1147. 1803, 29 juin, Dreux. — Bail d'une pièce de terre sise à Nonancourt, par le général de Billy à Nic. Despont. (Ibid.)

1148. 1804, 6 mai, Dreux. — Vente, par madame veuve de Billy, fondée de procur. de son fils le général, d'une maison sise à Dreux, place du Carrefour, à Mathieu et M.-Anne Bonnet, moy^t 1500 fr. (Ibid.)

1149. 1804, 20 déc., Dreux. — Testament de « Jean Louis Debilly, gén. de brigade et commandant dans la légion d'honneur »; déclare « donner à dame Simonne Brochand, veuve Debilly, ma mère », l'usufruit de tous ses biens, pour qu'ils contribuent « à la faire vivre honorabl^t, d'une manière conforme à la reconnaissance que je lui dois pour tous les soins qu'elle a bien voulu donner à mon éducation, de laquelle je tiens tout mon bonheur actuel ». (Arch. de M. de Billy.)

1150. 1805, 8 jan., Trois-Rivières (Canada). — Contrat de mar. d'Antoine Billy, fils de Michel et de M.-Louise Duclos, dite Carignan, avec Archange Augé, fille de feu Barthélemy et de Françoise Tibois ; not. Badeau. Mariage à Gentilly le 15. (*Reg. par.* — Arch. de l'hon. L.-Ad. de Billy.)

1151. 1806, 14 oct. — Acte de mort dressé par Delecourt, s.-inspecteur aux revues, f.f. d'off^r de l'état civil au 3e corps de la grande armée, et constatant « que Jean Louis Debilly, âgé de 42 ans, comm^t de la légion d'honneur, gén. de brigade, fils de Jean Louis de Billy et de Nicolle Simonne Brochant, est mort auprès du village d'Eckenhausen, par suite d'un coup de mitraille qu'il reçut en combattant avec sa brigade contre l'armée prussienne le 14 du mois d'oct. 1806, à une heure de relevée ». Inscrit à l'état civil de Strasbourg le 19 août 1807. (Arch. de M. de Billy, extr. légalisé. — Le général de Billy périt glorieusement à la bataille d'Auerstaëdt ; son nom est inscrit sur l'Arc-de-Triomphe, à Paris. Napoléon attribua à Madame de Billy la pension de veuve d'un général de division.)

1152. 1807, 13 jan. — Décret impérial attribuant au quai qui aboutit au pont d'Iéna le nom du général de Billy, tué le 14 oct. 1806. (*Bull. des lois.*)

1153. 1807, 5 fév., Dreux. — Cl. Château, avoué, dépose chez Mᵉ Lépine, not. impérial, « le testament olographe... du sʳ Jean Louis Debilly, décédé à la bat. de Iéna ». (Arch. de M. de Billy. — C'est à Auerstaëdt que fut tué le général.)

1154. 1807, 16 fév., Gentilly (Canada). — Naiss. et bapt. de Salomon, fils d'Antoine Billy et d'Archange Augé. (*Reg. par.*)

1155. 1807, 19 août, Dreux. — Lettre du not. Lépine, de Dreux, au not. Zimmer, de Strasbourg, portant état des « Biens personnels à Mʳ De Billy, (le général), acquis du vivant de sa première femme », et des « Biens acquis par Mʳ et Mᵈᵉ De Billy, père et mère du général ». (Arch. de M. de Billy.)

1156. 1807, 16 mai, Strasbourg. — Nomination d'un subrogé-tuteur pour Jean-Louis-Daniel-Édouard, âgé de 5 ans, et Marie-Barbe-Zoé, âgée de 10 mois, enfans de feu Monsieur Jean-Louis Debilly, vivant général de brigade au service de France ». (Ibid.)

1157. 1807, 3 oct., Paris. — Procuration donnée par « Madᵉ M.-Barbe Saum, vᵉ de Mʳ Jean-

Louis De Billy, général de brigade, comm^t de la lég. d'honneur, en qualité de tutrice... de M.-Barbe-Zoé De Billy et de J.-Louis-Daniel-Édouard De Billy, enfans mineurs d'elle et dudit feu s^r son mari ». (Ibid.)

1158. 1807, 30 oct., Dreux. — « Charles Louis Debilly, nommé sous-lieutenant dans le 5e rég. de Dragons », déclare se soumettre au testament par lequel « feu Mr Jean-Louis Debilly, mon père, général de brigade, a légué à la dame Brochand, veuve Debilly, non ayeule, l'usufruit de ses biens ». (Ibid.)

1159. 1807, 3 nov. — Décret impér. accordant une pension à la veuve du général de Billy. (Arch. nat., AF, IV, 277, p. 45.)

1160. 1808, 2 juil. — Décret imp. relatif à une pension accordée en 1762 « à la dame de Billy » et reversée à sa fille. (Ibid., 958.)

1161. 1810, 28 juil., Dreux. — Testament de « Nicole-Simone Brochand, veuve de Mr Jean-Louis Debilly : ... mes héritiers qui sont Charles Debilly, actuellement officier, Jean-Louis-Daniel-Édouard et M.-Barbe-Zoé Debilly, tous trois mes

petits enfants... » — Lépine, not. (Arch. de M. de
Billy.)

1162. 1812, 14 juil., Dreux. — Quittance d'ar-
1ér, de rente, par « Charles Louis Debilly, capitaine dans le 5ᵉ rég. de Dragons ». (Ibid.)

1163. 1813, septembre. — Charles-Louis De
Billy, ✳, chef-de-bataillon, est tué devant Tortose,
à l'âge de 23 ans. (Ibid.)

1164. 1814, 30 mars, Gentilly (Canada). — Décès de Michel Billy, veuve de dame Charlotte Pesrault, dite Turbal, 88 ans. (*Reg. par.*)

1165. 1816, 14 fév., Dreux. — Décès de Nicole-
Simonne Brochand, 83 ans onze mois, veuve de
Jean-Louis Debilly, mᵈ potier d'étain. (État civil.)

1166. 1816, 18 fév., Dreux. — Inventaire des
biens de feu Dame Nicole-Simonne Brochand,
veuve de Mʳ Jean-Louis Debelly (*sic*), proprʳᵉ à
Dreux, à la requête de Dame Marie-Barbe Saum,
veuve de Mʳ Jean-Louis Debilly, général de division au service de France. — Lépine, not. (Arch.
de M. de Billy.)

1167. 1818, 27 août, Paris. — Le comte Demont,
Pair de France, lieut.-général des armées du Roi,

commandant de la Légion d'honneur, accepte d'être subrogé-tuteur de « J.-L.-Daniel-Édouard et Marie-Babette-Zoé de Billy, enf. mineurs de feu Mr Jean-Louis De Billy, maréchal de camp au service de France, et de dame M.-Barbe Saum, sa veuve ». (Arch. de M. de Billy.

1168. 1818, 26 oct., Paris. — Lettre du Cardinal de la Luzerne à l'abb de Billy, « né à Vesoul en 1753, mort en 1825 », designé alors pour un siège Épiscopal, dont il ne prit pas possession. (Catal. Charavay, 20 f. 1890.)

1169. 1820, 12 août, Gentilly (Canada). — Décès de Michel Billy, veuf de dame M.-Louise Duclos, dite Carignan, 73 ans. (*Reg. par.*)

1170. 1828, 19 août, Canada. — Donation par Antoine Billy et dame Archange Augé à Salomon et Joseph, leurs fils ; L. Genest, not. (Arch. de l'hon. L.-Ad. de Billy.)

1171. 1831, 14 fév., Gentilly (Canada). — Mariage de Salomon Billy, fils d'Antoine et d'Archange Augé, avec Théotiste Beaufort, fille d'Antoine, dit Brunelle, et de Marie Normandeau, dite Deslauriers. (*Reg. par.*)

1172. 1831, 26 nov., Paris. — Mariage d'Édouard-

Louis-Daniel de Billy avec Anne-Louise-Alix Pieyre, fille d'Adolphe-Jean-Jacques Pieyre et d'Alix Rivet. (État civil.)

1173. 1832, 29 n., Strasbourg. — Acte de naiss. d'Alfred-Adolphe-Édouard, fils d'Édouard-Louis-Daniel de Billy et d'Anne-Louise Alix Pieyre. (Extrait légalisé.)

1174. 1834, 13 oct., Gentilly (Canada.) — Naiss. et bapt. de Louis-Adolphe, fils de Salomon Billy et de Théotiste Beaufort, dite Brunelle [1]. (*Reg. par.*)

1175. 1835, 6 avril, Nîmes. — Naiss. de Marie-Louise-Marguerite-Auguste, fille d'Édouard-Louis-Daniel De Billy et d'Anne-Louise-Alix Pieyre. (Extr. légalisé.)

1176. 1838. — M. Édouard de Billy, Ingénieur des mines, est nommé chevalier de la Légion d'honneur. (Arch. de M. de Billy.)

1177. 1840, 21 s., Strasbourg. — Acte de naiss.

---

[1] Autres enfants de Salomon Billy et de Théotiste Beaufort : 2º Adélaïde, femme de M. d'Argy, notaire ; 3º Helmina, femme d'Hector Pepin ; 4º Georgiana, femme du docteur Genest ; décédées ; 5º Hilaire, marié à Hélène Matte, sans enf. ; 6º Hector, marié à Jane Mayraud ; sans enf. ; 7º Albert, sans all. ; établis aux États-Unis d'Amérique ; 8º Émilie, femme d'Octave Morel ; 9º François-Xavier, marié à Cléophe Grenier, dont Salomon, Alexandre et Blanche, mineurs ; domiciliés à Victoriaville, prov. de Québec.

de Charles-Jean-Adolphe, fils d'Édouard-Louis-Daniel De Billy et d'Anne-Louise-Alix Pieyre. (Extr. légalisé.)

1178. 1846, 19 d., Paris. Lettre du comte de Montalivet, intendant général de la Liste civile à M. Édouard de Billy : «... Le titre original que vous m'avez transmis le 27 avril dernier, et qui concerne un de vos ancêtres, avait été classé avec le plus grand soin, pour être examiné dans le cas où le Roi ordonnerait l'ouverture d'une nouvelle Salle des Croisades. Il existe en effet plusieurs demandes semblables, auxquelles il n'a pu être donné suite, et qui ne peuvent être examinées utilement qu'autant qu'il y aurait place pour de nouvelles inscriptions. Je vous renvoie donc ce titre, dont je garde la copie et la traduction, et que j'aurais soin de vous faire redemander, s'il y avait lieu... » (Arch. de M. de Billy.)

1179. 1849, 15 d., Château de Bofftzheim. — Décès de Dame Marie-Barbe Saum, veuve de Mʳ J.-Louis de Billy, général de division ; inhum. à Strasbourg. (Arch. de M. de Billy, *Invent.*)

1180. 1854. — M. Édouard de Billy, Ingénieur en chef des mines, est nommé officier de la Légion d'honneur. (Ibid.)

1181. 1856. — M. Alfred-Adolphe-Édouard de

Billy est nommé Adjoint à l'Inspection générale des finances. (Ibid.)

1182. 1856, 9 nov., Paris. — Mariage de Marie-Louise-Marg.-Auguste, fille d'Édouard-Louis-Daniel de Billy et d'Anne-Louise-Alix Pieyre, avec Édouard-Ferdinand-Gustave-Philippe Coste, ✻, capitaine du Génie. (Ibid. — M. le Général de Division Coste, C. ✻, gr.-officier de l'O. R. de Roumanie, commande actuellement le Génie du Gouvernement de Paris.)

1183. 1864, 4 mai, Jacou (Hérault). — Mariage d'Alfred-Adolphe-Édouard de Billy, inspecteur des finances, avec Henriette-Marie-Marguerite Grand d'Esnon, fille de Henri Grand, baron d'Esnon, et de Jeanne-Juliette Boileau de Castelnau. (Ibid.)

1184. 1864, 2 juillet. — Charles-Jean-Adolphe de Billy est nommé Auditeur de 2ᵉ classe à la Cour des comptes. (*Bulletin des Lois.*)

1185. 1864, 4 juill., Rimouski (Canada).— Mariage de Louis-Adolphe Billy, avocat, fils de Salomon et de Théotiste Beaufort, dite Brunelle, avec Marie-Adèle Gauvreau, fille de Pierre, notaire, et d'Élisabeth Dubergès, — dont : 1° Salomon, né le 15 juin 1866, décédé le 8 mars 1871 ; 2° Marie-Adélaïde-Juliette, née le 4 sept. 1867. (*Reg. par.*)

1186. 1866, 9 oct., Jacou. — Naiss. de Jules-Robert-Édouard, fils d'Alfred-Adolphe-Édouard de Billy, Inspecteur des Finances, et de Henriette-Marie-Marguerite Grand d'Esnon. (Arch. de M. de Billy, extr. légalisé.)

1187. 1868, 1er s., Toulouse. — Mariage de Charles-Jean-Adolphe de Billy, Auditeur à la Cour des comptes, avec Lucie-Léontine-Sophie Courtois, fille de Georges-Isaac-John-Franck Courtois, et de Julie-Césarine Imer. (Arch. de M. Charles de Billy, extr. légalisé.)

1188. 1869, 27 juin, Paris. — Naiss. de Robert-Jules-Daniel, fils de Charles-Jean-Adolphe de Billy, Auditeur à la Cour des comptes, et de Lucie-Léontine-Sophie Courtois. (Ibid.)

1189. 1870, 9 août. — Édouard-Louis-Daniel de Billy est nommé Commandeur de la Légion d'honneur. (*Bull. des lois.*)

1190. 1871, 15 oct. — *Charles*-Jean-Adolphe de Billy, auditeur à la Cour des comptes, Délégué régional de la Société de secours aux blessés dans l'Est et le Sud-Est, est nommé chevalier de la Légion d'honneur. (*Bulletin des Lois.*)

1191. 1872, 14 jan., Paris. — Naiss. de François-Henri-William, fils d'Alfred-Adolphe-Édouard

de Billy et de Henriette-Marie-Marguerite Grand
d'Esnon. (Extr. légalisé.)

1192. 1873, 20 fév., Canada. — Louis-Adolphe
Billy est nommé, sous le Grand Sceau de la prov.
de Québec, Magistrat de district pour le district
jud. de Rimouski. Il résigna cette fonction en juin
1882 pour se porter candidat aux élections générales, et fut élu député conservateur à la Chambre
des Communes, à Ottawa, pour le comté de Rimouski. (Arch. de l'hon. L.-Ad. de Billy.)

1193. 1874, 7 mars.— *Alfred*-Adolphe-Édouard
de Billy, Inspecteur des finances, est nommé chevalier de la Légion d'honneur. (*Bulletin des Lois*.)

1194. 1874, 4 av., Dijon. — Décès d'Édouard-
Louis-Daniel de Billy, C. ✳, Inspecteur général
des mines, victime d'un accident de chemin de fer
dans la tranchée de Périgny, Côte-d'or. (Arch. de
M. de Billy.)

1195. 1879, 10 oct., Canada. — Décès de Salomon Billy, 72 ans et 8 mois. (*Reg. par.*)

1196. 1886, 21 fév., Fontainebleau. — Décès
de dame Anne-Louise-Alix Pieyre, veuve de
M. Édouard-Louis-Daniel de Billy. (Arch. de M. de
Billy.)

1197. 1887, 18 fév., Ottawa (Canada). — Le gouvernement fédéral confère à l'hon. Louis-Adolphe Billy, sous le grand sceau de la Puissance, le titre de Conseil de la Reine. (Arch. de l'hon. L.-Ad. de Billy.)

1198. 1888, 25 fév., Ottawa (Canada). — L'hon. Louis-Adolphe Billy est nommé par le gouvernement fédéral Juge de la Cour supérieure de la prov. de Québec pour le district jud. de Gaspé, avec résidence à New-Carlisle. (Ibid.)

1199. 1890, 30 jan., New-Carlisle (Canada). — Décès de dame Marie-Adèle Gauvreau, épouse de l'hon. Louis-Adolphe Billy, conseil de la Reine, juge à la Cour supérieure de la prov. de Québec; inhumée le 4 fév. dans la cathédr. de St-Germain de Rimouski. (*Reg. par.*)

1200. 1892, mai, Canada. — Décès de dame Théotiste Beaufort, dite Brunelle, veuve de Salomon Billy, 84 ans. (Ibid.)

1201. 1892, 26 juin, Paris. — Pacte de famille par lequel Mr de Billy (*Alfred*-Adolphe-Édouard) et Mr *Charles*-Jean-Adolphe de Billy, son frère, d'une p., et l'honorable Louis-Adolphe Billy, Juge de la Cour supérieure pour la province de Québec, issu en ligne directe de Jean-François de Billy de Courville, venu en Canada vers 1672, déclarent se reconnaître mutuellement pour cousins issus anciennement du même auteur et ayant une origine identique. (Arch. de M. de Billy.)

1202. 1893, 27 fév., Québec. — Loi autorisant l'hon. Louis-Adolphe Billy et les membres de sa famille à reprendre le nom de « de Billy », comme le portaient leurs ancêtres au Canada et en France. (Législature de la province de Québec.)

1203. 1893, 20 juin. — Mariage de Jules-Robert-*Édouard* de Billy, Ingénieur des mines, fils d'Alfred-Adolphe-Édouard de Billy et de Henriette-Marie-Marguerite Grand d'Esnon, avec Alice-Henriette Johnston, fille de Nathaniel Johnston et de Lucie-Caroline Dassier; cérémonie religieuse le 21. (Arch. de M. de Billy.)

ADDENDA

1204. 1142. — « Herbert de Billy, fils de Robert, chevalier, espousa Adelaye en l'an 1142 ; ils eurent pour enfants Nivelon de B., chev., Jean de B., Agnès et Eude de B. » (*Cab. d'Hoʒier*, Billi, 13.)

1205. 1317, juill. — Simon de Billy, chevalier du Roi et son bailli d'Amiens, publie une sentence rendue au profit de l'abb. de Beaupré. (*Cartul. de Beaupré*, f. 17. — O. de Poli, *Maison de Milly*, nᵒ 557.)

1206. 1317, 10 nov. — Philippe V donne à Simon de Billy la garde de la baillie de Senlis. (*Cab. d'Hoʒier*, Billi, 14.)

1207. 1388, 1ᵉʳ déc. le Pont-Douve. — « Jehan de Belly », arbalétrier à cheval dans la comp. du capitaine Jacquemin Juge. (*Montres*, III, 534.)

1208. 1404, 6 juin, Épernay. — « Jehan de Billy, esc., maistre et enq. des eaues et forestz de mgr le duc d'Orliens en ses terres de Champaingne et de Brie », vidime les lettres du 20 déc. 1403 par lesquelles led. seigneur nomme Coleçon Paradis « à l'office de sergenterie à cheval des bois des montaingnes de Reims en la prevosté d'Espernay ». (*P. O.*, Paradis, 3.)

1209. 1415, 24 sept., Rouen. — Robin de Billy, écuyer de « P. du Merle, chev. baceler ». (*Tit. scell.*, LXXIII, 188.)

1210. 1423. — « BILLY, *de g. à 2 jumelles d'arg. au chef eschiquitté d'or et d'azur de 2 traictz*. N..., sgr de Billy, espousa N... de la Loge, en Champagne (*d'herm. au lyon de g.*), [dont] Jeanne de Billy, vicomtesse d'Oulchies, femme de Gilles de Mailly. Elle vivoit 1423.» (*Cab. d'Hozier*, Billi, 6.)

1211. 1423, 19 mai, Westminster. — Henri VI mande de mettre en liberté, après serment-lige, « Johan Billy, Regnault de Graincourt..., nos prisonniers prisez à la reddicion de la ville de Harefleu ». (*Mém. de la Soc. des ant. de Norm.*, XXIII, n° 1337.)

1212. 1455, 5 fév., Évreux. — Jehan Billy, archer de la grande ordonnance de Normandie sous Robert de Floques, bailli d'Évreux. (*Montres*, XV, 1857.)

15*

1213. 1456, 16 déc. — Jehan de Billy, archer de la comp. de P. de Brézé, comte de Maulévrier, grand-sénéchal de Normandie. (Ibid., 1870.)

1214. V. 1472. — « Perceval de Billy, 2ᵉ filz, chevalier, sgr d'Yvort, qui estoit eslevé en la maison de Billy comme descendut d'une fille du comte de Vallois, acause de quoy il portoit en ses armes une croix. Led. Perceval avoit espousé dᵉ Louise de Vieuxpont... » (*Cab. d'Hozier*, Billi, 4.)

1215. 1517. — Loïs et Pierre de Billy, archers dans la comp. d'ordonnance de Mgr de Halwin, sgr de Piennes. (Cab. des tit., vol. rel. 1441, p. 124.)

1216. 1562, 6 juin. — Quitt. de gages milit. par Claude de Billy, lieut. de la comp. de Mʳ de Beauvais ; scellée : écu en cartouche écartelé, au 1, un vairé acc. en pointe d'un plain ; aux 2-3, un diapré ; au 4, une croix. (*Tit. scell.*, CXL, 2697. Voy. planche 6, nᵒ 2. — Le présent article rectifie et annule le nᵒ 560 de l'*Inventaire*.)

1217. V. 1640. — « La Maison et famille des Billy est conue en France tirant sa souche et tige depuis plus de 400 ans, et quelques curieux qui ont recherché son origine se sont persuadez qu'elle estoit d'Italie, il y a fort longtemps ; mais il est constant par ce qui s'en peut conoistre qu'elle a

eu son commencement en France, ayant pris son
nom de la terre et seigneurie de Billy sur Our-
que... Cette famille de Billy s'estant respandue et
establie en divers lieux, il se trouve peu de provinces dans le Royaume où il n'y ait des gentilshommes portant le mesme non et armes de
Billy, représentées par un escu *vairé d'or et
d'azur de trois traits et deux fasses de gueule* Il y
en a qui sont descendus et ont pris alliance dans
cette illustre famille, lesquels ont ogmanté les
potz vairez, y adjoutant une face de gueule, et
autres deux aussy ; les puisnez ont vairré et contrevairé... » (Mss. de Jean du Bouchet. — *Cab.
d'Hozier*, Billi, 11.)

1218. 1688. — Jean-François de Billy, page
du Roi en sa petite écurie, se distingue à la prise
de Philippsbourg. (Ibid., 39).

1219. 1712, 25 nov. — M. de Billy est nommé
lieutenant de vaisseau et chevalier de St·Louis.
(*Mém. du marquis de Sourches,* XIII, 534, 543.)

INDEX DES SOURCES [1]

A. N. — Archives Nationales, à Paris.

Ancien État civil de Paris, ms. franç. nouv. acq. 3615 et suiv.

Ancienne généalogie, ms. du XVIIe siècle. Archives de M. de Billy.

Annuaire du dép. d'Eure-et-Loir, 1863.

ANSELME (Le P.), *Hist. généal. de la Maison de France*, etc., 9 vol. in-folio.

Archives du dép. de l'Aisne, à Laon.

Archives de M. de Billy, à Paris.

Archives de l'honorable Louis-Adolphe de Billy, à New-Carlisle, province de Québec (Canada).

Archives de Boulogne-sur-mer (*Inventaire-somm. des*), par E. DESEILLE, 1884, in-4.

---

[1] Les manuscrits, latins ou français, dont le lieu de dépôt n'est pas spécifié, sont au Département des Mss. de la Bibliothèque Nationale.

Archives du dép. du Calvados, à Caen.

Archives de la ville de Chartres.

Archives du Conseil Héraldique de France, à Paris.

Archives du dép. de la Côte-d'Or, à Dijon.

Archives du dép. du Doubs, à Besançon.

Archives du dép. d'Eure-et-Loir, à Chartres.

Archives de la ville de Laon.

Archives du dép. de la Nièvre, à Nevers.

Archives hospitalières de Soissons.

Armées des trois prem. ducs de Bourgogne de la Maison de Valois (Les), par M. DE LA CHAUVELAYS et le comte de COLIGNY, 1880, in-8.

Armorial de France, 1696-1707. Cab. des tit. de la B. N.

Armorial du Héraut Berry (Gilles le Bouvier), publ. par VALLET DE VIRIVILLE, 1866, in-8.

Arras (*Cartul. de l'église d'*), ms. latin 9930.

BALUZE (Mss. de), aux Mss. de la B. N.

Beaupré (*Cartul. de l'abb. de*), ms. latin 9973.

BERGER DE XIVREY, *Recueil des Lettres missives de Henri IV*, 9 vol. in-4.

B. N. — Bibliothèque Nationale, à Paris.

BOUCHET (Jean du), *Généal. de la Maison ancienne de Billy*, ms. Cab. d'Hozier, 1124.

Bouquet (Dom), *Recueil des hist. des Gaules et de la France,* 23 vol. in-folio.

Bourges (*Cartul. de*), ms. latin nouv. acq. 1274.

Bourgogne (*Collection de*), aux mss. de la B. N.

Boutaric, *Actes du parlement de Paris,* 1863, 2 vol. in-4.

Brièle, *Archives hospit. du dép. de la Seine,* 4 vol. in-4.

Buisson de Courson (Am. du), *Recherches nobil. en Normandie,* 1876, in-8.

Cabinet d'Hoҙier (Collection dite), au Cab. des titres de la B. N.

Cabinet des Titres de la Bibl. Nationale, à Paris.

Caffiaux (Dom), *Trésor généal.,* au Cab. des titres de la B. N., vol. rel. 1211 et 1214.

*Carrés de d'Hoҙier (*Collection dite des), au Cab. des titres de la B. N.

Chartes de croisade, 3 vol., ms. latin 17803, 17803ᵃ, 17803ᵇ.

Chérin (Collection), au Cab. des titres.

Chronique du bon duc Loïs de Bourbon, par J. Cabaret d'Orreville ; publ. par A.-M. Chazaud, 1876, in-8.

Chroniques d'Anjou, publ. par P. Marchegay et A. Salmon.

CLAIRAMBAULT (Collection de), aux Mss. de la B. N. — Voyez *Titres scellés*.

DANCOISNE, *Billy-Montigny*. (Dans le *Dict. hist. et archéol. du Pas-de-Calais*, t. II, 1878.)

D. B. —· Voyez *Dossiers bleus*.

DELISLE (Léopold), *Histoire de St-Sauveur-le-Vicomte*, 1867, in-8.

DEMAY, *Sceaux de l'Artois*, in-4.

DENAIS (Joseph), *Armorial général de l'Anjou*, 4 vol. in-8.

DESCHAMPS DE PAS (L.), *Descr. de sceaux-matrices relat. à l'Artois et à la Picardie ;* dans les *Mém. de la Soc. des Ant. de France*, 1888.

Dictionnaire hist. et archéol. du Pas-de-Calais, 1878, gr. in-8.

Dossiers bleus (Collection dite des), au Cab. des titres de la B. N.

DOUET-D'ARCQ, *Collection de sceaux*, in-4.

Armorial du Héraut Navarre ; dans le *Cabinet hist.* de L. Paris, t. V et VI.

DRAMARD, *Billy-Berclau*. (Dans le *Dict. hist. et archéol. du Pas-de-Calais*, t. I.)

DU CHESNE (Mss. d'André), aux Mss. de la B. N.

Épitaphes (Recueil d'), ms. franç. 8228.

Epitaphes de Paris, au Cab. des titres de la B. N., vol. rel. 522.

FAURIEL, *Hist. de la croisade contre les hérétiques albigeois*, in-4.

GAIGNIÈRES, *Églises et abbayes*, ms. latin 17049.

— *Extraits de comptes*, ms. franç. 20684.

— *Titres de Bourgogne et Nivernois*, ms. franç. 22300.

Gallia Christiana, 17 vol. in-folio.

GERMAIN (Dom Michel), *Hist. de l'abb. royale de N.-D. de Sens*, 1775, in-4.

GOLLUT (L.), *Mémoires de la républ. séquanoise*, 1582, in-folio.

GRENIER (Dom). Voy. *Picardie*.

GUÉRARD, *Cartul. de N.-D. de Paris*, 1850, 4 vol. in-4.

GUILHERMY (F. de), *Inscriptions de la France*, 5 vol. in-4.

HAUDICQUER, *Mémoires généal.*, au Cab. des tit. de la B. N., vol. rel. 86 et suiv.

HOZIER (d'), *Billy*, notice généal. Dans son *Armorial général de France*.

— *Armoriaux et généalogies*, au Cab. des tit. de la B. N., vol. rel. 1079. — Voyez *Cabinet, Carrés, Dossiers bleus, Nouveaux d'Hozier*.

Hubert (Généal. Orléanaises, Mss. du Chanoine), à la Bibl. d'Orléans.

Joursanvault (*Catal. de la Collection du Baron de*), 1838, 2 vol. in-8.

La Chenaye-Desbois (de), *Dict. de la Noblesse*, 2ᵉ éd., 1775, 16 vol. in-4.

Langres (*Cartul. de l'égl. de*), ms. latin 17099.

La Roque (Gilles-André de), *Traité du ban et de l'arr.-ban*; à la suite de son *Traité de la Noblesse*.

— *Traité de la Noblesse*. Rouen, 1735, in-4.

Lebeuf (l'abbé), *Hist. de la ville et du diocèse de Paris*, 1754, 15 vol. in-12.

Léchaudé d'Anisy, *Grands rôles des Échiquiers de Normandie*, 1845, in-4.

L'Épinois (H. de) et Lucien Merlet, *Cartul. de N.-D de Chartres*, 1862-65, 3 vol. in-4.

Liron (Dom), *Bibliothèque chartraine*, 1719, in-4.

Longnon (E.), *Vassaux de Champagne et de Brie*, in-8.

Marmoutier (*Cartulaire de*), 4 vol. in-fol., ms. latin 5441 [1-4].

Martyrologe du Chapitre de Clamecy, au Cab. des tit. de la B. N., vol. rel. 1234.

Mas-Latrie (L. de), *Hist. de Chypre*, 4 vol. gr. in-8.

Maulde (de), *Procédures politiques du règne de Louis XII*, 1885, in-4.

Melleville, *Dict. hist. du dép. de l'Aisne*, 2ᵉ éd., 1865, 2 vol. grand in-8.

Mémoires de la Société des Antiquaires de Normandie.

Merlet (Lucien). Voyez L'Épinois.

Mondonville (Mémoires de Laisné, prieur de), 14 vol. ms. franç. 24124-36^2.

Montres d'armes (Collection dites des), aux Mss. de la B. N., franç. 25764 et suiv.

Montres du Cabinet des Titres de la Bibl. nat., vol. rel. 1408 et suiv.

Moreau (Collection), aux Mss. de la B. N.

Moréri, *Grand Dictionnaire*, éd. 1725, 6 vol. in-fol. et 4 vol. de *Supplément*.

Morin (Dom), *Hist. du Gastinois*, publ. par H. Laurent, 1883, 3 vol. in-4.

Naissances, mariages, morts (Paris). Cab. des tit., vol. rel. 1006-1008.

Nivernois (*Ms. des familles de*), aux Mss. de la B. N.

Noms féodaux, par Dom Bétencourt, 2ᵉ éd., 1867, 2 vol. in-8.

Nouveaux d'Hozier (Collection dite des), au Cab. des titres de la B. N.

Olim (Les), publ. par le Comte Beugnot, 4 vol. in-4.

PALLIOT (P.), *La vraye et parfaicte science des armoiries*, 1660, in-folio,

Paris (Ville de). Voyez *Ancien Etat civil, Naissances, Sᵗ-André-des-Arcs, Sᵗ-Gervais, Sᵗ-Jean-en-Grève, Sᵗ-Landry, Sᵗ-Nicolas-du-Chardonnet, Sᵗ-Paul, Sᵗ-Sauveur, Sᵗ-Sulpice.*

PARIS (Louis), *Le Cabinet historique*, 20 vol. in-8.

— *L'Impôt du sang, ou la Noblesse de France sur les champs de bataille*, 1874, 4 vol. in-8.

— *Négociations, lettres et pièces diverses relatives au règne de François Iᵉʳ*, 1841, in-8.

PEINCEDÉ *(Recueil de)*, aux Archives de la Côte-d'Or.

PETIT (Ernest), *Hist. des ducs de Bourgogne de la race capét.*, 1885-91, 4 vol. in-8.

Picardie (*Collection de*), par Dom Grenier, aux Mss. de la B. N.

Picardie et d'Artois (*Chartes de*), ms. latin nouv. acq. 2096.

Pièces Originales (Collection dite des). Bibl. Nat., Cabinet des Titres.

P. O. — Voyez *Pièces Originales*.

POLI (Oscar de), *Essai d'introduction à l'histoire généalogique*, 1888, in-12.

— *Histoire généalogique des Courtin*, 1887, grand in-4.

— *Inventaire des titres de la Maison de Milly*, 1888, in-18.

— *Montres inédites de gens d'armes bretons*, 1889, in-8.

— *Un Régiment d'autrefois : Royal-Vaisseaux*, 1889, in-12.

— *Le Régiment de la Couronne*, 1891, gr. in-8.

— *Nobiliaire des Croisades*. Dans la *Revue de la Terre-Sainte*, 1884-1893.

PORT (Cél.) *Dict. historique de Maine-et-Loire*, 3 vol. gr. in-8.

*Preuves de noblesse pour : les Écoles Militaires ; les Pages de la Grande et de la Petite Écuries ; la Maison Royale de S*ᵗ*-Cyr ;* au Cab. des titres.

QUANTIN (Max), *Cartulaire de l'Yonne*, 2 vol. in-4.

Quittances (Collection dite des), aux Mss. de la B. N., franç. 25992 et suiv.

RÉVÉREND DU MESNIL (E.), *Armorial de Bresse*,

Bugey, Dombes, pays de Gex, Valromey et Franc-Lyonnais, 1873, in-4.

Rietstap (J.-B.), *Armorial général*, 2ᵉ éd., 2 vol. in-8.

Rosny (L.-E de la Gorgue de), *Recherches généal.*, 1874-77, 4 vol. in-8.

Rymer, *Fœdera*, etc., 1604-17, 17 vol. in-folio.

Sᵗ-André-des-Arcs (*Extraits des Registres de*). Coll. Clairambault, t. 987.

Sᵗ-Crespin-en-Chaye (*Cartul. de l'abb. de*), ms. latin 18372.

Sᵗ-Denis (*Cartul. de l'Aumônier de*), aux Archives nat., LL. 1175.

Sᵗ-Gervais (*Extr. des Registres de la par.*) à Paris. Cab. des tit., vol. rel. 1012.

Sᵗ-Jean-des-Vignes (*Cartul. de l'abb. de*), ms. latin 11004.

Sᵗ-Jean-en-Grève (*Extr. des Registres de la par.*) à Paris. Cab. des tit., vol. rel. 762.

Sᵗ-Landry (*Extr. des Registres de la par.*) à Paris. Cab. des tit., vol. rel. 759.

Sᵗ-Médard de Soissons (*Cartul. de l'abb. de*), ms. latin 9986.

Sᵗ-Nicolas-du-Chardonnet (*Extr. des Registres de la par.*) à Paris. Cab. des tit., vol. rel. 764.

Sᵗ-Paul (*Extr. des Registres de la par.*) à Paris. Cab. des tit., vol. rel. 765.

St-Sauveur (*Registres de la par.*) à Paris. Cab. des tit., vol. rel. 766.

St-Sulpice (*Registres des baptêmes de la par.*), à Paris. Cab. des tit., vol. rel. 767.

St-Sulpice (*Registres mortuaires de la par.*) à Paris. Cab. des tit., vol. rel. 768.

SEGOING (Ch.), *Mercure armorial*, 1652, in-4.

Soissons (*Cartul. de l'égl. de*), ms. latin 9985. — Voy. St-Médard.

Sommereux (*Registres de la par. de*); au greffe du Tribunal civil de Beauvais (Oise).

SOUCHET (J.-B.), *Hist. du diocèse et de la ville de Chartres*, 4 vol. in-8.

SOULTRAIT (*Collection de*). Archives de la Soc. Nivernaise, à Nevers.

SOULTRAIT (Comte de), *Armorial du Nivernais*, 1879, 2 vol. in-8.

TANGUAY (Mgr CYPRIEN), *Dict. des familles Canadiennes Françaises*, 8 vol. in-8.

THEVET (André), *Pourtraicts et Vies des hommes illustres*, 1584, in-folio.

Titres scellés de Clairambault, aux Mss. de la B. N.

Titres de Bourgogne et Nivernois. Voyez GAIGNIÈRES.

Trésor des Chartes, aux Archives nat.

VERTOT (l'abbé de), *Hist. des chevaliers de S*^t*-Jean de Jérusalem*, 4 vol. in-4.

VILLEVIEILLE (Dom), *Trésor généal.*. au Cab. des titres de la B. N.

Vandenesse (Archives du château de), Nièvre.

VAUTIER (Ch.), *Extrait du Registre des dons, confisc.*, etc., *faits dans le duché de Norm. par Henri V, roi d'Angl.*, 1826, in-16.

INDEX DES NOMS DE FAMILLE

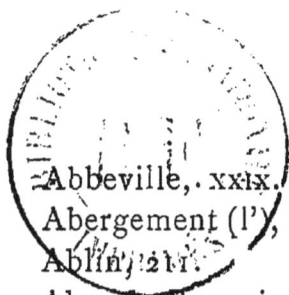

B

C

D

E

F

G

17

P

Q

R

S

T

U

V

W

Y

Z

www.ingramcontent.com/pod-product-compliance
Lightning Source LLC
Chambersburg PA
CBHW071623270326
41928CB00010B/1752